KB233013

인권과 국가안전보장

인권과 국가안전보장

김 평 섭 著

한국학술정보㈜

머리말

   21세기에 접어들면서 세계는 이념적, 사상적 대립이 크게 완화되고 물질문명, 과학기술의 혜택을 최고조로 누리면서 자유롭고 평화로운 삶을 누리는 듯하였으나 인간의 편익만을 위한 무분별한 개발과 자연환경 훼손에 의하여 태풍이나 전염병 등의 자연적 재앙으로 나타나는 추세이다.

   또한 일부 약소국들의 종교나 인종 문제, 지역 간의 갈등과 대립은 수많은 국제간의 문제를 야기하였고 이러한 분쟁의 해결을 표방한 강대국들의 개입은 대화와 타협이 아닌 힘의 논리에 의하여 이루어져 국제관계는 또 다른 문제의 새로운 위기를 초래하고 있다.

   이는, 세계평화와 공동번영을 명분으로 한 강대국들의 관여가 약소국의 입장에서는 자국의 이익이 아닌 주권의 침해로 비추어졌고 억압에 의한 간섭과 착취를 당한다고 믿기 때문인 듯하다.

   상대방의 입장을 배려하지 않고 대화와 타협이 단절되어 "강대국의 이기심에 대응하는 약소국의 증오심"이라 할 수 있는 일련의 사건이 2001년 9월 11일 미국테러에서 2005년 7월 7일 영국테러까지라 할 것이다. 이것은 보복과 응징의 악순환의 수렁에 빠진 단면을 보이고 있다고 생각한다.

이제 강대국들의 관여는 약소국들의 존엄과 가치 등 인권존중을 전제로 그들의 이해를 구하고 강대국의 일방적 개입이 아닌 국제사회의 공감대 형성과 분쟁해결의 절차와 방법의 정당성이 절실해지고 있다.

특히 정보통신 발달에 의한 정보화 사회의 여건은 각국이 겉으로 공동번영의 화합을 내세우나 속으로는 경제 위주의 총성 없는 전쟁이라 할 것이고, 자국을 위한 안보전략과 전술이 드러날 수밖에 없어, 각국은 전면전 대신 은밀하고도 치열한 정보전을 상호 다양하게 구사하는 변화된 안보환경에 처하게 되었다.

변화하는 안보환경은 선행적 위협분석에 의해 능동적으로 대처하는 새로운 국가안전보장 방안을 시급히 강구하도록 요구한다. 이는 국민의 기본권보장을 위한 국가의 최우선 의무이고, 국민은 이 정책에 동의하고 협조할 의무가 있음을 헌법에 규정하고 있다.

이러한 국가안전보장으로서 헌법상 새로운 질서유지인 사이버 안전대책, 국가보안, 경호경비, 국가재난관리를 시행할 때 군림이 아닌 서비스, 감시가 아닌 투명, 독재가 아닌 민주적 절차로 하되, 정보화 시대에 새롭게 요구되는 기본권 즉 사생활보호, 언론의 자유, 인간의 존엄과 가치 및 행복추구권, 국민의 안전을 세심하게 배려하여야 할 것이다.

그것은 기본권과 국가안전보장의 상충 시 기본권제한은 "목적달성을 할 수 없는 불가피한 경우, 최소한으로, 보호받는 이익이 큰 경우" 원칙에 의해 조화롭게 하며 국민의 권력을 위임받은 국가공권력이 국민보호를 명분으로 공권력을 남용, 오용, 악용하는 일이 없도록 하는 논리, 전략, 시행, 평가를 말한다.

오늘은 광복 60주년이 되는 뜻 깊은 날이다. 이날이 진정으로 의미 있는 날이 되도록, 지난 역사의 오욕을 거울삼아 역사적 분열을 넘어 정치, 경제, 사회적 분열을 극복하고 화합을 이루어 당면한 북핵문제, 국제테러, 민생안정, 경제회생 등의 해결을 위해 국민 모두 한마음으로 매진하길 절실한 마음으로 바란다.

정부는 상호이해, 관용과 용서의 전환을 바라는 뜻에서 대사면을 단행하고 사상과 이념을 초월하는 한민족공동체 행사를 실시하여 국민통합과 민족화합을 새롭게 모색하려 하였으나, 최근 밝혀진 불법 도청, 감청사건과 정치적 연정제의 등이 국민적 의혹이 되고 경축의 순수한 의미를 훼손한 것이 아쉽다. 그 진실성은 역사에 맡기더라도 민족의 공동이익과 국가번영을 위한 일에는 모두 하나 되어야 할 것이다.

본서는 필자가 대통령경호실, 한서대학교 경호비서학과, 국가정보대학원, 국민대학교 법무대학원(정보보안), 대테러정책연구원에 재직하면서 관련 실무와 연구를 통해 얻은 지식과 경험, 반성을 토대로 2002년에 발표한 법학박사학위논문을 변화된 시대적 상황을 고려하여 부분적인 내용수정과 도청, 감청 관련 내용을 추가하고 서명을 수정하였다.

불혹의 나이에 시작한 2개 학과 박사과정, 집필과 연구를 하는 데에는 가족의 성원과 사랑이 큰 힘이 되었다. 늘 따뜻한 마음과 환한 미소로 위로해 주며 참조언을 하던 내자 박곡미, 꿈을 키우며 항상 맑고 밝기를 바라는 삶의 동력인 두 아들 정륜, 정선에게 사

랑과 은혜의 기도를 올린다. 법학도의 길을 열어주고 정성껏 지도해
주신 조병륜, 김명기 교수님께 깊은 감사를 드린다. 또한 세상으로
향한 학문을 권한 정종섭 교수와 그간 나를 아끼고 사랑하며 이끌
어주신 모든 분들에게 고마움을 전한다.

2005년 8월 15일
김 평 섭

차 례

제1장 서 론…13

제1절 연구의 목적 ·· 13
제2절 연구의 방법 및 범위 ·· 21

제2장 정보화 사회의 기본권과 질서유지의 관계…23

제1절 정보화 사회에 있어서 기본권 의의 ···················· 23
　Ⅰ. 기본권의 본질과 법적 성격 ······························ 25
　Ⅱ. 기본권의 유형 ·· 27
　Ⅲ. 정보화 사회에 새롭게 요구되는 기본권 ·············· 35
제2절 정보화 사회에 있어서 질서유지의 개념 ·············· 49
　Ⅰ. 정보화 사회에 부응하는 질서유지 개념 정립 ········ 50
　Ⅱ. 정보화 사회의 새로운 질서유지 ························· 57
제3절 정보화 사회의 기본권과 질서유지의 조화 ············ 77
　Ⅰ. 정보화 사회의 기본권과 질서유지의 상충의 문제점 ······ 77
　Ⅱ. 기본권과 질서유지의 상충과 조화 ····················· 80

제3장 정보화 사회에 있어서 기본권과 정보보안···87

제1절 정보화 사회에 있어서 정보보안의 개념과 유형 ·········· 87

  Ⅰ. 정보보안의 개념 ································· 87

  Ⅱ. 정보보안의 유형 ································· 91

  Ⅲ. 정보보안의 필요성 및 중요성 ················ 94

  Ⅳ. 정보보안의 강화와 기본권보장 ·············· 96

제2절 사이버 안전대책과 사생활 보호 ················ 97

  Ⅰ. 사이버 공간에서의 기본권 ················· 98

  Ⅱ. 사이버 공간에서의 사생활 침해 ············ 100

  Ⅲ. 사이버전의 실태와 대책 ···················· 112

  Ⅳ. 사이버 안전대책과 사생활 침해의 상충과 조화 ········· 119

제3절 국가보안과 언론의 자유 ····················· 147

  Ⅰ. 정보화 사회에서의 언론의 자유 ············ 148

  Ⅱ. 국가보안을 위한 언론자유의 제한 ·········· 165

  Ⅲ. 언론의 자유보장을 전제로 한 국가보안 ········· 168

제4장 정보화 사회에 있어서 기본권과 경호안전…183

제1절 정보화 사회에 있어서 경호안전의 개념과 유형 ········ 183
Ⅰ. 경호안전의 개념 ························ 183
Ⅱ. 경호안전의 유형 ························ 184
Ⅲ. 경호안전의 필요성 및 중요성 ·············· 192
Ⅳ. 경호안전의 강화와 기본권보장 ·············· 194
제2절 경호경비와 인간의 존엄과 가치 및 행복추구권 ········ 196
Ⅰ. 경호경비와 인간의 존엄과 가치 및 행복추구권의 조화 ·· 197
Ⅱ. 민주적 경호경비에 의한 테러의 예방과 폭력의 방지 ·· 215
Ⅲ. 정보화 경호경비에 의한 사회범죄의 근절 ·········· 232
제3절 국가재난관리와 국민의 안전 ················ 249
Ⅰ. 정보화 사회에 있어서 국가재난관리 ·········· 250
Ⅱ. 재난에 대한 국민과 국가의 새로운 대책 ·········· 266
Ⅲ. 국가재난관리체제의 문제점과 개선방안 ·········· 271

제5장 결 론…279
참고문헌…287

제1절 연구의 목적

21세기 정보화 사회[1]가 도래한 이후 새로운 패러다임의 모색을 위한 노력이 모든 분야에서 일어나고 있다. 특히 정보화 사회의 환경변화는 국가를 위태롭게 하는 새로운 위협요인을 다양하고도 복잡하게 조성시키므로 국가를 보다 안전하게 보위하고 국민을 편안하게 보호하기 위한 새로운 국가안전보장 방안을 강구하게 되는데, 이러한 방안이 자칫하면 일부 집권세력이나 그 추종자들에 의하여 인간의 존엄과 가치 등 인권을 망각하고 목표달성에 집착하고 남용하거나 악용하여 국민을 불안하게 하고 억압하는 수단으로 변질될 수 있는 실정이다.

지금까지 언론과 방송에 의해 알려진 과거정부의 일부 비민주적 인권탄압과 2005년 8월 5일 국가정보원에서 밝힌 고해성사 같은 도청, 감청의 사생활 침해 사례는 당시 일부 집권세력이나 그 추종자

---

[1] 최근 과학기술의 급속한 발달에 의해 우리는 각종 사회적 과제를 극복하면서 사회, 경제적 발전을 도모하고 있다. 특히 정보통신기술의 발달은 국민의 다양한 욕구를 충족시키면서 생활의 질을 향상시키고 있다. 경제에 있어서도 서비스산업이 차지하는 비중이 증가되는 등의 현상을 가져오고 있다. 이러한 상황을 배경으로 현대산업사회에서는 정보가 지니는 가치가 물적 자원에 비해 상대적으로 높아지고 있고, 정보를 주축으로 하는 새로운 체제로 이행하고 있는데, 이것을 이른바 '정보화 시대 내지 정보화 사회'라고 지칭하고 있다.

들이 얼마나 국민을 기만하고 타락하였는지를 여실히 보여주고 있다. 이러한 행태는 대부분 국가안전보장을 빙자한 것으로, 이 외에도 정보화 사회에 특히 급증하는 사이버 범죄, 비밀유출, 테러와 폭력, 안전사고 등에 대응하는 국가공권력 실행과정에서 유사한 많은 사례가 드러나고 있다. 이는 변할 수 없는 국민의 기본권을 절대 보장하면서도 새로운 사회에 부응하는 국가안전보장 방향 정립과 대책이 시급함을 나타내고 있는 것이다.

냉전종식과 북핵문제를 계기로 하여 다양하고도 급속한 변화를 경험하고 있는 한국 입장에서는 변화 자체를 정확하게 식별하는 일이 장·단기 안보정책 구상에 중요해지지 않을 수 없다. 지구적 차원에서는 강대국 간의 세계전쟁 가능성이 줄어든 대신, 지역차원의 갈등이 발생할 가능성은 증대하고, 특히 지역하부차원의 갈등이 예사롭게 발생하고 있다. 냉전종식 이후 발생하고 있는 갈등들이 모두 지역하부차원의 것들이다.

지역하부에 해당하는 한반도의 지정학적 위치와 동북아 지역차원의 세력구도 그리고 강대국들의 행태 등으로 말미암아 기본적으로 한반도 외적 안보환경의 변화가 내적 안보환경변화를 상대적으로 강하게 지배하고 영향을 준다고 볼 수 있다. 즉 한반도의 문제는 한반도 주변 안보환경의 변화를 예의 주시함으로써 그 해결방향을 강구할 수 있게 한다.[2]

실제로 19이 방향은 주변 강대국의 의도를 간파하고 적정한 세력 균형을 유도하며 북한과 긴밀한 평화와 화해공조를 교류하는 전략적 원칙과 전술적 변화의 대응으로 동북아평화 유지에 실질적으로 주도하여야 할 것이다.

한반도의 안보환경은 냉전 양상과 냉전 종식의 양상이 혼재되어

---

2) 전경만, "21세기 국가안보: 새로운 패러다임의 모색, 한반도 주변안보환경의 변화", 국가정보연수원 주최 학술회의, 1996, 3 − 4면.

있는 셈이다. 이 혼재는 제네바 핵합의 체결을 계기로 하여 더욱 명료하게 현실적으로 인식되고 있다. 94년을 기준하여 한반도 대내적 안보환경은 급진전하였다. 이러한 안보환경의 급변은 기회를 주는 듯하지만, 한반도 대외적 안보의 불확실성으로 인하여 도전요소로 비춰진다.[3]

2005년 8월 북핵문제 해결을 위한 6자회담이 완벽한 합의를 도출하지 못하고 잠정 유보된 것에서 갈등해소를 위한 많은 과제와 복잡한 난제가 있음을 보여주나 객관적으로 평화를 보장하는 비핵화와 국가적 자존심을 서로 존중하는 진실규명과 상호이해가 절대 필요하다.

주변 안보환경을 '동향'이 아닌 추세 또는 경향으로 단정하기에는 불확실성 요인 때문에 상당한 조심성이 따르지만, 21세기 초기는 탈냉전과 새로운 국제질서 모색에 투여될 것이다. 1차대전 직후의 국제연맹체제 및 전쟁배상 문제나, 2차대전 직후의 국제 연합 창설과 같이 냉전 후 국제질서 형성에 관하여 강대국들이 합의를 모색하지 않은 채, 미국이 주도하여 정치·안보보다는 경제·통상분야로 국제관계를 설정하려 하고 있다. 그러나 대체적인 탈냉전의 세계질서 특징이 언급되고 있지만, 완전히 동의된 것도 아니며 지구적 차원의 안보체제는 사라진 듯하다. 오히려 안보문제는 지역단위로 모색되는 양상을 띠면서 탈냉전적 기운의 변화폭이 다르게 나타나고 있는 것이다.[4]

탈냉전시대의 막이 오른 이후에도 오랜 기간 동안 각국은 급변하는 국제정세 속에서 자국의 안녕을 유지하면서도 전반적인 분야에서 특히 경제적 이익추구라는 관점에서 다양한 형태의 공동체를 구성하거나 외교적 전략을 구사하면서 총성 없는 전쟁을 승리로 이끌

---

3) 전경만, 상게논문, 3－4면.
4) 전경만, 상게논문, 3－4면.

려는 분주한 노력을 엿볼 수가 있었다. 2000년 새로운 시대가 도래한 이후부터는 다방면에서 다양한 방법을 모색하면서 각국이 모두 세계 우위에 서려는 생존의 경쟁이 더욱더 치열해졌는데, 이에 대처하는 국가전략과 국민의 노력에 따라 위기가 아닌 도약의 시점이 될 수 있을 것이다.

2000년 6월 15일 역사적인 6·15 선언으로 남북관계개선이 급진전되면서 통일에 대한 열망이 고조되고 있는 차에, 김대중 대통령의 노벨 평화상 수상 결정은 한국에 전환기적 의미를 갖도록 하였고 동 시점 서울에서 열린 아시아 유럽정상회의(ASEM)와 미 국무장관의 북한방문은 급변하는 세계를 실감하게 하였다.

그러나 미국의 9·11 세계무역센터 테러사건을 비롯하여 최근 영국의 7·7다중이용시설 테러사건 등 세계의 곳곳에서는 아직도 심각한 이해관계에서 오는 인종적, 종교적 갈등에 의한 분쟁과 기아, 차별 등으로 평화와 인권이 보장되지 못한 실정이다. 한국에서도 고양된 남북한 화해분위기로 진행되는 남북관계를 우려하며 안보적, 경제적 진단을 하는 비판적 시각이 존재하고 있는 가운데 북비핵화, 국제통상, 이라크파병, 한미동맹, 독도영유권 등의 타결에서 원만한 해결이 있기를 기대하고 있다.

과학기술의 발달로 인한 정보통신의 영향은 세계를 국경 없는 공동체가 가능하다고 논의할 수 있을 정도로 세계화에 큰 영향을 주었으나 상대적으로 사생활 침해와 기업정보의 유출 등, 국가기능에 혼란을 줄 수 있는 역기능이 존재하게 되었다. 아직은 개인적, 기업적 차원에서 머무르고 있는 실정이지만 다국적 범죄집단이나 이해당사국이 정보전을 실시하려는 의도가 가시화되면 심각한 국가위기에 직면하게 될 것이다.

또한 물질만능주의이며 편의적이고 자의적인 왜곡된 가치관으로 인해 소외된 인간이 존엄하고 거룩한 인간의 삶을 억압하고 탄압하는 범죄, 폭력, 테러를 자행하고 극단 이기적 인간의 무분별한 개발과 환경파괴는 장차 인류에게 위험한 인위적, 자연적 재난이 증가될 것을 예측하게 한다.

따라서 국가를 책임진 정부는 급변되고 있는 국내외 정세에 능동적으로 대처할 수 있는 변화된 안보환경에 적용할 수 있는 새로운 국민적 안보인식과 국가안전보장5) 방안을 선행적으로 준비하여야 한다. 새로운 안보논리는 국민이 국가를 위해 희생되는 것이 아닌 국민을 위한 즉 기본권을 전제로 한 국가안전보장으로 발전하고 국민의 직접적인 권력을 위임받은 정부와 국민대표자가 권력을 남용하는 형식적 국가안전보장에서 국민을 진정으로 위하는 실질적 국가안전보장으로 정착되어야 한다.

지금까지는 상황적 위기양상만 확대해석하면서 안보노력이 절대적으로 필요하다는 식의 논리에 빠져 있었다. "안보는 곧 위기의 심화"라는 구태의연한 논리로 국민들을 겁주는 안일한 방식에 익숙해 있었던 것이다. 올바른 안보인식과 논리는 이러한 편협과 과장을 수정하는 데서부터 시작될 수 있다. 올바른 안보전략을 수립하는 데는 기존의 잘못된 안보논리에 대한 비판적 수정이 필수적이다. 이러한 인식전환에는 논리에 대한 발상의 전환이 요구된다. 인식과 발상의 전환을 통해 우리가 처한 안보상황에 대한 정확한 독해와 대응전략의 모색, 그리고 이에 대한 반성적 유추(Reflective Monit oring)가 필요하다.6)

실제적으로 위협이 존재하지도 않는데, 또한 그 위협이 있더라도 과장되게 국민에게 알림으로써 집권세력들이 부정한 권력행사와 세

---

5) '국가안전보장'이라는 용어는 약어로 '국가안보'로 '안전보장'이라는 용어는 약어로 '안보'라고 하는데, 주로 약어는 정치학, 사회학, 군사분야 등에서 일반적으로 사용되고 있다.
6) 김동성 외 저, 신국가안보전략의 모색, 세경사 1993. 4면.

력유지를 위한 술책에 속게 만들었던 것이 지난 역사가 증명하고 있다. 물론 국가권력의 핵심이나 그 주변에서 국가와 국민을 위해 노력하였던 긍정적 측면을 부인할 수는 없을 것이다. 그들이 오늘의 대한민국이 있도록 한 노력이 그들의 부귀와 영화가 아닌 국민의 공복으로서 국민의 행복과 존엄을 위해서 한 것이라면 평가는 적어도 수량적이 아닌 질적으로 인정받을 것이다.

1980년 초기 민주화의 물결이 절정에 이를 무렵 신 군부의 국가권력의 장악 이후 지금까지 대통령은 군 출신 2명, 민주화 인사 2명이 현재까지 과도기적 민주화 과정과 정착과정에 이른 듯하다. 이들 모두가 접근방법은 상이하지만 국가안전보장을 위한 전략적 모색을 하였고 또 진행하고 있는 것이다. 그러나 이들의 노력은 지난 평가와 작금의 의혹들로 인해 무언가 부실이 있는 것이다. 이것은 모든 국가안전보장 정책입안과 시행, 평가를 할 때 국민의 기본권을 존중하지 않았기 때문이라 할 수 있을 것이다.

누구를 위한 국가안전보장인가, 무엇을 위한 국가안전보장인가 하는 의문에는 당연히 국가와 국민 모두를 위한 국가안전보장이라고 할 수 있을 것이다. 이는 추상적 개념으로서는 형식적 국가안전보장이다. 진정한 국가안전보장이란 국민의 기본권을 전제로 한 국가안전보장의 논리, 전략, 시행, 평가가 있어야 한다. 이를 위해서는 특정한 계층이 아닌 모두를 위한 것이고 군림이 아닌 서비스, 감시가 아닌 투명, 독재가 아닌 민주적 절차가 반드시 선행되어야 한다. 이것이 바로 실질적 국가안전보장일 것이다.

우리 헌법 제1조는 "모든 권력은 국민으로부터 나온다."고 규정하고 있다. 이것은 국민주권주의가 국가권력구조에 관한 최고의 근본원칙임을 나타낸다. 이와 같이 우리 헌법상의 국민주권주의는 우리나라의 자유민주주의 체제의 본질과 나아갈 방향을 제시하는 기준이 된다. 따라서 국민주권주의를 형식적인 것에 머무르게 하지 않

고 실질적으로 실효성을 가지도록 하여야 된다. 이것이 민주화의 기본요청이고 방향이다.[7]

실질적 민주주의는 국민주권을 가장 철저하게 실현하는 것이기 때문에 진정한 민주제라고도 말하여진다. 가장 완전한 형태의 실질적 민주주의라고 할 수 있는 직접민주주의는 현실적으로 시행하기 어려우므로 그 이상을 국민의 대표가 실현하도록[8] 하는 것이다. 국민의 권력을 위임받은 국가권력은 국민을 위해 존재하는 것이다.

따라서 모든 국가안전보장을 위한 실행에서 존립하는 권력은 국민이 국가보다 상위에 존재한다는 것을 기준으로 투명한 정책과 집행으로 국민을 위한 서비스로 나타나야 할 것이다.

탈냉전적 신 국가질서의 형성과정에 따른 대외안보환경의 급속한 변화와 국내정치 및 사회의 재편과정에 따른 대내안보환경의 질적 변화는 우리의 새로운 국가안보정책의 기조와 내용을 필요로 하고 있다. 그리고 새로운 안보정책 패러다임과 전략구조는 지난날의 군사 중심 전략관과 정권 안보적 고려의 틀을 뛰어넘는 총체적이며 유기체적인 것일 수밖에 없다.[9]

새로운 시대적 상황의 요구를 직시하면서 미래지향적인 새로운 국가안보개념과 전략체계, 그리고 정책대안을 마련하기 위해 최근의 시점에서 국가안전보장 실태분석을 토대로 새로운 국가안전보장의 방향을 정립하여야 할 것이다. 그 분석과 방향은 국민의 기본권을 우선 중시하면서 국가의 완벽한 안전보장의 방안을 강구하여야 한다.

이것은 우리 헌법의 전문과 본문의 전체에 담겨 있는 최고 이념은 국민주권주의와 자유민주주의에 입각한 입헌민주헌법의 본질적

---

7) 조병윤, "국민주권과 권력구조", 헌법학연구 2, 한국헌법학회, 1996. 11, 13 − 14면.
8) 조병윤, 상게논문, 14면.
9) 김동성 외 저, 전게서, 3면.

기본원리에 기초하고 있다. 기타 헌법상의 제 원칙도 여기에서 연유되는 것이므로 이는 헌법전을 비롯한 모든 법령해석의 기준이 되고, 입법형성권 행사의 한계와 정책결정의 방향을 제시하며, 나아가 모든 국가기관과 국민이 존중하고 지켜야 하는 최고의 가치규범이다.10)

이 원칙에 따라 다원화된 국가안전보장의 영역과 구체적인 실행에 적용하는 대응논리와 방안을 준비해야 한다.

국가안전보장의 영역은 군사적 안보, 외교적 안보, 경제·환경·복지 등의 사회적 안보, 국내적 안보로 대별할 수 있겠고 국내적 안보는 정보화·세계화 시대에 대응하는 사이버 안전대책, 국가보안, 테러방지와 질서유지를 위한 경호경비, 우주·지구적 환경변화와 인공적 건축물의 붕괴에 따른 재난관리로 구체화할 수 있다.

본 연구는 국가안전보장의 일반적 개념의 추세와 헌법상 질서유지의 의미를 고찰하고 국가안전보장과 질서유지를 위협하는 요소인 사이버 범죄 및 국가기밀 유출, 테러와 범죄 및 재난과 재해 등으로부터 기본권을 보장하고 그 기본권보장을 위한 국가의 공권력이 실질적인 기본권보장이 되도록 하는 방안을 강구하기 위하여 군사, 외교, 사회적 안보의 큰 범주에 연계하여 폭넓은 고찰을 하였다.

세계화·정보화에 따른 사이버 안전대책, 개인 및 기업과 국가조직 및 국가의 비밀을 관리하는 국가보안, 테러방지와 질서유지를 위한 경호경비, 우주·지구적 환경변화로 인한 재해와 인공적 건축물의 파괴에 대비하는 국가재난관리를 분석하여 그 실행의 제한과 한계를 제시하였다. 본서의 목적은 인간의 존엄과 가치를 존중하는 인간의 기본권과 질서유지 및 국가안전보장이 조화를 이루어 민주국가발전에 기여하고자 한다.

---

10) 헌법전에 담긴 원칙들의 규범성 (1989. 9. 8. 88 헌가 6)

제2절 연구의 방법 및 범위

진정한 국가안전보장은 국가와 국민 모두를 위한 것이고, 이의 실현을 위한 실질적 국가안전보장이란 국민의 기본권을 전제로 한 민주적 절차가 반드시 선행되어야 한다.

헌법 제1조는 "모든 권력은 국민으로부터 나온다."고 규정함으로써 국민주권주의가 국가권력구조의 최고의 근본원칙임을 나타낸다. 이와 같이 국민주권주의는 자유민주주의 체제의 본질과 나아갈 방향을 제시하는 기준이 된다. 따라서 모든 국가안전보장을 위한 실행은 투명한 정책과 집행으로 국민을 위한 서비스로 나타나야 할 것이다.

헌법의 전문과 본문의 전체에 담겨 있는 최고 이념은 국민주권주의와 자유민주주의에 입각한 입헌민주헌법의 기본원리에 기초하고 있다. 헌법상의 제 원칙도 여기에서 연유되는 것이므로 이는 헌법전을 비롯한 모든 법령해석의 기준이 되고, 입법형성권 행사의 한계와 정책결정의 방향을 제시하며, 나아가 모든 국가기관과 국민이 존중하고 지켜가야 하는 최고의 가치규범이다.

새로운 시대적 상황의 요구를 직시하면서 미래지향적인 새로운 국가안전보장의 개념과 전략체계, 그리고 정책대안을 마련하기 위해 최근의 시점에서 국가안전보장 실태의 분석을 토대로 새로운 국가안전보장의 방향을 정립하여야 하며, 국민의 기본권을 우선 중시하면서 국가의 완벽한 안전보장의 방안을 강구하여야 한다.

따라서 본 연구의 목적·방법 및 범위를 제시한 후(제1장), 정보화사회의 국민의 기본권과 질서유지와의 관계를 알아보기 위해 새로운 기본권과 질서유지의 개념을 정립하였으며, 현 국가안전보장의 실태를 분석하면서 국가안전을 위한 새로운 질서유지 방안을 모색하며, 국민의 기본권과 질서유지의 상충관계를 살피고 조화방안을 제시하였다(제2장).

정보화 사회에 있어서 국민의 기본권과 정보보안에 대해 논의하기 위해 정보와 기업 및 국가보안과 관련하여 정보보안의 개념 및 유형을 살펴보았으며, 인터넷을 중심으로 한 사이버 공간에서 국민의 기본권과 사생활 침해 실태와 사이버 공간을 이용한 국가 간의 사이버전을 알아보고, 인간의 존엄과 가치라는 헌법적 차원의 권리에 기초하여 국가안전보장 내지 사회질서 등의 유지라는 헌법원리에 입각한 정보보안의 법제 마련을 요구하며 그 대책을 강구하고자 하였다.

또한 국민의 기본권 중 언론의 자유, 즉 국민의 알 권리에 대해 논하면서 국가보안과 언론의 자유와의 관계를 조사하였으며, 국가보안을 위해 언론을 제한하는 경우와 언론이 가지고 있는 사회적 책임과 의무에 대해서 논하였다(제3장).

국민의 기본권과 국가질서유지의 조화를 살펴보기 위해 국민의 존엄과 가치·행복추구권과 경호안전에 대해서 알아보고, 현행 경호경비의 실태와 문제점을 분석하고, 그 발전방향을 제시하였으며, 테러와 폭력, 마약, 위조지폐 및 금융사범과 같은 사회범죄의 형태와 근절방안, 그리고 민주국가의 기본질서와 행사장 안전을 위한 경호경비대책에 대해 살펴보았으며, 국민의 안전과 국가의 자연적·인위적 재난에 대한 국가재난관리체제, 그리고 이에 대해 국민과 국가가 가지는 권리와 의무에 대해 논하였으며, 현행 재난관리의 문제점과 개선방안을 제시하였다(제4장).

결론에서는 모든 내용을 종합하여 정보화 사회에 새롭게 요구된 기본권과 헌법상 질서유지이며 새로운 국가안전보장인 사이버 안전대책, 국가보안, 경호경비, 국가재난관리가 국가의 진정한 민주발전과 실질적 질서유지 및 안전보장을 위해 조화롭게 나아가야 할 길을 제시하였다.

제1절 정보화 사회에 있어서 기본권 의의

정보화 사회[11]의 발전과 함께 개인의 사생활 침해 등 기본권이 침해될 가능성이 많아졌는데, 정보통신의 고도화에 따라 기술이 인간사회에 미치는 영향이 증대되고 있다. 그 중요한 것은 정보의 양적 거대화, 정보의 독점화, 정보유통의 불균형, 정보유통에 수반되는 인권침해의 문제 등이다.[12]

인간의 존엄과 가치 및 행복추구 등 인간의 기본적 인권의 의미는 정보화 사회에 있어서도 그 변함이 없지만 인간사회의 환경변화는 인간성을 상실시키고 기본적 인권을 손상시키는 여건을 조성하고 있는 것이다. 정보화로 주어지는 편리한 수단이 다시 인간의 기본적 인권을 침해하는 수단으로 이용될 때 개개인은 방어할 능력이 없게 되므로 국가는 그 기본적 인권을 보장하기 위하여 세심한 배려와 대책을 강구하여야 할 것이다. 그 노력은 정보화에 선행하는

---

11) 컴퓨터화된 사회이며 정보가 상품화하고 상품이 정보화하는 사회이며, 물질, 에너지보다 정보가 높은 부가가치를 가지며 가장 중요한 역할을 거두는 사회라는 것이 공통점이고 정보가 가지는 사회적 가치가 비약적으로 증대하고, 국민생활과 사회, 경제활동 전반에 걸쳐 정보의 생산, 유통 및 이용이 결정적인 중요성을 지니게 되어 인간의 존재양식과 가치체계에 근본적인 변화를 받고 있는 사회이다.

12) 김철수, 헌법학개론, 박영사, 2000, 236면.

방법이어야 한다.

정보화 사회에서 가장 큰 문제가 되는 정보에 대한 자기결정권, 인격권이라든가 사생활의 비밀에 관한 권리, 통신의 비밀에 관한 권리, 유체재산권, 무체재산권 등이다. 이 문제는 데이터베이스의 구축에 따라 자기가 원하지 않는 데이터베이스가 입력되어 비치될 수 있으며, 잘못된 데이터베이스도 비치될 수 있다. 또한 데이터베이스의 공개로 인하여 사생활이 공개될 수 있으며 데이터베이스의 비공개로 말미암아 국민의 알 권리가 침해될 수 있으며 데이터베이스e에서 출력할 수 있는 기기를 가지지 못하거나 출력기술이 없는 경우에 소외감을 갖는[13) 경우에 발생할 수 있다.

정보화의 영향으로 많은 면에서 기본권보장이 요구되고 있는 시점에서 주요 문제로서 사생활 침해를 방어하기 위한 사생활 보호, 국가이익이라는 명분으로 더욱 강력하게 시행되는 국가기밀에 대한 알 권리를 요구하는 언론의 자유, 기초질서 및 기본질서의 유지에서 사회질서의 유지와 국가안전을 위한 적극적인 질서유지로 변화되는 과정에서 발생하는 인간의 존엄과 가치 행복추구에 장애가 없도록 하고 자연 및 사회환경의 변화로 인해 생존권을 위협하는 것에 요구되는 국민의 안전에 대한 의미를 기본권보장을 위한 측면에서 검토되어야 한다.

기본권의 본질적 의미와 이러한 정보화 사회에 요구되는 기본권들을 보호하기 위해 대응하는 새로운 질서유지의 대책은 사이버 안전대책, 국가보안, 경호경비, 국가재난관리로서 시행되어야 한다. 이것은 국민의 기본권을 보장하고 민주국가발전에 그 역할을 다하게 될 것이다.

정보화 사회에서는 기본권을 침해하는 요인이 단순하지 않고 기

---

13) 김철수, 상게서, 236면.

본권 간에도 차이가 있거나, 동일하게 형성될 수 있으므로 기본권의 본질을 고려하여 기본권보장을 추구하여야 할 것이다.

따라서 기본권 유형을 살피면서 정보화 사회에 긴요한 기본권을 사생활 보호, 언론의 자유, 인간의 존엄과 가치 및 행복추구권, 국민의 안전이라고 보고 그 적용방안을 강구하고자 한다.

Ⅰ. 기본권의 본질과 법적 성격

기본권은 국민 각자가 국가사회의 일원으로서 가치 있는 생활을 하는 데 없어서는 안 될 기본 이익이라고 볼 수 있다.

기본권의 주체는 원칙상 모든 국민이 주체이며, 성질에 따라 법인(法人), 외국인의 경우에는 제한할 수 있다. 헌법상 기본권의 법적 성격은 자연권 사상(천부인권 사상)은 국민의 기본권은 실정법에 의해 주어진 것이 아니라 인간으로 태어나면서 가지는 천부적 권리로 보고, 법실증주의는 국민의 기본권은 실정법에 의해 주어진 것으로, 법률에 의하여 제한을 가할 수 있는 권리라고 본다. 하지만 우리나라의 헌법 규정은 실정법상의 권리와 자연법상의 기본권이라는 이중적 성격을 지니고 있다.

기본권은 프랑스나 미국과 같이 인간의 천부적인 권리로 인정된 인권으로서의 성격을 갖는다. 이에 비하여 국가의 구성원으로서 국민이 헌법상 갖는 권리라는 면에서 시민권이라는 용어도 사용된다(기본권은 인권과 시민권을 합친 의미로 사용된다). 역사적인 근거와 인권의 국제화에 따라서 기본권을 외국인에게도 인정하는 경향이 강해지고 있다. 그러나 참정권과 같은 경우는 국민에게 인정하는 것이 일반적이다.

기본권이 개인을 위한 주관적 공권의 여부에 대하여는 오늘날 이견이 없다. 그러나 19세기에는 국가에 대하여 국민이 가지는 권리라는 공권론은 부인되었다. 국민과 국가는 권력적인 지배, 복종의 관계로서 국민은 다만 포괄적인 지배객체에 불과했다. 1852년에 Gerber는 공권론을 전개하였으며 기본권은 국가가 스스로 권력의 자제로 인한 반사적 이익에 불과하다는 견해는 이미 구시대적인 견해이다. 사회적 기본권도 구체적인 입법이 있는 경우에 비로소 현실적인 권리로 된다는 추상적 권리설도 있지만 이는 일본의 학설을 받아들인 것으로 국가권력을 직접 구속하는 구체적 권리설이 절대다수설이다.

기본권은 헌법에 의하여 보호되는 이익 내지는 일정한 이익을 추구하기 위하여 국가의 작위, 부작위, 급부 등을 요구할 수 있는 권리이다. 초창기에 기본권은 국가에 대한 소극적인 권한제한규범으로 파악되었다.

주관적 공권을 인정하여도 그것이 자연법상의 권리냐, 아니면 실정법상의 권리냐에 관해서 견해가 갈리고 있다. 기본권은 자연권사상에서 유래하여 절대군주에 대항하는 이념으로 역할을 수행하였다는 것은 사실이다. 이에 의하면 기본권은 헌법에 의하여 비로소 보장되는 것이 아니라 인간의 본성에 의거하여 천부적으로 보장되는 권리이다. 그러므로 기본권은 헌법이 없어도 당연히 인정되는 권리이고, 헌법이 이를 규정하여도 단지 재확인한 것에 불과하다는 것이다.

이에 대하여 실정권설은 기본권은 실정헌법에 의하여 창설되며 실정법상의 권리라고 한다. 또한 자유와 자유권을 구별하여, 자유는 초국가적일 수 있지만 권리는 국가 내적인 것이라고 한다. 기본권 선재설과 헌법 선재설의 대립이라고 할 수 있다.

현행헌법은 자연권설에 뿌리를 두고 있는 조항이 있다(제10조, 제37조 1, 2항). 국가권력의 정당성이 기본권을 보장하는 데 있는 것을 부정할 수 없기 때문에 자연권적인 이론에 밀접하여 있다. 그러나 인간의 자유와 평등을 보장하는 것이 객관적 가치이고, 이는 우리 헌법에서 실정화되어 있다는 면에서 우리 헌법상 기본권의 본질적 내용을 어느 하나의 이론에 치우쳐 설명하는 것은 실익이 없다고 본다.14)

Ⅱ. 기본권의 유형

헌법에 명시된 국민의 기본권의 유형은 크게 여섯 가지로 나누어지며 그 내용은 다음과 같다.15)

1. 인간의 존엄과 가치·행복추구권

현행 헌법은 '모든 국민은 인간으로서의 존엄과 가치를 가지며, 행복을 추구할 권리가 있다. 국가는 개인이 가지는 불가침의 기본적 인권을 확인하고 이를 보장할 의무를 갖는다.'(10조)라고 하여, 개인의 가치를 무시하고 국가의 도구로 취급하는 전체주의를 배격하였다. 이 규정은 '인간의 존엄과 가치·행복추구권'을 천부인권, 즉 전(前) 국가적 자연권을 선언한 국가의 기본질서이며 법 해석의 최고 기준인 근본규범이다.

일반적으로 행복 추구권은 행동자유권과 인격의 자유발현권 및 생존권 등을 뜻한다. 따라서 먹고 싶을 때 먹고, 놀고 싶을 때 놀며, 자기 멋에 살고 멋대로 옷을 입어 몸을 단장하는 등의 자유가

---

14) 金大煥, 기본권 제한의 한계, 서울: 박영사, 2001, 143면.
15) 한국법학원, 언론의 자유와 국민의 기본권보장, 서울: 한국법학원, 1998, 134면.

포함되며, 자기설계에 따라 인생을 살아가고, 자기가 추구하는 행복의 개념에 따라 생활함을 말한다. 또한 환경권과 인간다운 주거공간에서 살 권리도 포함된다. 행복추구권의 향유자는 내국인과 외국인을 포함하는 자연인에 한정된다.[16)]

그러므로 이 규정은 헌법개정의 방법으로써 전면 개폐할 수 없으며, 국가가 이를 보장할 의무를 지고 있다. 따라서 모든 국가기관은 물론, 어떠한 개인도 타인의 행복추구권을 침해하지 못한다. 다만 국가안전보장·질서유지 및 공공복리를 위하여 필요 불가결한 경우에는 본질적인 내용을 침해하지 않는 한도 내에서 제한할 수 있다.

헌법 제37조는 제2항에서 "국민의 자유와 권리는 국가안전보장·질서유지 또는 공공복리를 위하여 필요한 경우에 법률로써 제한할 수 있으며, 제한하는 경우에는 자유와 권리의 본질적인 내용을 침해할 수 없다."고 규정하고 있다.[17)]

이 조문은 우리나라 헌법 안에서 매우 중요한 의의를 갖는 것은 이 조문의 왜곡된 해석에 의해 국민의 기본권이 보장되지 못하기 때문이다. 즉 왜곡된 안보논리로 인해 국민의 기본권이 침해되고 진정한 국가안전보장의 정책과 실행이 국민의 불신과 오해를 받기 때문이다. 이 조문을 조화롭게 해석하여 국민화합과 국가발전의 원천이 되어야 한다.

2. 평등권

헌법은 "모든 국민은 법 앞에 평등하다. 누구든지 성별·종교 또는 사회적 신분에 의하여 정치적·경제적·사회적·문화적 생활의 모든 영역에 있어서 차별을 받지 아니한다. 사회적 특수계급의 제도는 인정

---

16) 최용기, 대한헌법, 대명출판사, 312면.
17) 김대환, 전게서, 145면.

되지 아니하며, 어떠한 형태로도 이를 창설할 수 없다. 훈장 등의 영전(榮典)은 이를 받은 자에게만 효력이 있고, 어떠한 특권도 이에 따르지 아니한다.”고 규정되어 있다. 여기서 법이란 형식적 의미의 국회제정법뿐만 아니라 모든 성문법·명령·조례·규칙·판례법·관습법 등을 포함하는 광의의 법을 말한다. 모든 국민이 법의 정립·집행·적용에 있어서 차별대우를 받지 아니하는 것을 뜻한다.

따라서 입법에 있어서의 불평등은 위헌법률심사의 대상이 되며, 행정에 있어서의 불평등한 처분은 행정소송의 대상이 되고, 사법에 있어서의 불평등한 재판은 상소(上訴)와 재심(再審)의 이유가 된다.

근대 헌법상 평등의 원칙은 봉건적인 불평등한 신분제를 타파하기 위하여 1789년 프랑스의 ‘인권선언’에서 처음으로 선언되었다. 그 뒤 미국헌법이 이를 본받아 규정하였고, 모든 근대 입헌국가들이 헌법에 규정하게 되었다. 실제에 있어서 모든 사람이 똑같지는 않지만 법률상 그 ‘권리능력’이 평등하다는 것이다. 성별·연령·신분·직업·재산·학식·종교 등이 다른 모든 사람들을 평등하게 취급하기는 어렵고 또한 합리적인 것은 아니다.

그러므로 어떠한 불평등은 인정하고 어떠한 불평등은 배척할 것인가가 문제이나, 그것은 국가 및 사회 체제에 따라 다르다. 예컨대 자본주의 국가나 사회주의 국가가 모두 평등을 이념으로 하고 있지만 실제로 그 내용은 다른 것이다.

봉건적·신분적 차별의 폐지는 어느 나라에서나 빨리 확립되었으나 인종에 의한 차별, 종교적·당파적 편견, 여성의 차별대우는 쉽게 소멸되지 않고 있으며, 특히 경제적 불평등은 자본주의 사회에서는 좀처럼 해결되지 않는다. 그러나 오늘날에 있어서는 입법·행정·사법의 모든 분야에서 차별대우를 받지 않는 것을 말한다.

‘평등’이란 결국 자의(恣意)의 금지를 말한다. 자의의 금지란 정의(正義)의 관념에 따라서 평등한 것은 평등하게 불평등한 것은 불평등하게 취급하는 것을 말하며, 따라서 평등이란 '평등=자의의 금지'를 뜻하는 구체적 인간 간의 차이에 상응한 상대적 평등이다. 사실상의 차이를 무시한 기계적 평등은 오히려 불합리한 불평등이 된다.

그러나 불평등한 사실을 불평등하게 취급하는 데는 일정한 기준이 있어야 되며, 상대적 평등이란 정의의 원칙에 어긋나지 않는 합리적인 차별대우만이 인정되는 것이다. 이것은 미국에서 평등보호조항의 해석에 있어서 판례법상 확립된 원칙이며, 세계 각국의 통설이라 할 수 있다.

3. 자유권

개인이 그 자유로운 영역에 관하여 국가권력의 간섭 또는 침해를 받지 아니할 권리, 자유권은 국가에 대한 개인의 방어적·소극적 공권을 의미한다.

국가와의 관계에서 자유권이 '국가에 대한 자유' 또는 '국가로부터의 자유'이냐, 아니면 '국가에 있어서의 자유' 또는 '국가에 있어서만 가능한 자유'이냐에 관하여서는 견해가 갈라져 있다.

이 점에 관하여 국가와 사회의 대립을 전제로 국가에 대한 사회나 개인의 우월성을 주장하는 입장(자연법론자)은, 자유권을 전(前)국가적·초국가적 권리로 이해한다. 그러한 입장에서는 헌법에 있어서의 자유권보장은 국가에 의한 자유권의 창설을 의미하는 것이 아니라, 국가에 의한 확인을 의미하는 것으로 보고 있다.

그러나 사회나 개인에 대하여 국가의 우월성을 주장하는 입장(법실증주의자)은 자유권은 단지 국가에 있어서만 가능한 권리, 또는 헌법이나 법률에 의하여 창설된 권리로 이해한다. 그리고 국가에 의하여 보장되지 아니하는 자유는 진정한 의미의 자유일 수 없다고 한다.

우리나라 헌법에서는 "모든 국민은 인간으로서의 존엄과 가치를 가지며, 행복을 추구할 권리를 가진다. 국가는 개인이 가지는 불가침의 기본적 인권을 확인하고 이를 보장할 의무를 진다."(10조)고 하였고, "국민의 자유와 권리는 헌법에 열거되지 아니한 이유로 경시되지 아니한다. …… 자유와 권리의 본질적인 내용을 침해할 수 없다."(37조)고 되어 있다.

그러므로 자유권은 국가로부터의 자유이고 국가권력에 대한 방어적·소극적 권리인 동시에 천부적·초국가적 인간의 권리이며, 또한 포괄적 권리이면서 직접효력을 가진 권리라 할 수 있다.

자유권에는 생명권, 신체를 훼손당하지 아니할 권리, 신체의 자유 등 인신에 관한 자유권, 사생활의 비밀과 자유의 불가침, 주거의 자유, 거주이전의 자유, 통신의 자유 등 사생활에 관한 자유권, 양심의 자유, 종교의 자유, 언론·출판과 집회·결사의 자유, 학문과 예술의 자유 등 정신적 활동에 관한 자유권, 직업선택의 자유, 재산권 등 경제생활에 관한 자유권이 있다. 자유권도 순수한 내심의 작용(양심·신앙 등)을 제외하고는 타인의 권리의 불가침, 도덕률의 존중, 헌법의 기본권의 준수라고 하는 내재적 한계가 있다. 또한 헌법에 의한 제한이나 법률에 의한 제한이 규정되고 있는 경우에는 그에 따라 제한을 받게 된다. 다만 법률에 의하여 자유권을 제한하는 경우에나 그 제한은 다른 방법을 가지고는 그 목적을 달성할 수 없는 불가피한 경우라야 하고(보충의 원칙), 이 경우에도 그 목적달성에 필요한 최소한의 제한이라야 하며(최소한 제한의 원칙), 또한 제한되는 이익보다 보호받는 이익이 큰 것일 때에만 제한하여야 한다(비례의 원칙).

자유권은 국가의 제1차적 목적인 질서유지를 위하여 발동되는 경찰권의 대상이 되는 수가 많다. 공공의 안녕 질서의 장애물은 주로 자유를 남용하는 데서 발생되기 때문이다.[18] 기본권의 제한은 공공의 질서유지를 위한 것이라 하더라도 그 질서유지는 보완의 원칙, 최소 제한의 원칙, 비례의 원칙을 적용하여야 한다.

4. 참정권

국민이 직접·간접으로 국정에 참여할 수 있는 권리를 말하고, 정치적 자유권이라고도 한다. 일반적으로 선거권·피선거권·국민투표권·국민심사권·공무원과 배심원이 되는 권리 모두를 포함하나, 협의로는 선거권과 공무담임권만을 말한다.

전제정치하에서는 일부 특권계층에게만 참정권이 부여되었으나, 18~19세기 프랑스와 미국의 인권선언을 계기로 그 이후에는 많은 민주주의국가에서 일반국민들에게 평등하게 참정권을 인정하였다. 근대 민주주의 국가에서 국민주권주의는 국민자치의 정치형식에 의하여 실현되는데, 국민자치의 정치형식으로는 직접민주제(국민투표제)와 간접민주제(대표민주제)가 있다. 그런데 근대민주정치는 간접민주제를 원칙으로 하므로 국민의 참정권은 공무원선거권과 공무담임권이 핵심을 이루며, 일부 경우에 한하여 직접민주제를 예외적으로 인정하고 있어 국민표결권·국민발안권·국민소환권 등이 국민투표제에 의하여 인정되고 있다. 한편 참정권의 주체는 국가기관의 한 구성원으로서의 개별국민이므로 그 성질상 내국인에게만 보장되는 국가 내적인 국민의 권리로서 국민 개인의 불가양불가침의 권리이다.

우리나라는 헌법에 선거권(24조)·공무담임권(25조)·국민투표권(72조·130조2항) 등의 참정권을 보장하고 있다. 또한 소급입법에 의하여 참정권을 제한할 수 없게 하였다(13조2항).

---

18) 최용기, 전게서, 326-327면.

5. 사회권(생존권)

　개인의 생존과 생활의 유지·발전에 필요한 여러 조건의 확보를 국가에 요구하는 국민의 권리이며, 사회적 기본권, 생존권적 기본권, 생활권이라고도 한다.

　사회권은 인간의 생존본능을 기초로 하는 것이므로 어느 시대를 막론하고 문제시되어 왔다. 근대국가가 성립된 17~18세기 무렵 공포나 압제로부터 해방이 주장되면서 생존에 대한 위해·장애를 제거하도록 국가가 공공적 배려를 해야 한다고 생각하게 되었다. 이러한 국가의 국민에 대한 배려는 오늘날의 사회권과는 달리 개인의 생명과 신체 자유에 대한 보장이었다. 그 결과 인간은 물질적·정신적으로 그 창의에 근거하는 생활을 할 수 있게 되었다. 그 뒤 19세기 후반부터 20세기에 걸쳐 자본주의의 모순이 드러남에 따라 자유권만으로는 사회구성원의 생존 확보가 불가능한 상황에 놓이게 되었고, 사회주의·공산주의 사상가들은 자본주의를 제한 또는 부정함으로써 개인의 생존유지·발전에 국가가 공공적 배려를 해야 한다고 역설하였다.

　이런 사상을 도입하여 사회권에 대해 규정한 유명한 헌법이 1919년의 바이마르헌법이다. 이 헌법은 소유권이나 개인의 경제적 자유를 인정하고 있으며 재산권 제한, 생존권 보장을 목적으로 하고 있다. 이러한 사회권을 적극 승인하고 자유주의의 폐해를 막으려는 인권체제를 보통 인권의 사회화라고 하며 이러한 국가체제를 사회국가라고 한다. 러시아혁명으로 성립된 소비에트공화국은 1918년의 레닌 헌법에서 생산수단의 국유화를 중심으로 하는 사회주의 사회 확립과 사회권 보장을 선언하였다. 1936년의 소련헌법(스탈린 헌법)에서의 사회권은 보장방법과 그 밖의 점에서 사회국가보다 더 철저하다. 이것을 인권의 사회주의라고 하며 제2차 세계대전 후의 인민

민주주의 국가에서도 같은 양상을 볼 수 있다. 이들 국가에서 사회권보장은 실질화되었는데, 국가는 이 권리를 현실화하기 위하여 물적 수단을 확보·제공하는 의무를 부담하며 국민은 그것을 청구할 권리를 가지고 있다.

우리나라 헌법에는 교육을 받을 권리(31), 근로의 권리(32), 근로자의 단결권(33), 혼인과 가족생활, 보건에 관하여 보호를 받을 권리(36), 사회보장을 받을 권리(34) 등을 규정하고 있다. 그러나 이들 권리는 모두 국가의 사회국가적 책임을 규정하였을 뿐 반드시 국민 개인에게 구체적 청구권을 인정한 것은 아니다.

6. 청구권적 기본권

청구권적 기본권은 국민이 적극적으로 국가에 대하여 특정한 행위를 요구하든가, 국가의 보호를 요청하는 주관적 공권을 말한다. 청원권(제26조), 재판청구권(제27조), 손해배상청구권(제29조), 손실보상청구권(제23조3항), 형사보상청구권(제28조), 범죄피해자구조청구권(제30조), 위헌법률심판청구권(제107조), 헌법소원심판청구권(제111조) 등이 있다. 청원권은 국민이 국가기관에 대하여 문서로써 어떤 희망사항을 청원할 수 있는 기본권, 다른 기본권을 보장하기 위한 수단적 기본권이다.

헌법은 '모든 국민은 법률이 정하는 바에 의하여 국가기관에 문서로 청원할 권리를 가진다. 국가는 청원에 대하여 심사할 의무를 진다'고 규정하여 청구권적 기본권을 보장하였다(26조). 이에 따라 청원법과 국회 규정으로 진정서 등 처리에 관한 규정이 제정되어 있다. 청원법에 의하면 국가 또는 공공단체의 기관에 대하여 누구나 청원할 수 있게 하고(2조), 청원사항으로는 ① 피해의 구제, ② 공무원의 비위의 시정 또는 공무원에 대한 징계나 처벌의 요구, ③ 법률·명령·

규칙의 제정·개정 또는 폐지, ④ 공공의 제도 또는 시설의 운영, ⑤ 기타 공공기관의 권한에 속하는 사항에 한정하고 있다(4조). 따라서 이러한 청원사항에 해당되지 아니하는 진정 등은 청원과 구별하여 단순한 민원사항으로 처리된다. 재판에 간섭하거나 국가원수를 모독하는 청원은 수리하지 아니하며(5조), 동일내용의 청원서를 동일기관에 2개 이상 또는 2개 기관 이상에 제출하는 이중청원 및 타인을 모해할 목적으로 허위의 사실을 적시한 모해청원은 금지된다(8·10조). 또한 청원서에는 반드시 청원인의 성명·직업 및 주소 또는 거소를 기재하고, 동장·이장이 발행하는 청원인의 현주소 또는 거소를 증명하는 서류를 첨부하여야 한다(6조1항). 적법한 청원에 대해 모든 관서가 청원을 수리하여 이를 성실·공정·신속히 심사처리하고, 그 결과를 청원인에게 통지할 의무가 있다(9조).

Ⅲ. 정보화 사회에 새롭게 요구되는 기본권

1. 사생활 보호

과학기술의 발전에 의한 정보통신의 획기적인 혁명은 문명의 이기로서의 혜택과 그 기술로 인한 사생활 침해가 만연하는 부작용이 서로 대립되는 정보화 사회의 모순을 드러내고 있다.

정보화 사회에서는 개인의 사생활이 공개되는 경향이 많아 사생활의 비밀보장이 필요하다.[19]

국민의 권력을 위임받은 국가가 개인의 힘으로 방어가 불가능한 사생활 침해를 방치하고 그 대책을 마련하지 않는다면 국민은 국가

---

19) 최용기, 상게서, 354면.

에 대한 기본적 의무를 다할 필요가 없을 것이다.

특히 사생활보호를 위한 특정 국가기관의 보호행위가 헌법질서의 근본 취지에 맞지 않게 사사롭게 악용되거나 특정 세력을 비호하는 목적으로 사용하는 경우는 절대 용납해서는 안 될 것이다.

국가는 국민이 신뢰할 수 있는 법적 제도를 마련하고 높은 도덕성을 바탕으로 인간의 존엄과 가치 및 행복추구를 보장하는 사생활을 적극적으로 보호하여야 한다. 이것은 민주적 질서유지의 확립에 기여하게 될 것이다.

우리 헌법은 제17조에서 "모든 국민은 사생활의 비밀과 자유를 침해받지 아니한다."고 규정하여 사생활의 자유를 보장하고 있다.

(1) 사생활 자유권의 보장

사생활의 자유란 개인의 사적 생활을 향유할 자유를 말하고, 사생활의 비밀은 사생활의 부당한 공개로부터 보호받을 자유이다. 나아가 사생활의 자유로운 형성과 전개를 방해받지 아니할 권리와 자신에 관한 정보를 통제할 수 있는 권리를 그 내용으로 한다. 사생활의 자유권은 개인의 존엄을 보장하기 위하여 필수적인 것으로 인정되어야 한다.

사생활의 비밀과 자유의 보장은 소극적으로 사생활의 내용·명예·신용 등을 침해받지 아니하고, 적극적으로 사적 활동과 생활을 형성하고 영위하는 것을 침해 또는 간섭받지 않도록 하는 것이다. 따라서 인격의 자유로운 발전과 법적 안전성을 그 보호법익으로 한다. 우리 헌법은 인간의 존엄성과 행복추구권, 사생활의 비밀과 자유, 혼인과 가족생활에서도 개인의 존엄이 존중되어야 한다는 뜻을 밝힘으로써 모든 국민의 사생활의 비밀과 자유를 보호하고 있다.

정보화 사회에서 왜 사생활자유가 더 침해될 가능성이 높은지는 정보기술의 발전이 인간에 대하여 갖고 있는 위험성에 관한 인식을 배경으로 해서만 이해할 수 있다. 다시 말하자면 컴퓨터의 등장 이후에 자동정보처리와 정보의 끊임없는 연결을 통하여 국가가 모든 개인정보에 대하여 알 수 있는 것에 대한 두려움이 증가하였다.[20]

국가는 정보화 시대에 새롭게 등장한 국민의 불안감과 불신을 해소하는 투명하고 신뢰할 수 있는 제도를 정착시키고 국민도 두려울 것 없는 민주시민의 도덕적 의무를 다할 때 조화로운 기본권보장이 있게 될 것이다.

(2) 사생활자유권의 법적 성격

사적 사항이 공개되어 인격은 손상당하거나 사생활을 방해받음으로써 입게 되는 정신적 고통을 구제하려는 것이므로 인격권의 일종이다. 또한 국가권력이나 사인에 대한 주관적 공권이다. 또한 특정인에게 고유한 사항을 그 보호법익으로 하는 일신에 관련된 권리이다. 그리고 정보통제와 관련된 청구권적 성격도 지니고 있다. 또한 사회공동체의 객관적 가치질서를 뜻하게 된다.[21]

(3) 사생활자유권의 내용

사생활 영역을 내용적으로 보호해 주기 위한 것이 사생활의 비밀과 자유이다.

헌법 제17조는 사생활의 비밀의 불가침과 사생활자유의 불가침,

---

20) 김영수, 헌법학 사례연구, 삼조사, 1999, 226면.
21) 최용기, 전게서, 355면.

자신에 관한 정보를 통제할 수 있는 권리를 그 내용으로 한다. 넓은 의미에서 인격적 이익의 총체 내지는 자기의 정보를 통제하는 권리를 포함한다.

우리 헌법의 해석상 사생활의 자유와 사생활을 함부로 공개당하지 않을 권리가 좁은 의미의 사생활자유권이라 할 수 있다.

개인의 비밀유지에 관한 권리와 사생활의 불가침을 보장받을 수 있는 권리이다. 정보원, 기자, 신용조사원들에 의한 사생활의 감시나 정보수집도 금지하고 사실인 경우에도 보도가 원칙적으로 금지한다.

또한 인간의 내면적 가치, 정신과 내면생활에 대하여 침해를 받지 아니할 권리를 말한다. 내면생활의 침해는 전화, 전보, 방문 등에 의한 침해를 들 수 있다.

자기정보통제권은 자신과 자신의 보호·감독 아래 있는 자에 관한 정보를 함부로 침해당하지 아니하며, 그 정보를 자신이 통제할 수 있는 권리를 말한다.[22]

특히 고려하여야 할 사생활 침해는 일반 국민들과는 달리 기본권 제한에 있어서 특별 구속력에 놓여 있는 국가 또는 공공단체의 개개인은 특별권력관계에 있는 자에게 인권을 유린당할 수가 있는데, 이에 대한 기본권은 법률에 근거하지 않고 임의의 규정에 위배되지 않는 한 보장되어야 한다.

2. 언론의 자유

정보화 사회의 전개에 따라 국민의 자유와 권리의 보장에 관해서도 종래 제대로 인식되지 못하였거나 혹은 외면되었던 사항들이 새로이 그 중요성을 인지하게 되었다. 이에 따른 법적·제도적 장치가

---

22) 최용기, 상게서, 356면.

한층 강화되어 가고 있다. 주권자인 국민이 정치적 소외현상으로부터 일탈하여 국정상황을 정확히 파악하여 올바른 정치적 의사형성을 하고 대의민주정치의 위기를 극복하기 위해서는 관료행정의 비밀주의를 극복하고 국민의 알 권리를 확보하여야 할 것이다.

최근 끊임없이 다가오는 위협, 즉 국가 간의 대립에 대응하려는 군사외교적 전략, 경제적 침략, 환경의 악화 등에 대비한 사회적 안전보장 정책, 세계화·정보화에 따른 사이버전에 대처하기 위해서는 국가비밀의 중요성을 더없이 요구하게 되었다.

국가는 그 관리에 있어서도 과학적인 관리기법에 역점을 두며 그 은닉성을 한층 더 높이고 있다. 한편 국민은 국가의 주인으로서 국가운영에 대한 정보를 적극적으로 알기를 원하고 최상의 서비스를 받기를 원한다.

헌법 제21조는 "① 모든 국민은 언론·출판의 자유와 집회·결사의 자유를 가진다. ② 언론·출판에 대한 허가나 검열과 집회·결사에 대한 허가는 인정되지 아니한다. ③ 통신·방송의 시설기준과 신문의 기능을 보장하기 위하여 필요한 사항은 법률로 정한다. ④ 언론·출판은 타인의 명예나 권리 또는 공중도덕이나 사회윤리를 침해하여서는 아니 된다. 언론이 타인의 명예나 권리를 침해한 때에는 피해자는 이에 대한 피해의 배상을 청구할 수 있다."라고 규정하여, 언론의 자유를 비롯한 언론에 대한 허가와 검열제의 금지, 통신·방송의 시설기준과 신문의 기능보장을 위한 법정주의, 언론의 자유의 내재적 한계 등을 규정하고 있다.[23]

이제 21세기 정보화 사회에서 언론의 자유를 진정으로 실현하기 위해서는 국민 모두가 국익의 입장에서 국가보안을 이해하고 국가는 언론의 자유를 최대한 보장하고 최소한의 규제를 하여야 한다.

---

23) 최용기, 상게서, 378면.

특히 정보통신의 발전으로 국가정책이 노출되므로 국민을 과거처럼 속이는 작태는 포기하여야 한다.

(1) 언론자유의 보장

개인의 자유롭고 안전하면서도 행복한 삶의 질 향상을 위해서는 국가의 안전이 선행되어야 하고, 개인은 국가의 구성원으로서 국가의 안전을 위해서 국가적 공동의무에 동참하게 되는 것이다.

언론의 자유는 기본적 인권 중에서도 가장 중요한 '최상급'인 기본적 인권으로서 민주주의를 가능하게 함과 동시에 민주주의 존립기반을 형성하는 것이다. 이러한 언론의 자유는 다른 기본권과 마찬가지로 절대적인 자유를 의미하지 않는다. 언론의 자유만을 무제한으로 인정하는 것은 국민의 다른 기본권이 무제한으로 인정되는 언론의 자유에 의하여 침해될 가능성이 있다.

사실 국가생존의 절실한 국가보안이라는 국가안전의 중요한 적용을 국가권력의 일부에게 부정적인 측면으로 사용한 것으로 의혹을 갖게 하였다. 이제는 국가보안이 국가에 내재되어 있는 개인 및 기업, 단체 등의 자유와 안전을 보장하는 긍정적인 측면으로서 그 기본원칙이 되어야 할 것이다.

우리 헌법은 모든 국민에게 언론의 자유를 보장하고 있다. 언론의 자유는 정치생활과 사회생활의 방법적 기초이며, 민주시민의 중요한 의사표현의 수단을 뜻하기 때문에 현대의 민주국가에서는 중요한 기본권이다.

언론의 자유는 우리 헌법이 전제로 하고 있는 자주적 인간의 정치적·사회적·문화적·지적인 개성신장의 수단으로서 의의와 기능을 가지고 있다. 또한 언론의 자유는 사회구성원 상호간에 의사접촉을 가능하게 하고 여론형성을 촉진시킴으로써 사회공동체를 동화시키고 통합시키는 수단이고, 민주주의통치질서가 성립하기 위한 필수적인 전제조건이다.[24)]

　　결국 언론의 자유가 보장되지 않는 곳에는 국민의 가치적인 합의점에 바탕을 둔 민주정치를 기대하기 어렵다. 언론의 자유가 국가보안이라는 명분으로 제한을 받을 경우에 그 제한이 민주국가의 근본이념에 벗어나지 않고 국민에게 납득할 수 있는 것이라면 조화롭게 수용될 것이다.

(2) 언론의 자유의 법적 성격

　　언론의 자유는 국가권력에 대한 방어로서의 성격을 가지고 있다. 국가권력의 간섭이나 방해를 받지 않고 자유롭게 의사표현을 하고 여론형성에 참여하고 자신의 의견을 정하는 데 필요한 정보를 수집하고 접수할 수 있는 주관적 공권의 성격을 가진다고 볼 수 있다. 또한 언론의 자유는 객관적 가치질서의 구성요소이다. 의사표현의 자유와 알 권리 및 현대의 대중전달 수단인 신문방송의 자유가 없이 여론은 성립될 수 없고, 정치적 의사의 예비형성은 불가능하며, 소수자의 기회균등은 보장될 수 없으며, 정치생활은 자유롭고 개방적인 과정 속에서 전개될 수 없다. 따라서 언론의 자유는 주관적 공권이며, 개관적 가치질서로서의 양면성을 지니고 있다. 의사표현의 자유와 알 권리에서는 주관적 공권으로서의 성격이 보다 강하게 나타나지만 보도의 자유에서는 객관적 가치질서로서의 성격이 보다 강하게 나타난다.

　　언론제도의 보장은 언론의 자유에 내포된 객관적 가치질서로서의

---

24) 최용기, 상게서, 378면.

성격에서 나오는 당연한 결과라고 볼 수 있다. 따라서 여론형성이 조작될 위험성이 따르는 언론기관의 독과점현상은 언론·출판의 자유에 대한 중대한 위협을 의미한다.

언론의 자유의 법적 성격에 관해서는 개인적 자유권이며 전통적인 의미에서의 제도적 보장이라고 할 수는 없지만, 신문 기타 대중매체의 공적 역할 때문에 정당과 같이 국민의 정치여론을 형성하는 중개기구로서의 제도적 의의를 발견할 수 있다.

또한 신문이나 대중매체의 제도적 보장은 자유권과 결부되어 있고, 우리 헌법상에서는 언론의 자유가 최대한 보장되어야 한다. 내용에 대한 옳고 그름은 국민의 이성적 판단과 일반적 상식에 의해서 충분히 가능할 것이다. 이것은 언론의 자유에 내포된 객관적 가치질서로서의 성격에서 나오는 당연한 결과라고 볼 수 있기 때문이다.

(3) 언론의 자유에 관한 내용[25]

언론이라 함은 구두에 의한 표현을 말한다. 일반적으로 사상·양심 및 지식·경험 등을 표현하는 모든 수단, 즉 담화·연설·토론·연극·방송·음악·영화·가요 등에 의한 의사표현을 말한다.

언론의 자유는 자신의 사상을 표현·전달하고 의사형성에 필요한 정보를 수집·접수하고 객관적인 사실을 보도·전파할 수 있는 자유를 그 내용으로 한다. 또한 보도매체를 이용해서 자기의 입장을 밝히고 여론형성에 기여할 수 있는 이른바 보도매체이용권도 언론의 자유에 속한다.

---

25) 최용기, 상게서, 379면.

1) 의사표현의 자유

의사표현의 자유라 함은 자신의 의사를 표현하고 전달하며 자신의 의사표명을 통해서 여론형성에 참여할 수 있는 권리를 말한다.

의사표현의 자유는 자신의 의사를 표현하고 전달하는 데 국가권력의 간섭이나 방해를 받지 아니할 소극적 내용과 자신의 의사표현을 통해서 여론형성에 참여할 수 있는 적극적인 내용으로 나눌 수 있다. 민주정치가 여론정치이고 여론은 국민개개인의 자유로운 의사표현을 통해서만 형성될 수 있기 때문에 의사표현의 자유는 여론형성을 위한 전제조건이며 민주정치의 사활에 관련되는 중요한 의미를 가진다.

따라서 같은 의사표현이라도 여론형성과의 관계가 크면 클수록 그 보호의 진지성이 커진다. 결국 의사표현의 자유는 타인과의 접촉을 통한 여론형성의 자유를 그 본질로 한다.

의사표현의 자유는 그 내용이 공공의 이익에 반하지 않고 특별관계에 있지 아니하거나 있더라도 법적 하자가 없어야 할 것이다. 공공의 책임을 선행하는 것이되 자율적이어야 한다.

2) 정보의 자유(알 권리)

알 권리(right to know)는 흔히 정보의 자유(Freedom of Information)와 동일한 의미이다. 이러한 정립은 정보사회의 진전에 따른 정보체계의 근본적인 변화와 맥락을 같이 한다. 알 권리는 주권자인 국민의 정보욕구를 충족시켜 주고 이를 통하여 전통적이고 소극적 지위에 머무르고 있던 국민의 입장을 보다 적극적인 입장 즉 적극적으로 주권자의 입장에서 정보전달체계에 직접적으로 개입할 수 있다.

정보의 자유는 여론의 자유로운 형성을 위한 전제로서 민주정치의 필수불가결한 요소이기 때문에 우리 헌법상에도 인정된다고 본다.

정보의 자유라 함은 일반적으로 접근할 수 있는 정보원으로부터 의사형성에 필요한 정보를 수집하고, 수집된 정보를 취사선택할 수 있는 자유를 말한다.

즉 의사형성에 필요한 정보를 적극적으로 수집하는 자유와 소극적으로 정보에 접하는 자유가 모두 포함된다. 이러한 정보의 자유를 통해서 의사형성에 필요한 정보를 가질 수 있을 때만 그 실효성을 기대할 수 있다. 또한 자신의 관심사에 대해서 정보를 수집하고, 알고자 노력하는 것은 행복추진의 일종이므로 자주적 인간에게 행복추진의 전제조건을 보장하는 것이다.

오늘날 정보는 어제의 자본과 같다는 의미에서 현대인의 생활권적인 의미도 가진다. 또한 정치·사회문제를 명확히 아는 국민만이 스스로 바른 판단을 하고 민주적 의사형성 과정에서 건설적인 여론형성에 기여할 수 있다는 뜻에서 참정권적인 의미도 지니고 있다. 따라서 일반국민에게 일체 정보를 주지 않는 조치는 국민의 알 권리를 침해하는 위헌적인 조치이고 국가기관에게 모든 정보의 공개를 요구하는 것은 허용되지 않는다고 본다. 정보의 공개를 불가능하게 하는 불가피한 사유가 있다면 공공이익도 충분히 고려하여 규범조화적인 해석을 모색해야 한다.

3) 보도의 자유

정보화 사회에서 국민은 언론기관의 보도를 통해서 알 권리를 충족하게 된다. 따라서 언론의 보도는 신속하고 공정하게 사실에 입각하여 아무런 간섭 없이 이루어져야 한다. 보도의 자유는 신문잡지·방송 등 매스미디어의 자유를 포괄하게 되는데 신문보도의 자유가 대표적이다. 보도의 자유는 진실한 보도를 하여야 한다.

보도의 자유는 개인이 사회 속에서 자유롭게 자기의사를 전달하고 표현하여 공감대를 형성하거나 비판을 받으면서 인격을 계발하고 인간다운 생활을 할 수 있기 위해서 필요하다.

또는 매스미디어를 통한 보도의 자유는 정부나 국가권력을 견제하는 기능으로서 국민이 주권을 확립하는 역할을 한다. 국정에 관한 의사의 형성, 국정에 대한 감시와 비판을 가능하게 한다.

언론기관은 진실한 정보를 국민에게 알릴 권리와 책무를 가지게 되며, 이러한 공공적 기능을 수행하기 위하여, 보도 및 논평의 자유, 취재의 자유, 보급의 자유 등을 보장받아야 한다.

보도의 자유는 평가적인 의사표현과 단순한 사실의 전달을 하는 특수형태이다. 출판물과 전파매체에 의한 의사표현 또는 사실의 전달이 갖는 높은 정보효과와 그것이 여론형성에 미치는 커다란 영향 때문에 보도의 자유는 동화적 통합을 촉진시키고 국가권력을 감시, 통제하는 데 매우 중요한 기능을 맡고 있다. 보도의 공정성이 중요시되고 보도기관의 자주성과 독립성이 강조되고 보도기관의 다원성 내지 다원성 구조를 저해하는 언론기관의 독과점 현상이 배척되는 등 자유언론제도가 강조되는 이유도 그 때문이다.

3. 인간의 존엄과 가치 및 행복추구권

지난 세기는 정신적, 도덕적 갈등이 심한 시대였지만, 그래도 인간의 존엄과 가치는 가장 고귀하게 유지되어 온 진리였다. 그러나 정보통신이 확산적으로 발전된 작금의 정보화 시대는 인간의 존엄과 가치에 대한 혼돈이 전개되는 특이한 환경에 처해 있다.

헌법은 ‘모든 국민은 인간으로서의 존엄과 가치를 가지며, 행복을 추구할 권리가 있다’(제10조)고 하고 제37조에서는 국민의 자유와 권리의 본질적 내용은 침해할 수 없다고 규정하고 있다.

따라서 국가는 국가의 주인인 국민의 기본적 요구에 부응하는 국민의 생명과 재산 나아가 국가 공동체의 안전과 번영을 위해 이를 위협하는 모든 요인을 제거하고 위협요소에 대응하기 위해서 국가권력을 형성하고 다양한 방법으로 국민을 위하여 행사하여야 한다.

그러나 국민의 자유와 권리를 보장하고 이를 보장할 의무를 지닌 국가가 국민이 위임한 국가권력을 남용하거나 오용하여 국민을 위협하고 감시하는 경우가 있는데, 이것은 정부가 그 본질적인 의미를 망각하였기 때문이다.

정보화 사회의 신장된 인권의식은 더 이상 국민을 왜곡시키는 정책을 용납하지 않는다. 사소한 것이라도 국민의 동의를 받고 그 정책을 투명하게 볼 수 있고 국민이 서비스를 받는 것이라 느낄 수 있는 방법이어야 한다.

인간의 행복추구는 정보화 사회의 부작용으로 인해 그리 순탄하지 못하다. 미국 테러사태에서 알 수 있듯이 테러가 새로운 전쟁의 개념으로 확대되고 이러한 테러의 수단과 방법이 인간의 숭고한 생명을 경시하는 반인륜적인 형태로 변질되는 최악의 인간존엄 말살의 증상이 나타나고 있다.

이러한 암울한 시대에서 인간의 존엄과 가치 행복추구를 위해서는 경호경비가 종래의 소극적 기초질서유지, 혼잡방지, 범죄예방에서 나아가 적극적 질서유지의 추세인 국가안보의 일환으로 전개되어야 할 것이다.

이제 기본적 인권의 으뜸인 인간의 존엄과 가치가 절대적으로 수호될 수 있도록 기존의 질서유지 차원의 소극적인 경호경비에서 테러의 예방 및 차단, 공세적으로 대응하는 적극적인 경호경비로 대비하여야 한다.

그리고 그 정책과 전술 즉 방안과 기법이 인간의 행복추구를 적극 보장하는 방향을 설정하고 그러한 방향에서 실천적인 실행이 구체화되어야 한다.

인간의 존엄과 가치 및 행복추구를 위한 경호경비는 국민적 합의에 의해 법제를 개선하고 집행하는 기관의 직무책임과 도덕적 양심을 공고히 하며 봉사를 실천해야 한다. 국민의 자율적인 참여와 협조를 구한 민주적 질서유지에 최선을 다하는 안전서비스를 행하여야 할 것이다.

또한 국민도 자유와 권리를 누리기 위해서는 먼저 국민의 한 사람으로서 책임과 의무를 다하여야 할 것이다.

4. 국민의 안전

모든 인간은 누구나 건강한 몸으로 쾌적한 환경에서 평화스럽고 행복한 삶을 추구하기를 원한다. 인간의 존엄과 가치를 존중하고 행복을 추구하기 위해서는 자연환경과 사회환경이 인간의 삶에 적합하여야 하는데, 정보화 사회의 모든 여건은 그렇지 못하다.

이러한 환경은 인간의 잘못된 관리와 무분별한 자연훼손, 환경오염 등에 의한 자연의 비정상적인 변화가 일어나고 있고 인공적으로 개발한 건축물의 관리부실은 인간의 고귀한 생명을 위협하게 되었다. 또한 좀 더 편리하게 살려고 개발한 각종 교통수단이 관리의 부실과 테러의 대상으로 되는 사회적 현상으로 인해 인간을 불안과 공포에 떨게 하고 있다.

우리 국민의 생명과 재산을 보호하기 위하여 헌법 제34조에서 재난에 대한 예방과 국민을 보호할 국가의 의무, 제35조에서 쾌적한 환경에서 생활할 권리와 이를 위한 국가와 국민의 공동의 의무, 제36조에서 보건에 관한 국가의 의무 등을 규정하여 국가적 차원의 재난관리를 요구하고 있다.

그러나 국민의 안전을 위한 국가의 대책이 정보화 사회에 부응하여 실시되지 못하고 있어 이를 위한 국가재난관리체제 및 대책의 마련이 시급하다.

또한 국민의 안전을 생존권적 기본권보장은 특정계층에게 한정되지 않고 국민 모두에게 그 혜택이 돌아가도록 하여야 한다. 국가를 구성하는 국민은 농어촌에 살든, 도시에 살든 간에 그 피해를 공동으로 부담하고 대처해야 하는 것이다.

이것은 국민의 생존과 생활의 유지·발전에 필요한 여러 조건의 확보를 국가에 요구하는 국민의 권리이며, 사회적 기본권, 생존권적 기본권, 생활권이라고도 한다.

생존권적 기본권은 생활에 필요한 제반조건을 국가권력이 적극적으로 관여하여 확보해 줄 것을 요청할 수 있는 권리라고 개념 지을 수 있다.[26] 이 권리는 국민의 생존권을 위하여 필요한 물질적 제반조건의 확보를 그 내용으로 하고 그 실현이 국가의 적극적인 시책에 달려 있다는 점에서 다른 종류의 기본권, 즉 자유권적 기본권과는 현저한 차이가 있다. 자유권이 국가권력으로부터의 침해를 배제하는 소극적인 권리인 데 대하여, 생존권은 생활에 필요한 여러 조건을 확보하기 위하여 국가에 대하여 관여를 요청하는 적극적인 권리이다.[27]

개인은 혼자만의 힘으로 거대한 재난에 대응할 수 없으므로 국민은 국가가 국민의 안전을 위해서 재난의 위기를 최대한으로 감소하고, 대처할 수 있도록 하는 국가재난관리 시스템을 마련하는 데 동참하고 국가는 국민의 행복한 삶이 추구될 수 있는 최대한의 안전을 보장해야 할 것이다. 그것은 국가는 국민이 있기에 존재하는 국민주권의 실질적 실현이기 때문이다.

---

26) 김철수, 전게서, 668면.
27) 최용기, 전게서, 448-449면.

제2절 정보화 사회에 있어서 질서유지의 개념

21세기에 접어들면서 정보통신의 획기적인 발전과 교통수단의 시간단축은 오늘날 인류가 세계화와 정보화 사회의 시각에서 모든 상황을 재조명해야 하는 과제를 갖게 하였다.

현대의 정보화 사회에서 각종 사회적 과제를 극복하면서 경제적 발전을 도모하려는 노력은 정보통신기술의 획기적인 발전에 주력하게 되었고 그 결과 국민의 다양한 욕구를 충족시키고 생활의 질을 향상시키는 데 큰 효과가 있었다. 그 변화로서 경제에 있어서는 서비스산업이 차지하는 비중이 증가하는 등의 새로운 산업이 번성하게 되었다.

이러한 정보화 사회에서는 정보가 지니는 가치가 물적 자원에 비해 상대적으로 높아지고 있고, 정보를 주축으로 하는 새로운 체제로 이행되고 있다.

그러나 정보통신기술의 발전이 인간의 삶의 질을 향상시킨 것에 반비례적으로 인간의 소외와 계층 간의 분열을 초래하고 사이버 공간에서 또 다른 범죄를 양산하고 인간성을 말살하는 시도가 수없이 자행되고 있다.

또한 편리하고 안락한 교통수단으로 더욱 가까워진 세계는 겉으로는 평화와 우의를 다짐하면서도 내심으로는 자국의 이익을 위해 더욱더 치열한 경쟁을 하게 되었는데, 그것이 표면적인 전쟁이 아닌 국가내부를 교란하는 은밀한 방법을 사용하게 되었다. 이런 전쟁에 가까운 국가 간 경쟁은 새로운 의미의 국가안전보장과 국가존립을 위한 새로운 정책과 전술을 요구한다.

정보화에 따르는 사회적, 경제적, 정치적 범죄와 국가 간의 새로운 전쟁행위에 대응하고 인간의 존엄과 가치 및 행복추구를 위해서는 종래의 국가안전보장, 질서유지의 틀에서 벗어나서 그 개념이 공존하는 종합적인 대책이 필요하다. 즉 국가위협이 국내와 국외 구분 없이 존재하므로 질서유지의 새로운 정립과 각종 질서유지를 위한 법제 마련과 대책이 필요하다.

또한 이러한 요구에 의해 마련된 새로운 질서유지 대책이 그 기법의 부정적인 사용 즉 인권을 손상하고 침해할 우려가 있으므로 이에 대한 제한도 동시에 있어야 하는데, 이를 위해서는 헌법의 근본원리에 준거한 시행방안을 강구하여야 할 것이다.

따라서 국민의 진정한 기본권보장을 위한 헌법상 질서유지와 정보화 사회에 부응하는 새롭고 실질적인 질서유지의 의미를 살펴보고자 한다.

Ⅰ. 정보화 사회에 부응하는 질서유지 개념 정립

1. 정립의 필요성

현대사회가 정보통신기술과 전자기술의 발전으로 급속히 초래된 여러 현상과 이미지를 총칭하는 정보화 사회가 무엇인가에 대한 개념은 시각에 따라 다양하게 정의할 수 있다.

정보화 사회를 기계공업에 의한 물적, 에너지, 서비스가 주류가 되는 공업화 사회에서 정보가 유력한 자원으로 간주되어, 정보가 중심이 되는 사회, 경제, 정치체제로 운영하는 것으로 파악하는 미국의 미래학자인 Daniel Bell은 사회를 소유의 축에 의해 봉건주의, 자본주의, 사회주의의 각 유형으로 구분하고, 기술 내지 지식의 축에 의해 산업화 이전의 사회, 산업화사회, 산업화 이후의 사회로 구분한다. 또한 그는 사회를 사회구조, 정치형태, 문화의 3부문으로 나누면서 산업화 이후의 사회는 사회구조의 면에서 파악하여 그것은 ① 경제부문에서는 재화경제로부터 서비스 즉, 정보 중심의 경제로의 변천, ② 직업분포 면에서는 전문직 기술직 계층의 우위, ③ 중추원측 면에서는 기술혁신과 이론적 지식의 우위성, ④ 장래의 방향 면에서는 기술관리와 기술평가의 지배, ⑤ 의지결정의 면에서는 새로운 지적기술의 창조, 컴퓨터에 의한 의지결정의 다섯 요소로 구성된다고 한다. 결국 그는 산업화 이후의 사회는 물질생산을 주로 하는 사회로부터 무형의 지식, 정보의 주체가 되는 사회, 즉 유형의 물질의 사회로부터 무형의 정보, 지식의 사회라고 파악하고 있다.[28]

이런 정보화 사회는 최초에 그 목적이 인간의 생활모습이나 삶의 목표의 변화에 중점을 두어 인간이 고도의 지적 창조성을 갖게 하고 보이지 않는 화폭에 미래를 그리면서 개인적으로 가치 있는 삶을 추구하는 사회라고 보는 견해가 기술적 경제적인 면뿐만 아니라 사회, 가치, 문화, 정치적인 면에서 폭넓게 제시하는 긍정적인 인간 중심의 변화에 두고 이러한 사회적 요구에 부응하기 위한 정보매체의 확대와 미디어, 컴퓨터 등이 보급되고 이를 중심으로 한 정보화로부터 사회의 제요소가 전체적으로 결합하는 필연성을 구비하였으나 일부 몰지각한 인간의 부정적인 사고와 행동이 정보화 사회의 역기능을 낳아 이에 대한 새로운 문제에 봉착하게 되었다.

다양한 정보화 사회의 정의에 따라서 이에 대응하는 사회적 질서유지의 개념과 대책도 달라져야 할 것이다. 새로운 질서유지는 정보화 사회의 환경변화에 부응한 구체적인 방법이어야 하고 그 방법은 헌법적 근원에 그 근본을 둔 기본권보장을 전제로 하는 실천이 선행하여야 한다.

---

28) 서규환, 2000년대의 신세계질서, 디자인하우스, 1991, 224면.

헌법국가에서의 국가안전은 헌법질서 그 자체를 침해하며 다른 시민의 자유를 위태롭게 하고 법질서 전체의 기능을 심각하게 저해하는 어느 집단이나 정당 그리고 이를 구성하는 개인의 특정한 행위를 제거하려고 하는 노력이 필경 가장 이성적이며 가장 효율적인 방식일 것이다. 그러한 노력은 법 및 자유에 대한 기본적인 신념을 해하지 아니할 것이기 때문이다.[29]

정보화 사회 이전에도 국가안전보장, 질서유지를 위한 국민의 기본권의 제한의 최소화와 국민의 기본권보장을 위한 국가배려의 최대화는 항상 논란의 여지가 있었다. 더욱이 정보화 사회에 있어서는 정보화의 기능이 복잡하게 사회에 적용되므로 이를 위한 명확한 정립이 필요하다. 어떠한 경우라도 국가의 안전과 질서유지를 빙자해서 국민의 기본권을 유린하는 일이 없도록 하여야 한다.

우리나라 헌법은 국민의 안전에 대하여 상당한 배려를 하고 있을 뿐만 아니라 국가안전에 대한 보호도 역시 헌법질서를 목적으로 하고 있다. 그런데 국민의 안전, 즉 개개 국민의 기본권과 국가안전보장이라는 법익이 외견상 충돌되는 듯이 보이는 경우가 종종 있으며 그때 양자의 조화관계를 따지는 것은 생각보다 어렵고 예민한 문제로 등장한다.[30]

헌법상 기본적 안전권이 개인과 국가에 대해서 어떠한 의미가 있는가. 특히 국가안전과 질서유지의 본질적 의미를 밝힘으로써 기본권이 우선하고 보장된 사회 속에서 질서유지의 진정한 가치를 실현할 수 있도록 한다.

---

29) Carl J. Friedrich 저: 최대권, 입헌적 국가이성: 안보와 헌법의 수호, 동성사, 1987, 13－30면.
30) 강경근, "헌법국가에서의 국가안전의 본질과 의미", 헌법의 기본학연구, 고시연구, 1999, 27면.

2. 질서유지의 진정한 가치의 실질적 실현

질서유지는 민주주의를 수호하고 그 이념을 실행하기 위해서 반드시 필요한 전제조건이다. 공공의 안녕과 평화를 위한 질서유지는 국민의 생명과 재산을 보호하고 개인의 사생활이나 인격이 부당하게 타인으로부터 침해당하지 않고 그 보호를 위한 각종 경호경비가 인간의 존엄과 가치 및 행복추구를 위해 존재하고 더 나은 환경과 인간다운 삶을 요구하여 존엄한 생명이 안전하게 유지될 수 있도록 하는 국민의 보호 즉 국민의 기본권을 보장하는 실질적 실현수단이다.

국민의 기본권보장을 위해서 존재하는 질서유지는 그 시행에 있어서 국민의 합의와 동의를 구하고 국민의 요구에 의해 정당하고 바른 방법으로 행해져야 한다. 그러한 질서유지야말로 진정한 가치가 있는 실질적 질서유지일 것이다.

우리 헌법이 서독기본법 제21조제2항에서의 자유민주적 기본질서에서 보이는 방어적 내지 투쟁적 민주제도가 있음을 시사하는바, 그 내용은 모든 폭력적인 지배와 자의적인 지배를 배제하고 그때그때의 다수의 의사와 자유 및 평등에 입각한 국민의 자기결정을 토대로 하는 법치 국가적 통치질서로서, 사실상 헌법보호의 핵심이 되는 국민주권국가, 정당국가, 사회국가 그리고 권력분립적 기본권보장 국가성의 보호인 것이다.[31]

질서유지가 효과적이면서도 민주적으로 실현되기 위해서는 민주헌법의 이념에 따라 시행되어야 한다. 민주헌법의 구체적 실현은 이상적인 형식적 명문에 있는 것이 아니고 민주헌법에 동의한 국민과 국가의 실천이 현실화되어야 한다.

모든 국가안전을 위한 국가권력은 국민으로부터 나오는 의미를

---

31) 강경근, 상게논문, 37면.

깊이 인식하고 국가가 유지되고 번성하기 위해서는 즉 국민 개개인이 안전하게 생활하기 위해서는 스스로가 기초질서를 잘 지키는 것을 의무화하여야 한다. 이것은 법에 의거하지 않더라도 민주시민으로서 응당 지켜야 하는 도덕심이 있어야 할 것이다. 이것이 가득할 때 진정한 국민주권국가의 이상실현이 될 것이다.

이러한 기초질서의식을 기반으로 민주정치를 보장하기 위한 민주적 기본질서를 잘 유지하여야 한다. 민주적 기본질서에는 정치, 경제, 사회, 국제질서 등 여러 질서로 분류할 수 있다.

민주적 기본질서는 민주정치의 기본원리 내지는 기본질서를 의미하는 것으로서 자유민주적 기본질서뿐만 아니라 사회민주적 기본질서까지 포함하는 것이라 하겠다.[32] 민주적 기본질서는 자유민주주의, 사회민주주의, 민주사회주의, 폭력을 배제한 사회주의 등을 모두 수용하는 의미로 자유민주주의 모순을 제거하고 폭력혁명을 전제로 한 전체주의를 배격하고, 오로지 인간이 인간답게 살 수 있는 가치질서를 형성하는 것이 민주적 질서의 근본이다.[33]

이러한 민주적 질서는 그것이 어떠한 환경의 변화가 있더라도 그 근본에는 변함이 없어야 하는데, 그렇지 못한 경우가 과거에 있었고 지금도 존재할 여지가 있는 것이다. 인간의 존엄과 가치의 정의실현이 어느 독단적인 세력에 굴하지 않고 민주적 양심에 따라 행동하는 것이야말로 민주화된 실질적 질서유지일 것이다.

정보화 사회에 있어서는 질서유지의 대상과 방법이 기본권보장을 전제로 하여 국가를 보호하여야 한다는 측면으로 전면 전환되어야 한다. 기존의 소극적인 방어 위주의 질서유지를 기반으로 국가를 적극적으로 방어하는 질서유지가 되어야 할 것이다. 이것이 완비될 때 질서유지의 진정한 가치가 실질적으로 실현될 수 있다.

---

32) 김철수, 전게서, 143면.
33) 최용기, 전게서, 219면.

정보화 사회의 인간의 존엄과 가치 및 행복추구의 기본권보장을 위해서는 새로운 추세인 자국의 극단적인 이익을 위한 국가적 재난, 테러전쟁과 정보전에 대응하는 헌법적 적극적 질서유지로서 국가안전보장 차원의 세심한 대책이 있어야 한다.

3. 기본권이 우선하고 보장된 질서유지

민주법치국가의 헌법이란 국가의 근본법으로서 국민의 기본권을 보장하고 국가의 통치조직과 통치작용의 원리를 정하는 국가의 최고법인 국가 내 최고규범이다. 헌법을 떠받치는 중요한 두 가지 원리는 민주주의 원리는 국가권력의 형성 및 행사문제에 관한 것이고, 법치국가원칙은 이렇게 형성된 국가권력이 국민에게 봉사할 수 있도록 통제하는 것에 관한 것이다. 즉 국민에 의하여 성립된 국가권력이 국민을 위하여 기능해야만 비로소 민주법치국가일 수 있는 것이다. 이러한 민주법치국가의 전제가 되는 중요한 버팀목이 바로 헌법우위사상인 것이다. 결국 그동안 우리나라에서 국가권력에 의하여 국민의 기본권이 침해되었던 것은 바로 국가권력이 헌법 및 법에 구속되어야 하는 법치주의원칙이 규범력을 갖지 못했음을 뜻한다.[34)]
따라서 모든 국가권력의 형성과 집행은 국민의 기본권을 보장하고 봉사하는 근본원칙에서 행해져야 할 것이다. 질서유지를 위한 모든 법제 마련과 대책은 이를 염두에 두어야 하고 국가안전을 위협하는 다양한 요소에 대응하기 위해서는 의례적이고 형식적인 질서유지에서 벗어나 전향적으로 안전대책을 강구하여야 할 것이다.
국민은 국가공동체의 일원이므로 국가공동체의 안전이 보장되어야 하는 것은 국민 개개인의 기본권 보장으로 연결된다. 따라서 국가안전을 위한 법률이 기본권의 본질이 내용에 대한 침해가 될 때

---

34) 김영수, 전게서, iii면.

에는 결국에는 위헌으로 해야 할 것이다.

기본권은 주관적으로는 개인을 위한 주관적 공권이지만, 객관적으로는 기본적 법질서로서의 성격을 지닌다. 인간생활의 바탕이 되는 사생활영역에 대한 불필요한 간섭을 배제하고 통합의 생활형식인 헌법질서 내에서 적극적 또는 소극적으로 정치적 일원체의 정신적, 문화적, 사회적, 경제적, 정치적 생활을 함께 형성해 나갈 수 있는 국민 개개인의 주관적 권리인 동시에 그것은 동화적 통합의 생활형성인 헌법질서의 기본이 되는 객관적 가치질서라고 할 것이다.[35]

입헌주의 체제의 수호는 궁극적으로 이 체제에 대한 신뢰, 애착에 의존되는데 안보의 필요성에 바탕을 둔 기본권 등과 입헌주의 원리가 정지 및 유보됨으로써 그러한 신뢰와 애착을 파괴하기에 이를 때에는 이 체제가 살아남지 못하게 되는 것이며 또한 대내적 안전과 대외적 안전이 서로 떼어놓을 수 없게 얽혀 있음을 시인하지 않을 수 없다면 국가라는 것만을 최고의 가치로 보아서 입헌적 국가의 존재, 즉 국가의 단순한 자기보전 이상의 가치인 입헌적 국가이성을 무시한다면 국가자체의 존재적 안전만을 이유로 한 헌법상의 자유, 인권 , 그리고 기본권 등의 억압은 모순이 될 수밖에 없을 것이다.[36]

국가안전의 궁극적 목적이 국민의 기본권보장에 있다고 할 때 국가안전을 위한 기본권제한(헌법 제37조2항)은 그 모순이 되지 않도록 국민의 기본권을 위한 질서유지 정책을 모색하여야 할 것이다.

대외적 국가안전을 위한 것이 국가안전보장이라 할 때에 대내적 국가안전으로서 질서유지는 국민의 기본권 제한을 최소로 하고 국민의 기본권보장을 우선 고려하고 최대한 보장하여야 한다. 이러한 의미에서 질서유지의 구체적 방안과 실행은 국민의 안전을 위한 실제적 서비스로 나타나야 한다.

---

35) 최용기, 전게서, 269면.
36) 강경근, 전게논문, 39면.

Ⅱ. 정보화 사회의 새로운 질서유지

1. 기존의 개념

질서유지란 주로 사회 공공의 안녕 질서의 유지를 의미한다. 국가공동체를 전체적인 법적 질서체계로 유지하고 있는 모든 국가는 어떠한 형태로든 그 시대적 상황에 적합한 헌법을 가지고 있으며, 이러한 헌법은 일반적으로 그 시대의 사회적 현실에서 핵심이 되는 사회적, 경제적, 문화적 문제를 본질적으로 질서지우는 과정에서 주도적인 의견을 가진 자들이 합법적으로 국가권력의 전면에 서서 공동체의 기본적인 이념을 확정하고 규범화시킨 것이다. 이러한 헌법은 국가권력을 제한하고 합리화하는 것으로서 자유로운 정치적 생활과정을 보장하는[37] 국가의 법적 기본질서가 된다.[38]

국가의 법적 기본질서는 한편으로는 공동체 질서 속의 인간생활에 존재하는 다양한 이해의 대립, 지향노력 및 행동양식을 통일적으로 형성하거나 사회적 통합을 이루게 하는 것이며,[39] 다른 한편으로는 국가의 통치질서와 가치질서를 실현하는 데 있어서 준거가 되는 지도원리가 된다. 국가공동체가 이와 같은 법적 질서를 필요로 하는 것은 정치적 통일을 형성하고 국가적 가치를 실질적으로 이루게 하는 인간의 공동생활은 법적 질서 없이는 불가능하기 때문이다.[40] 더구나 경제적·사회적·문화적 생활의 다양한 생활영역을 객관

---

37) Ehmke, Grenzen der Verfassungsänderung, 1953, S.88f, ders, Prinzipien der Verfassungsinterpretation, in: VVStRL 20, 1963, S.61ff.
38) Kägi, Die Verfassung rechtliche Grundordnung des Staates, 195, S.49.
39) Bäumlin, Staat, Recht und Geschichte, 1961, S.24.
40) Hesse, Grundzüge des Verfassungsrechts der Bundesrepublik

적으로 질서지우고 정서하는 것이 요구되는 현대적 상황에 있어서
는 이와 같은 공동체의 법적 기초가 필수적이다.41)

　자유민주적 기본질서 내용은 권력분립, 개인의 기본권보장, 형식
적 의미의 법률, 사법과 행정의 합법성, 국가권력기관의 예측가능성,
인적, 물적 독립을 가진 법관에 의한 사법적 보장, 특히 공권력에
의한 권리침해에 대한 사법적 권리보장 등을 들 수 있다.

　이 법치주의적 요청은 자유주의에서 출발하여 권력분리주의와 함
께 국가권력을 국민의 자유와 권리를 위하여 제한하려고 하는 것이
다. 이에 대하여 사회민주적 기본질서의 내용은 민주정치의 요소에
사회적 정의, 복지와 평화주의를 가미한 것이라고 할 수 있다. 이것
은 사회적 복지주의와 국제평화주의라고도 할 수 있으며, 사회적 정
의와 국제적 정의를 민주정치의 내용에 첨가한 것이라 볼 수 있다.
실질적 평등과 복지를 지향하는 민주정치는 반드시 자유민주주의가
아니라도 가능하다고 보는 것이 일반적 견해이다.

　사회민주주의 기본질서는 자유민주주의를 배격하는 것이 아니고
사회적 정의의 실현, 사회복지의 실현을 위하여 자유에 어느 정도의
제한을 인정하는 것이다. 사회민주적 기본질서에서는 기본권보장에
있어서 사회적 법치주의 원리가 강조되며, 실질적 법치주의에 입각
하고 있다.42)

　헌법은 국민 개개인에게 자유롭게 인격을 발현하게 하고 자유로운
자기결정을 내릴 수 있는 국가생활의 질서를 구성하고 있다. 이것이
곧 헌법질서(Verfassungsordnung, verfassungsmäßige)이다.43) 이 같은

Deutschland, 1993. S.9.
41) 육종수, "헌법질서와 기본권의 본질적 내용", 헌법학연구 4,2, 한국헌
　　법학회, 1998. 10., 228－230면.
42) 김철수, 전게서, 141－142면.
43) 헌법질서 혹은 헌법적 질서에 관한 독일 기본법규정을 살펴보면, 제2
　　조1항 "누구든지 타인의 권리를 침해하지 않고 헌법질서나 도덕률에

헌법질서는 정치적 통일을 형성케 하는 근거인 민주주의 원리, 국가생활의 합리화 형식과 국가권력의 제한의 기준을 정하는 법적 질서로서 법치국가주의 및 사회국가실현의 헌법적 지침인 사회국가원리를 그 구조적 내용으로 하고 있다.

2. 국가안전을 위한 질서유지

(1) 헌법상 안전의 의의

헌법상 안전 또는 안전보장의 문제는 근대적 헌정체제, 즉 헌법질서가 직면하고 있는 문제이기에, 안전은 인간의 자연적이고도 시효에 의하여 소멸되지 않는 헌법적 권리로서 사람과 재산의 안전은 물론 법적 지위의 보전도 포함하는 것이다. 즉 안전은 개개의 사람과 재산 그리고 그 권리의 보호를 위하여 각 시민에게 인정된 사회적 보전인 것이다.[44]

안전에 대한 용어는 우리 헌법에 상당히 서로 연관되어 나타내고 있다. 국민의 안전을 최상의 법률로서 헌법전문에 "우리들과 우리들의 자손의 안전과 자유와 행복을 영원히 확보할 것"을 다짐하고 제39조1항에 그를 위하여 국방의 의무를 지는 국민과 제5조2항에 국군을 설치하여 국가의 안전보장과 국토방위의 신성한 의무수행을 규정하고 있다.

국가는 국민이 안전을 위하여 국민 개개인의 기본권을 축소시키

반하지 않는 한, 자신의 인격을 자유로이 발현할 권리를 가진다." 제28조1항 "지방의 헌법질서는 이 기본법에서 의미하는 공화적·민주적 및 사회적 법치국가의 제 원칙에 부합하여야 한다." 등으로 규정하여 헌법질서의 내용으로 민주주의, 사회적 법치국가 및 연방국가 등을 들 수 있다.

44) 강경근, 전게논문, 27면.

는 원리로 국민의 모든 자유와 권리는 국가안전보장을 위해서는 제한될 수 있다고 하였으나 국민의 국가의 안전을 위하는 일에 의무와 사명감을 갖고 불의에 항거하고 사회적 폐습과 불의를 타파하여 그 국민 공동체의 기본적인 권리를 보장하므로 국가의 안전보장정책은 국민의 기본권이 최소한 규제되고 국가의 안전이 최대한 보장될 수 있는 방안을 모색하여야 한다.

안전은 보통국민을 보호한다는 의미에서 항상 개인과 그 개인의 권리보장이라는 의미로 인식된 것에서 시작하여 사회의 안전에 관계되는 공적 안전과 개인의 안전의 관계로는 "개인에 대한 온갖 위험으로부터의 보호"로서 인식되었다.

안전은 개인의 안전보장이 국가에 소속되어 있는 국가의 안전보장으로 연계되어 공적 안전, 공공질서유지 등이 국가안전으로 표현되고 있다.

국민은 안전에의 권리를 갖고 있다. 개인안전으로서의 기본권보장은 법규정의 형식적인 측면이므로 실질적인 안전보장으로 실현되는 제도마련의 강력한 근원적 힘으로 작용하여야 한다.

(2) 헌법상 국가안전의 보호대상

국가안전은 개인에게 관련될 때에는 생존적 기본권으로 인식되어지나 국가가 국민, 주권, 영토라는 3요소로 이루어져 있으나 국민주권국가에서는 국가의 주인인 국민을 보호하는 것이 될 것이다. 국민을 보호하기 위해서는 주권이 국민에게 있고 그 국민이 사는 영토가 침해되어서는 안 될 것이다.

주권을 보유하는 국민공동체 그것은 한정되지 아니한 방식으로 현재와 미래를 국민적 세대의 끊임없는 연속을 내포하는 것이며, 총

체적이고도 분할할 수 없는 구성물로서 국가 자체 안에서 인격화된 법적 주체를 형성하는 것이다.[45]

즉 국가의 안전이란 국민공동체의 안전으로서 국민주권국가성 및 국가 공동체가 요구하는 헌법적 질서 즉 규범적인 국가성의 보호이다. 안전은 존립이라는 사실적 관계와 자유 민주적 기본질서라는 규범적 관계를 모두 포괄하고 있다. 이것을 유지하기 위해서는 경찰력이나 행정관청이나 수비대의 힘과 설비라는 물적 기반을 요구하는 것이다. 즉 안전은 국가의 법적·사실적 존립에 대한 대내·외적인 침해로부터 보호해야 할 모든 국가적 제도, 예방수단과 조치이다.

이러한 국가보호는 전체주의 국가에 있어서는 국가지도에 의해서 정해진 국가목적을 통하여 그 목표와 방법이 확정되나, 자유민주주의 체제에서는 헌법의 밑바탕을 이루는 가치질서의 테두리 안에서 수행된다. 따라서 국가의 인권이란 자유민주적 기본질서의 발전에 불가결한 대외적 안전 및 대내적 안전이기에 자유민주적 헌법국가에 있어서의 국가보호는 국가기관에 의한 헌법보호, 즉 공공의 안전이라는 경찰법적 개념에 의거하여서도 해석할 수 있는데 거기에는 개인의 생명, 건강, 자유, 명예 및 재산, 즉 전체로서의 법질서도 포함시키게 될 것이다.[46]

국가안전의 보호대상은 국가를 구성하고 있는 모든 요소가 되겠지만 가장 으뜸이 되는 것은 국민이다. 즉 국민의 기본권보장이다.

3. 질서유지의 확대 방향

정보화 사회에서 질서유지는 기존의 기본적이고 기초적인 방법에

---

45) 강경근, "헌법상 국민주권에서의 국민의 의미", 법학논총, 숭실대 법학
    연구소 제3집, 1987, 143 - 163면.
46) 강경근, 전게논문, 1990, 36면.

서 정보화 사회를 선도하는 적극적인 질서유지로의 관점에서 방안을 강구하여야 한다. 기존의 민주적 기본질서나 사회질서의 유지를 위한 방법은 국민의 자율적인 민주시민의 의무와 국가의 민주적 통치로서 국가의 질서유지가 가능하였으나 정보환경의 변화와 발전으로 인한 국제사회의 더욱더 치열해지고 지능적이고 교묘해진 국가 간의 총성 없는 정보전과 테러전쟁은 국가 자체의 각종 혼란을 방지하고 범죄를 예방하는 단순한 대응에서 벗어나 정보화 사회에 부합되는 적극적이고 공세적인 전략과 치밀한 전술을 다양하고 심층적으로 대비하는 즉 국가안전을 도모하는 포괄적인 질서유지로의 전환이 절실하다.

이러한 질서유지를 위해서는 헌법에 명시된 국가안전보장, 질서유지의 개념을 국민의 존엄과 가치 행복추구를 위한 국가안전의 중요성을 새롭게 인식하여야 한다. 이상적이고 형식적인 질서유지에서 현실적이고 실질적인 질서유지를 위한 법제 마련과 기본권보장을 위한 절대적 실행이 필요하다.

월터 리프만(Walter Lippman)은 국가안전보장이라고 함은 "국가가 전쟁을 의도적으로 피하거나 혹은 불가피하게 전쟁을 치르게 될 경우 승리함으로써, 자국의 핵심적인 가치들(전통적인 자유와 신념 등)을 희생하여야 하는 위험에 처하지 않은 정도만큼 안정적인 상황에 있는 것"이라고 주장했다. 이러한 정의에 따르면 국가안전보장은 타국으로부터의 공격을 억제하거나 물리칠 수 있는 국가의 능력에 달려 있다는 것이 일반적으로 인정되는 의미이다. 또 국가안전보장이 가치를 파괴하려는 국가를 격퇴시키는 수단이자 안보라는 가치를 유지하는 목적을 의미하는 것이다.

이에 반해 키신저(Henry Kissinger)는 국가안전보장은 그 자체가 목적이 아니고 국가적 목표와 의도를 실현하는 기회를 제공함으로써 국가가 추구하는 가치를 보호하기 위한 수단이라고 주장한다. 이와 관련하여, 한국국방대학원 안보관계 용어집에서는 국가안전보장을 "국가의 존립, 즉 국민 전체의 생존에 대한 위협을 미연에 방지하고 만일 그러한 위협이 실제로 발생할 경우에 단호히 이를 제거하고 그 보전을 도모하는 것"이라고 정의하고 있는바, 이는 국가안전보장을 위한 일종의 수단이자 목적의 의미를 포괄하고 있는 것으로 해석된다.

헌법에 나타난 국민의 기본권을 제한하는 경우로서의 국가안전보장의 의미는 질서유지의 개념과 구별되지 않으면 안 된다. 국가안전보장은 오로지 국가의 존립보장에 국한되는 것이므로 국가의 구성원인 국민의 존립보장, 즉 사회공공의 안녕질서를 보장하는 '질서유지'의 경찰작용과는 구별되지 않으면 안 된다. 국가의 존립을 보장하는 국가안전보장은 주로 국토방위에 의하여 실현될 수 있는 것인데, 이러한 국방행정도 국가를 외침으로부터 방위하기 위하여 필요한 무력을 행사하는 외에 국민의 생명·재산까지도 보호하는 임무가 있기 때문에 '질서유지'의 경찰작용과 중복되는 느낌이 있으나, 어디까지나 직접 목적은 국가 그 자체의 존립과 영속성을 보장하기 위한 작용이라는 점에서 경찰작용과 구별된다.[47]

기존의 질서유지는 단순히 경찰작용의 치안유지의 개념에서 국가안전보장을 포함하는 의미로 확대할 것이 요구된다. 외침으로부터 국가의 존립을 보장하는 국가안전보장이 외침의 양상이 국가내부에 항상 존재하는 시대적 상황에 비추어, 적어도 질서유지는 국가내부에 존재하는 각종 외침을 제거하는 국가안전보장 차원의 경찰작용으로의 확대와 의미해석이 시급하다. 이는 2001년 9월 11일 뉴욕 테러사건이 국제적 인식전환의 큰 계기가 될 것이고 작금의 정보화에 따른 각종 정보전 양상이 이에 대한 개념정립을 촉구하고 있는 실정이다.

---

47) 최용기, 전게서, 286-287면.

한편, 국가안전보장을 위협에 대한 대응으로 보는 관점으로서 미국의 사회과학 백과사전에서는 국가안전보장을 "한 국가가 외부 위협으로부터 자국의 핵심적인 가치를 보호할 수 있는 능력"이라고 정의하고 있다. 그러나 여기서 핵심적 가치의 내용이 구체적으로 무엇인가가 문제인데, 이를 다소 구체화하여 표현한 것으로서 캐나다 국방대학의 정의를 보면, 국가안전보장은 "그 국민이 수락할 수 있으며 동시에 다른 국가의 필요와 합법적인 욕구와 양립할 수 있는 삶의 방식을 유지하는 것"이라고 하여 다소 추상적으로 정의하고 나서, 이를 보다 구체적으로 "군사적 공격이나 강압, 내부적 전복행위, 삶의 질을 유지함에 필수불가결한 정치, 경제, 사회적 가치가 침해되는 것으로부터 자유로운 것을 포함한다."고 정의하였다. 특히 위의 정의에서 주목되는 것은 국가안전보장을 단순히 물리적 위협으로부터의 보호하는 것뿐만 아니라 심리적인 차원에서 그러한 위협으로부터 자유로운 것을 포함하고 있다. 비슷하게 아놀드 월퍼스(Arnold Wolfers)는 "안전보장은 객관적 의미에서는 취득된 가치에 대한 위협의 부재, 주관적 의미에서는 그러한 가치가 공격받을 것이라는 두려움의 부재를 측정한다."고 하여 안전보장의 의미를 물리적 차원뿐만 아니라 심리적 차원에서까지 확대시킨 바 있다.

이상의 다양한 개념에서 공통적인 사항은 안전보장은 첫째, 기본적으로 위협에 대한 대응에 관한 것, 둘째, 물리적인 위협의 부재뿐만 아니라 불안, 공포, 근심 등으로부터 자유로운 상태, 셋째, 무정부적 국제체제에서 국가가 지배적인 단위이기 때문에 국가가 안전보장의 주체가 된다.[48]

따라서 질서유지는 민주시민으로서 국민이 자율적으로 국가가 요구하는 각종 기초질서를 준수하도록 할 뿐 아니라 국민을 위협하는

---

[48] 전웅, "군사안보와 비군사안보의 상관관계", 국제정치논총 37,2, 한국국제정치학회, 1997, 234면.

물리적인 힘이나 불안, 공포, 근심 등으로부터 자유롭게 하여 인간의 존엄과 가치가 진정으로 존중되고 행복추구가 보장되도록 국가가 주체가 되어 실시하여야 할 것이다.

어떠한 경우라도 국민이 국가로부터 보호받지 못하고 국민을 보호하여야 할 국가가 오히려 국민에게 불안을 주는 행위는 있을 수 없다. 진정한 민주주의 실현을 위한 실질적 질서유지가 요구되는바, 실질적 질서유지는 그 질서유지의 힘이 국민으로부터 나오고 국민이 주체이며 국민의 기본권을 절대 보장하는 것이어야 한다.

정보화 사회에서 질서유지의 진정한 이해는 국가가 직면한 현실적인 문제점을 깊이 인식하고 국제사회의 현안을 통찰할 때 가능하리라 본다.

4. 새로운 질서유지

(1) 질서유지를 위한 국가안전보장의 이해

새로운 안전보장개념으로 등장한 것이 광의적 안전보장개념으로, 군사중심의 전통적 안전보장개념에서 한 단계 발전된 사회안보가 국내적 상황까지를 고려하는 개념이라고 할 때, 광의적 안전보장개념은 군사적 요소와 비군사적 요소로서 국내적 요소들 외에 국제적인 요소들까지 포괄하여 설정되는 개념이다.

Johansen은 "국가안보란 오늘날에는 사람들이 자신들의 미래를 위협하는 군사문제뿐만 아니라 인구, 경제, 환경, 정치, 심리 그리고 종교적인 문제들까지를 포괄하는 안보위협에 관하여 다양한 견해를 취할 때에만 성취될 수 있다."라고 설명하고 있으며[49] Jacobson에

---

49) 정준호, "국가안보개념의 변천에 관한 연구", 국방연구 35,2, 1992.

따르면 광의의 개념에서 "국가안보란 한 국가의 존망을 위협하는 다양한 형태의 위협에 대하여 군사적 차원은 물론 정치·경제·사회적으로 국가의 사활적 가치를 보호하는 것"[50]으로 정의하고 있다.

이와 같은 광의적 안전보장개념이 등장하게 된 동기는 군사적 위협은 물론이지만 비군사적 위협이 발생하게 되는 데에 따른 중요성 인식이 요구되는 환경 및 여건의 변화에 기인한 것이다. 다시 말해 전통적 안전보장개념에서도 비군사요소들이 완전히 배제된 것은 아니었으나, 군사적 안보 위주로 인식되었기 때문에 정치·경제·사회 등 관련된 비군사요소들은 부차적이며 보조적인 관계로만 파악되어 왔다. 그러나 광의적 안전보장개념에서는 군사의 비중이 상대적으로 줄거나 비군사적 요소들의 비중이 증대되는 세계화, 정보화 사회의 도래에 적극적으로 대응하기 위한 경쟁적 상황의 인식을 통해 전통적 안전보장개념으로는 해결할 수 없는 환경적 변화에 대한 대응책으로서 설정된 안전보장개념이라고 할 수 있다. 결국 광의적 안전보장개념은 국제사회의 경쟁적 상황을 강조하며, 민족생존과 번영 수준의 국방력 구비를 강조하고, 사회·문화·교육 등의 발전을 함께 중시하는 등 세계화·정보화 사회에 대응하려는 의지와 노력을 부각시키려는 개념으로 파악할 수 있다.

이상의 안전보장개념 논의에서 설명된 광의적 안보개념을 바탕으로 국민안보의식을 "국내적 환경 및 국제적 환경변화에 적절히 대응하기 위해 정치·제도적 능력, 기술경제력, 국방군사력, 문화정신력, 외교력, 국민사기 등 국력의 모든 요소를 잘 융합하여 국가의 안전보장을 달성하기 위한 국민의 적극적인 정신자세"라고 정의할 수 있을 것이다.[51]

12., .5 - 26면.

50) 한국국방정책학회, "국민안보의식 진단 및 확립방안 조사연구 - 여론선도층을 중심으로 - ", 1996. 6.

국가안전보장에 대한 연구는 1980년대에 이르기까지 주로 주변국들과의 관계를 포함한 주변 안보환경, 안보상황에 대한 대응책으로서의 억제전략을 포함한 안보전략, 또는 국제정치의 군사적 요소들로서 분쟁의 원인, 군사력의 역할, 세력균형 및 동맹관계 등 주변적인 분야에 대한 연구가 주종을 이루었고 국가안보의 본질에 관해서는 충분한 연구가 이루어지지 못했다.[52] 또한 국가안전보장은 시대적 상황에 따라 범위나 영역이 확대되고 다양한 문제와 관련하고 그 운영이 국민의 기본권을 위한 것이 아닌 형식적인 국가안전보장의 부정적인 인식이 존재하므로 그 개념 및 목표는 모호해졌다.[53]

국가안전보장이란 개념은 제2차 세계대전 말 내지 냉전 초기에 형성되었다. 전후 냉전의 심화와 원자폭탄을 비롯한 최신 현대병기의 발달로 모든 나라가 여러 면에서 안전보장에 위협을 받고 있는 실정이다. 이러한 상황하에서 세계 각국의 방위전략은 과거처럼 무력전쟁에 있어서의 군사적 우위의 확보에서 나아가 돌발적인 어떠한 공격 가능성도 배제하기에 충분할 정도로 국가의 잠재적인 힘을 보유하려고 하고 있다.[54]

이제 국가안전보장이라는 용어는 물론 국가차원의 현상이지만 개인, 지역, 체계와 밀접히 연계되며, 정치와 군사뿐만 아니라 사회, 경제, 환경 등, 각 분야에서 일어나고 있는 역동적인 변화들을 포괄하지 않고서는 제대로 이해될 수 없는 개념이 되었다.[55] 이렇게 분

---

51) 목진휴, "국민 안보의식의 변화", 국가정보연수원 주최 학술회의－21세기 국가안보: 새로운 패러다임의 모색－, 1996, 60면.
52) 전웅, 전게논문, 230면.
53) 허영, 한국헌법론, 박영사, 2000, 259면.
54) 박철언, "언론자유와 국가안보의 상충과 조화에 관한 연구: 국가비밀에 대한 접근 이용의 제한을 중심으로", 한양대 대학원 법학과 박사논문, 1989, 144면.
55) Barry Buzan, People, States and Fear: An Agenda for International Security Studies in the Post－Cold War Era(Colorado: Lynne Rienner

야와 분석의 차원이 확대됨에 부응하여 국가안전보장의 개념 또는 목표를 설정하기가 더욱 어려워졌다. 즉 개인, 다국적 기업, 국가, 국제기구, 범죄집단, 등 위협의 주체가 다양화되었으며, 위협요인 또한 정치, 군, 경제, 자원, 환경 등 다양한 분야로 확대됨에 따라 이러한 요인들 간의 관계가 상호 복잡하게 얽혀 있는 상황에서 어떤 대상에 어떻게 대응하고 어떤 분야에 중점을 두어 국가안전보장의 목표를 설정해야 할 것인지 참으로 어려운 문제이다.

한편, 탈냉전에 따른 국제질서의 재편과 함께 한반도 주변 안보환경에 있어서도 상당한 정도의 변화가 나타나고 있다. 안보환경의 변화는 안보개념의 수정을 요구하고 있으며, 변화된 안보개념에 따라서 한국의 안보정책도 새롭게 수립될 것을 요구하고 있다. 본래 안보란 상대적인 개념으로서 개별 국가가 처한 시대적 상황과 여건에 따라서 안보의 개념, 범위, 차원이 달라질 수 있다. 그럼에도 불구하고, 이러한 안보환경의 특수성과 안보개념의 상대성을 감안하지 않고 이를 일반화된 논리로 모든 국가에 적용하려는 데 무리가 생긴다. 분명히 냉전의 종식과 함께 군사적 위협이 감소됨에 따라 경제적 실리 위주의 새로운 안보개념에 바탕을 두고 정책을 추진하는 미국이나 러시아의 입장과 북한과 이념적으로 뿐만 아니라 군사적으로 대치하고 있는 한국의 입장은 다를 수밖에 없다. 따라서 한국으로서는 탈냉전에 따른 안보개념 변화의 일반적인 추세를 반영하는 한편, 한국이 처한 특수한 안보상황에 적용될 수 있는 개념을 새롭게 정립하고 이를 바탕으로 한 안보정책의 추진이 요구된다.[56]

이러한 관점에서 국제질서의 변화와 한국의 현 실정에 부합되는 국가안전보장의 개념을 새롭게 조명하고, 이를 기반으로 하여 우리가 추진하여야 할 안전보장 정책의 방향을 모색하여야 하고 이에

Publishers, 1991), S.363.
56) 전웅, 전게논문, 231면.

따른 질서유지의 구체적 방안을 강구하여야 할 것이다.

(2) 질서유지를 저해한 국가안보정책 요인

한국안보정책은 1980년대까지는 크게 네 가지 원칙에 의해 추진
되어 왔다. 첫째, 안보는 정책상 최우선 가치를 가진다. 둘째, 북한
공산주의자들을 안보위협의 원천으로 간주한다. 셋째, 한미연합전력
을 안보능력의 핵심으로 삼는다. 넷째, 철저한 비밀주의원칙에 입각
해서 추진한다.

그러나 이러한 원칙들은 시대상황과 남북관계의 변화로 인해 그
적실성을 일부 상실해가고 있다. 1980년대 후반 이후 탈냉전의 시대
상황으로 인해 안보의 정책적 우선성을 약화시키고 있다. 오히려 경
제가치가 더욱 중요한 국가정책 대상으로 등장하고 있다. 또한 북한
이 민족공동체의 한 구성원으로 간주되어야 한다는 여론이 나오고
있으며, 탈냉전과 사회 전반적인 민주화는 군사 일변도의 안보정책에
대해 부정적인 입장을 보이기 시작했다. 그와 동시에 더 이상 비밀주
의 외교안보정책 추진은 시대상황에 걸맞지 않는 것으로 간주되고
있다.

이러한 전환기적 상황은 크게 두 가지 차원에서 문제를 야기한다.
하나는 안보정책에 대한 인식론적 차원의 것이며, 다른 하나는 구체
적 정책추진과정에 관한 것이다.

인식론적 차원에서 가장 심각한 문제는 안보논리와 통일논리가
혼동되면서 안보의 절대적 가치를 의문시하는 경향이 일어나기 시
작했다는 것이다. 통일은 상대를 화해, 협력의 대상으로 간주해야
가능하다. 따라서 안보논리에서 주적인 북한을 통일논리에서는 화
해, 협력대상으로 인식하는 논리적 상충이 발생할 수밖에 없다. 그

렇다 보니 통일지향적 논리가 강조되면 안보논리는 약화되기 마련이다. 이러한 결과가 초래되는 것은 안보논리와 통일논리가 가지는 국면상의 차이를 정책적·사회교육적 측면에서 충분히 탈피하지 못했기 때문이다. 국가안보는 국가의 행위의 필요충분조건인 반면, 통일은 일종의 민족발전전략의 미래적 가능이다. 국가안보가 충분히 실현되지 않은 상태에서 민족통일은 현실적으로는 불가능한 것이며 어느 일방에 의한 다른 일방의 물리적 귀속과 다름 아니다. 통일한국의 가능성은 미래 상황에 대한 우리의 기대와 염원이지만, 그것이 현재의 안보요구를 무시할 수 있는 것은 아니다. 양자 간의 이런 관계가 정부 정책적 차원이든 사회적 차원이든 충분히 설파 혹은 이해되지 못했기 때문에 안보논리가 침하되는 현상이 발생한 것이다.[57]

요즘 문제가 되고 있는 대북정책관련 논쟁도 이러한 양자 간의 모순적 관계를 병렬적으로 동일시하기 때문에 발생하는 것이다. 안보정책은 국가의 최우선 정책으로서 현실적 직접성을 가지는 것이다. 즉 북한의 안보위협의 직접적 기원으로 간주하는 안보정책은 통일정책이 어떤 식으로 전개되든 국가행위의 일차적 요구로서 의미를 지니는 것이며, 간접적 국가발전전략으로서 통일논리와는 별도의 가치를 인정받아야 하는 것이다. 따라서 대북포용정책과 안보정책은 상호 동시적으로 추진되어야 하는 것이고 또한 동시적 추구가 가능할 때 국가 안보이익과 민족이익이 제대로 구현될 수 있음을 정책결정자와 시민 모두가 확실히 인식해야 한다.[58]

사실 안보정책과 통일정책간의 인식론적 모순성이 극단적으로 나타나는 것은 우리의 안보통일정책 형성과 추진과정에 상당한 문제가 있음을 보여주는 것이라 할 수 있다. 우선, 대북 정책에 있어 제도화된 전문적 정책결정 및 추진제도가 정착되어 있는지 반성할 필

---

57) 김동성, "국가안보정책의 체계화", 정책연구 131, 1999, 8-11면.
58) 김동성, 전게논문, 13면.

요가 있다. '제도화되었다'는 것은 정책논의과정에서 법률적 정치적 기능이 보장되고 정책적 지속성이 유지 혹은 기대될 수 있다는 것을 의미한다. '전문적'이라는 것은 해당문제에 대한 높은 식견과 안목을 가지고 국가이익과 민족발전을 위한 정책대안을 마련하고 추진할 수 있느냐 하는 것이다. 1980년대 초반까지 우리의 대북정책은 상호간의 군사경쟁이나 이따금씩 시도되는 정략적 밀사교환 수준에서 크게 벗어나지 못했다. 게다가 한반도 군사안보에 관해서는 미국의 주도권이 관철되었기 때문에 우리의 독자적 안보전략이나 정책은 마련될 수 없었다. 이는 바로 제도화되고 전문화된 정책논의과정이 마련되지 못했다는 것을 의미한다. 현재 안보정책상의 비전문성, 대외추종성, 정치지향성, 비일관성 등은 우리 안보정책결정과정의 비제도화와 비전문성을 응변해주는 것에 지나지 않는다. 따라서 보다 체계화되고 전문화된 인력으로 무장된 고위 안보정책기구의 제도화와 내실화를 서둘러야 할 것이다.

둘째, 안보정책 추진에 있어서 전략적 중심을 세우지 못한 상태에 있다. 우리의 전략적 목표를 내세우지 못하고 전술적 차원의 대응하였다. 이는 안보정책의 비전문성과 대외추종성의 간접적 결과이기도 하지만 대북정책에서부터 한미 간의 안보협력 논의에 있어 이 해당사국으로서의 주도권을 거의 행사해오지 못하고 있다는 점에 주목해야 한다. 북한이 남한과 대화하지 않으려고 하는 것은 우리에게 어떤 결정권이 없다는 것을 표시하는 정치적 표현이다. 우리에게 전략적 안보강령(대원칙)이 없었기 때문에 상황에 따라 이쪽으로 저쪽으로 밀려다닐 뿐이라는 지적이 나온다. 미국의 대북정책의 대원칙은 한반도의 통일지향적 안정이 아니라 핵확산금지체제의 유지이다. 따라서 NPT 체제의 유지를 위해서는 한반도의 안정을 위해하는 어떤 결정도 내릴 수 있다. 문제는 우리의 안보강령이 무엇이냐 하는 점이며, 이러한 강령은 주변국들에게 분명히 하는 것이 중요하다.

셋째, 전술적으로도 유능하지도 못하다는 지적을 받고 있다. 주어진 정책목표를 실현하는 데 있어 적절한 도구와 수단을 합목적적으로 사용하는 능력이 떨어진다는 것이다. 북한의 군사능력이나 행위를 부적절하게 침소봉대하거나 축소함으로써 전술의 대응폭을 스스로 축소하는 오류를 범하는 경우가 많았다. 따라서 안보정책적 차원에서 대응해야 할 사안들이 급격히 정치화하면서 정치논리에 좌우되는 결과를 발생시킨 것이다. 안보와 통일은 불가분의 관계에 있고, 이들 정책 역시 국내정치의 명암과 동떨어져 존재할 수 없지만 양자 간의 관계를 정확하게 이해하고 정책적 차원의 연계성과 선후를 분명히 하는 것이 필요할 것이다.[59]

(3) 질서유지를 위한 국가안보정책의 방안

세속적 정치로부터 독립되어 기능적으로 효과를 발휘할 수 있는 안보정책을 마련하여 국민에게 투명, 봉사할 수 있도록 하기 위해 국가안보 정책에 대한 제안을 다음과 같이 명시하고자 한다.[60]

첫째, 국가안보 정책의 범위와 차별성을 확립한다. 우리의 입장에서 국가안보관은 북한의 군사적 위협이 지속되는 한 국가안보정책에 있어서의 최우선 과제로 군사적 방위(국방)를 기축으로 하는 것이 되어야 한다. 그러나 보다 강하고 질 높은 안보(greater security)를 확보해 나가기 위해서는 군사안보 뿐만 아니라 국가안보에 대한 비군사적 안보위협을 감소시키고, 분쟁과 위협의 원인에 대한 관심과 대비의지를 고양시켜야 한다.

또한 비군사적 영역(요소)을 모두 '국가안보정책' 속에 포함시킴으로써 발생되는 '안보'의 차별적 중요성 잠식문제를 해결하기 위하

---

59) 김동성, 전게논문, 8 - 11면.
60) 김동성, 전게논문, 41 - 43면.

여 국가안보정책의 범위가 규정되어야 하는바, 정책결정 최고책임자는 '안보위협의 정도'와 '군사적(무력적) 수단 활용'에 대한 상황결정을 해야 하고, 이 결정 판단에 대한 국민과 국가기구로부터 정당성을 인정받아야 한다.61)

군사적 위협과 비군사적 위협분야로부터의 '위험정도'의 계량을 위해서는 체계이론의 환류메커니즘(feedback mechanism)의 활용이 필요하며, 위협의 심도 결정요소로 피해의 '심각성', 피해의 '지속성', 피해의 '빈도'를 상정할 수 있어야 한다.

둘째, 정책과정의 조직을 체계화시켜야 한다. 우리의 국가안보정책은 '국가이념과 국가목적'에 대한 신념과 이해로부터 시작하되, 대통령의 국정목표를 기초로 한 국가이익과 가치에 대한 개념규정에 국민적 동의를 얻어내야 한다. 이러한 국가목표와 국가이익에 대한 해석을 따라 국가안보목표(national security objectives)를 상정해야 하며, 다음으로 국가차원에서 동원 가능한 모든 수단(힘)의 배치와 활용계획인 '국가전략'을 구체화한다.

'국가전략' 수립과정에서의 핵심은 국방정책부문이나 나머지 일반국가정책 부문 모두가 관련된다. 다만 일반국가정책과 안보정책간의 차별성을 확보하기 위하여 국방정책을 제외한 나머지 일반국가정책에 대해서는 시간과 상황에 따른 국가안보관련 영역과 그렇지 않은 부분으로 구분할 필요성을 인정해야 한다. 그리고 '국방정책'은 국가전략에 따른 군사력 구조, 군사력 배치, 무기획득과 개발관리, 전쟁수행 시나리오, 군비통제, 집단안보에 대한 정책, 기획, 프로그램을 총괄하며, '군사전략'은 국방정책지침에 따라 구체적인 군사목표 설정, 전역계획, 군사작전, 지정군사력의 운용계획 등을 구성하는 과정을 의미한다.

---

61) 김동성, 전게논문, 45면.

국가안보정책의 체계화는 이상의 국가안보정책의 입안결정과 집행과정이 각 단계별로 상호 연계되어 가능함을 말하는바, 이러한 정책과정의 체계성에 대한 정책결정자와 정부집행기구는 명확한 인지와 이해를 해야 한다. 또한 국민적 수준에서의 공감을 얻기 위해 이러한 정책과정의 조직체계에 대한 홍보와 설득을 행해야 한다.

셋째, 대통령의 리더십과 안보정책이 체계화되어야 한다. 신정부의 국가안보정책은 국가자원의 배분영역, 이에 따른 군사비군사태세, 안보전략체계와 이를 추진하기 위한 독트린의 제시, 전략목표 달성을 위한 국가조직 및 기구의 운용, 이러한 정책의 정당성과 지지확보를 위한 국가와 사회관계영역의 포괄 등 다양한 차원의 문제영역을 포함하게 된다. 이 모든 국가안보 영역을 최고수준에서 총괄하고 안보정책과정을 구조화시키면서 책임을 지는 지위가 대통령직인바, 향후 우리의 국가안보정책과정에 관련되어 중시해야 할 대통령 리더십 사항을 제시한다면 다음과 같다.[62]

① 정책의 통합적 일관성(policy coherence)을 확립 유지하기 위하여 대통령을 둘러싼 참모정치(presidential politics)가 발생되지 않도록 해야 한다.

② 안보전문집단과 조직을 효율적으로 통제하면서 주요 정책행위자들 사이에 합의를 구해내야 한다.

③ 국가목표, 전략, 그리고 국방소요비용과 비군사부문 소요 간의 관계 등에 대해 분명한 입장을 표명해야 하며, 정책적 사안과 국방재원 및 비국방재원에 관련된 비용과 산출효과에 대해 신중히 저울질할 수 있어야 한다.

④ 대통령은 국가안보정책과정에 중심에 서서 관리적 차원의 통

---

62) 김동성, 전게논문, 47면.

치만이 아니라 어떠한 상황도 주도해 나갈 수 있는 능력을 과
시해야 한다.

(4) 질서유지의 구체적 방안

기존의 국가안전보장의 종합적 개념은 국가안전보장은 일반적으로
국가정부의 책임으로서 체제생존, 시민의 생명 및 생활양식이 외부로
부터 위협받는 상황을 방지하여 물리적으로뿐만 아니라 심리적인 안
전을 취하는 것을 말한다.63) 그 책임은 개인, 사회, 국가정부, 국제체
제 등 모든 차원이 함께 부담해야 되지만, 국가정부가 국가의 안녕과
질서를 유지하는 최고의 통치권위를 가지므로 국가안전보장의 책임은
국가에 있다.

국가안보의 위협은 주로 외부에서 오는 것으로 간주될 수 있겠지
만, 오늘날 국내문제와 국제관계가 밀접히 연계되는 점을 감안했을
때 국가안보의 위협은 국내와 국외 구분 없이 오는 것으로 보는 것
이 타당하다고 보겠다. 또한, 국가안보는 국가가 책임지고 달성해야
할 최고의 가치로서 생각되는바, 단순히 추구해야 하는 것 이상이
되어야 한다고 생각된다. 그리고 안보의 목표를 체제생존, 시민의
생명 및 생활양식으로 한정하고 있어 이를 좀 더 포괄적으로 규정
할 필요가 있다. 이러한 사항을 참조하고 국가안보의 개념을 참조하
여 국가안보의 개념을 재구성해보면, 국가안전보장이란 "일반적으로
국가정부의 책임으로서 국가 및 시민의 핵심적 가치가 대내외로부
터 위협받는 상황을 방지하여 심리적으로뿐만 아니라 물리적으로
안전히 유지되는 것(목표 또는 수단)"이라고 정의할 수 있겠다.64)

---

63) Robert Mandel, The Changing Fame in National Security: A
   Conceptual Analysis (Connecticut: Greenwood Press, 1994), S.21.
64) 전웅, 전게논문, 235면.

세계화와 과학기술의 발달로 인해 인류는 그 풍요와 편의를 향유하고 있지만 인간 그 자체의 타락과 환경의 극심한 대립으로 인해 국가 간의 마찰, 조직 간의 경쟁, 계층 간의 갈등, 개인적인 망상으로 인해 상대적으로 인간이 안전에 대한 절대적인 보장 장치를 강구하게 되었다. 이렇게 극심해진 안보환경의 변화는 국가안전보장의 영역이 확대되고 영역별 치밀한 대응논리와 방안을 요구한다. 그 영역은 군사적 안전보장, 외교적 안전보장, 사회적 안전보장, 국내적 안전보장으로 구분할 수 있을 것이다.

아무리 강력한 초인간적인 힘을 소유한 개인일지라도 그는 다양하게 전개되는 위협으로부터 벗어나기는 어렵다. 그 힘의 한계는 서로가 협력의 필요성을 갖게 하였고 국가라는 큰 조직을 구성하고 힘에 의탁하는 대가로 개인은 국가의 기본적 요구에 협조하게 되는 것이다. 따라서 국가는 국민의 생명과 재산을 지키는 기본적인 책임을 갖게 된다. 이미 국민이 국가에 기본적인 의무를 하고 있는 이상 국가는 국민을 위하여 그 기본적 책임을 당연히 완수하여야 할 것이다.

이러한 국가는 국가안전보장의 명분으로 발생하는 국가권력을 부정적이며 비효율적으로 행사하는 경우가 발생하는데, 이것은 국가가 기본적으로 국민을 위하여 국민에게 최상의 서비스를 하고 그 집행사항에 대해서 투명한 절차를 가져야 하는 것을 망각하였기 때문이다.

무정부적인 세계질서에 대처하는 다원화된 외교적인 동맹전략과 탈냉전의 분위기 속에서도 기본적인 군사력은 갖되 저비용, 저희생의 원칙으로 과학기술전, 즉 전자전으로 대응하면서 비군사적인 요소에 탄력적인 정책으로 적응하여야 할 것이다.

진정한 민주적 안전보장은 허구에 든 이상적 안전보장이 아닌 국민이 국가의 주인임을 느끼고 자부심을 가질 수 있도록 국민의 기본권이 철저히 보장되고 그 보장된 실체가 피부로 느낄 수 있게 하여야 할 것이다. 이것이 바로 국민을 실질적으로 보호하는 국내적 국가안전보장이 될 것이다.

따라서 국내적 국가안전보장의 기본은 국가내부 위협에 대한 예측, 인지, 조사하여 그것을 무력화시켜서 국가를 형성하고 있는 영토의 내부적인 안전과 질서유지일 것이다. 국내적 안전보장이야말로 국가안전보장의 핵이 된다. 국가의 질서유지를 위해 국경 또는 울타리가 소용없는 사이버 침입에 대한 사이버 안전대책, 국가비밀을 관리하는 국가보안, 각종 테러예방 및 진압, 마약문제해소, 위조지폐 단속, 불온인사 및 물품의 감시 등 민생을 위한 경호경비, 막대한 재난으로부터 국민적 피해를 감소시키는 국가재난관리가 국가안전보장의 중요한 역할을 할 것이다. 이것은 국민의 통제와 협조가 절실히 요구되므로 국가는 그 시행방안이 국민의 기본권을 절대 존중하고 조금이라도 관료적 권력의 남용과 부정이 없도록 견제와 투명이 존재하는 시스템을 부단히 갖추어야 한다.

제3절 정보화 사회의 기본권과 질서유지의 조화

Ⅰ. 정보화 사회의 기본권과 질서유지의 상충의 문제점

정보화 사회에서도 인간의 존엄과 가치 등 기본권에 대한 인식은 변함없는 진리로서 존재하나 급격한 사회변화로 다양하고 다원화된 국내외 주변환경은 인간의 존엄과 가치를 교묘하게 손상시키는 여건을 조성하고 있다.

국가를 위협하던 종래의 표면적 전쟁은 정보통신과 국방과학기술의 발달로 인해 시공을 초월해서 이루어지는 정보전과 기습적인 테러전쟁으로 변질될 가능성이 높고 실제로 현실로 나타나고 있는 실정이다.

지난 2001년 9월 11일 미국 뉴욕 세계무역센터 빌딩에 자행된 비행기 납치에 의한 반인륜적인 자살테러사건은 온 세계인을 충격과 공포에 시달리게 하였다. 이 사건은 다시 한번 인간의 존엄과 가치를 새삼 중요하게 생각하면서 구체적인 국가안전보장을 위한 대테러 대책과 헌법상의 국가안전보장과 질서유지에 대한 의미를 되새기게 한다.

이러한 반인륜적 테러사건은 또 다른 인명살상을 초래하였고 적대적인 대상은 물론이고 자국민에 대한 인권 침해적인 요인이 다양하게 표출되었다. 그것은 국가가 정보화 사회에서 가능한 과학적인 정보전 양상으로 접근하는 테러범들을 포착하기 위한 도청과 감청 및 인터넷 감시, 검문검색 등 통제를 강화하기 때문에 나타나는 현상이다.

이때 국가는 국민의 안전을 위해 국가의 질서유지의 일환으로 시행하는 각종 공권력을 정당하고 합법적인 방법으로 실시하여 국민의 신뢰를 받아야 할 것이다.

정보화 사회의 새로운 질서유지의 방안으로 요구되는 사이버 안전대책, 국가보안, 경호경비, 국가재난관리가 국민의 기본권보장을 위한다는 명분을 내세워 형식적인 정책과 대책으로 그치고 그 질서유지의 방안이 정부권력의 과시 등 시행착오적 발상을 한다면 국민은 더 이상 국민이 위임해 준 국가권력을 용인하지 않을 것이다.

인간의 기본적 인권은 역사적 과정을 통해서 그것을 억압하는 정치적, 사회적, 종교적 상황과 환경이 존재하였지만 인권의 본질은 변함없는 진리로서 그 가치를 유지해 온 것이다. 정보화 사회에서도 국민의 기본권이 보장되도록 하는 측면을 기본권과 질서유지가 상충하는 과정에서 본질적 의미를 찾고자 한다.

오늘날에는 국가가 공권력에 의한 자유의 침해만을 자제하는 소극적인 자세에서 벗어나 국민의 자유가 실효성 있는 것으로 실현될 수 있도록 적극적인 보호자세를 가져야 할 뿐 아니라 국민의 생존배려를 위한 국가적인 급부활동의 폭을 넓혀가야 된다는 적극적인 효력론이 강력히 요청되는 만큼 기본권의 내용과 효력에 대한 새로운 이론구성이 필요하게 되었다.

그러기 위해서는 먼저 다음 세 가지 전제조건이 충족되어야 한다. 첫째가 기본권과 국가권력을 대립적인 관계로 보는 고전적인 사상을 지양하고, 둘째가 기본권을 지나치게 '권리'의 시각에서만 이해하는 입장의 탈피이고, 셋째가 기본권에 내포된 '양면성'의 인식이다. 즉 기본권이 가지는 권리로서의 방어적 기능과 질서로서의 형성적 기능의 상호보완작용에 의해서 국가권력이 비로소 창설되고 유지된다는 논리의 수용이다. 기본권을 사회공동체의 동화적 통합을 달성하기 위해 꼭 존중되고 실현시켜야 하는 사회의 가치라고 볼 때 기본권은 국민 개개인의 주권적 권리에 그치지 않고 그것은 동시에 동화적 통합의 생활양식을 뜻하기 때문에 기본권은 또한 동화적 통합의 기본이 되는 객관적인 질서라 할 수 있다.[65]

기본권은 사회공동체가 동화적인 통합을 이루기 위해서 꼭 실현시켜야 되는 가치이다. 모든 기본권은 국가공동체의 존립을 전제로 할 뿐만 아니라 국가공동체에 의해 비로소 보장되는 것이기 때문에 국가의 존립을 위해서 꼭 필요한 법익을 침해하는 기본권의 행사가 있을 수 없다고 한다. 즉 국가존립의 보장을 기본권의 외부적 한계로 볼 수 있다.

---

65) 김철수, 전게서, 23면.

헌법이 보장하는 국민의 기본권을 제한하는 가장 원칙적인 방법은 공공의 이익을 보호하기 위해서 필요 불가피한 경우에 한해서 입법권자가 제정하는 법률로써 기본권을 제한하는 것이다. 민주헌법국가에서 합리적인 기본권의 제한은 헌법적 가치질서의 실현을 위해 불가피한 것으로 받아들여진다.

우리 헌법은 국가안전보장, 질서유지, 공공복리를 위해서 필요 불가피한 경우에 한해서 그리고 기본권의 본질적 내용을 다치지 않는 범위 내에서 모든 기본권을 법률로써 제한할 수 있도록 규정하고 있다. 독일 기본법에서와 같은 '절대적 기본권'을 우리 헌법이 인정하고 있다고 보기는 어렵다.

국민의 기본권과 국가안전보장, 질서유지는 어느 하나라도 무시할 수 없는 것이다. 상이한 기본권이 충돌하였을 경우 '조화의 원칙'에 의해 서로를 침해하지 않고 최대한 그 효력을 발휘하기 위해 심사숙고하여야 할 것이다.

Ⅱ. 기본권과 질서유지의 상충과 조화

1. 기본권의 상충관계

기본권의 주체가 국가권력에 대해서 기본권을 주장하거나 또는 사인 상호간의 관계에서 기본권이 적용되는 경우에 기본권의 상충문제가 자주 제기된다. 이는 상이한 기본권의 주체를 전제로 한 개념형식이다. 즉 상이한 기본권 주체가 서로 상충하는 이해관계의 다툼에서 각각 나름대로의 기본권을 들고 나오는 경우 이들 기본권은 서로 상충관계에 있다고 말한다.

어떤 이해관계의 다툼에서 기본권이 상충하게 되는 경우 이해관계의 당사자인 기본권의 주체는 일단 국가권력을 상대로 자신이 갖는 기본권의 효력을 주장하게 되고, 국가권력은 쌍방당사자가 주장하는 기본권의 내용과 효력을 비교형량해서 양측의 기본권이 충분히 존중될 수 있는 합헌적인 해결책을 찾아내야 하는 헌법적 의무를 지게 된다.

기본권의 상충문제는 사적인 이해관계의 다툼에서 발생하는 기본권의 충돌을 뜻하는 것이기 때문에 전통적인 '이익형량'이라는 수단을 동원해서 해결할 수 있다.

기본권의 상충 시에 이익형량이 행해지기 위해서는 먼저 무제한 기본권을 고집하지 말아야 한다. 기본권의 본질은 타인과 공존하기 위한 행동양식이므로 타인의 기본권을 침해하지 않는 범위 내에서만 법적인 보호를 받을 수 있다는 인식이 전제되어야 한다.[66]

이익형량이 이루어지기 위해서는 기본권 상호간에 일정한 '위계질서'가 있다는 가설이 전제되어야 한다. 모든 기본권은 독자적인 의미와 기능을 갖기 때문에 원칙적으로 동급의 자유와 권리임에 틀림없지만 모든 기본권의 가치적인 핵심이라고 할 수 있는 인간의 존엄성이 다른 기본권보다 상위에 있다는 점을 또한 부인하기 어렵다.[67]

기본권의 상충관계를 해결하기 위한 '조화의 원칙'은 두 기본권이 상충하는 경우에도 이익형량에 의해 어느 하나의 기본권만을 타 기본권에 우선시키지 않고, 헌법의 통일성을 유지하기 위해서 상충하는 기본권 모두가 최대한으로 그 기능과 효력을 나타낼 수 있는 조화의 방법을 찾으려는 것이다.

---

66) 김철수, 상게서, 21면.
67) 상게서, 22면.

2. 기본권과 질서유지의 조화

기본권은 근본적으로 천부인권적 성격을 지닌 것으로 보지만(헌법 제10조), 국가안전보장, 질서유지, 공공복리를 위하여 필요한 경우에 한하여 개인의 기본권을 제한하는 경우가 있다(헌법 제37조2항). 하지만 이 경우에도 반드시 국회에서 제정한 법률로써 제한하여야 하며, 국민의 자유와 권리의 본질적인 내용을 침해할 수는 없다.

먼저 국가안전보장이란 국가의 독립, 영토의 보전, 헌법과 법률의 기능, 헌법에 의하여 설치된 국가기관의 유지 등과 같은 국가안전의 유지를 말한다. 국가안전보장을 위해 기본권을 제한한 법률로는 내란죄, 외환죄, 국교에 관한 죄 등을 규정한 형법·국가보안법 등이 있다. 단, 국가안전보장을 위해 기본권을 제한하는 경우에도 소극적 목적을 위해서만 제한할 수 있다.68)

질서유지는 주로 사회 공공의 안녕 질서의 유지를 의미하는데 질서유지를 위해 기본권을 제한하는 법률로는 형법을 비롯하여 집회 및 시위에 관한 법률, 도로교통법, 경찰관직무집행법, 미성년자보호법, 윤락행위방지법, 옥외 광고물 등 관리법, 경범죄처벌법 등이 있다. 단, 질서유지를 위해 기본권을 제한하는 경우에는 소극적인 현존 질서의 유지를 위한 것이어야 하고, 적극적으로 복리 증진을 위한 것이어서는 안 된다.

인간의 존엄성 존중을 바탕으로 하는 기본적 인권의 보장은 자유민주주의의 내용 중에서도 가장 핵심적인 요소가 된다. 국가는 헌법이 수호하려는 최고의 가치인 자유민주적 기본질서는 전복하려는 언동 등에 대해서는 단호히 대처할 수밖에 없지만, 그와 무관한 경우에는 개인이 갖는 인권을 최대한 보장할 의무를 지는 것이다.69)

---

68) 김대환, 전게서, 137면.
69) 헌재결 1990. 4. 2. 89헌가113, 헌재판례집 제2권, 59면.

즉 국가권력은 이와 같은 개별적인 기본적 인권을 보장하고 실현하기 위한 수단이라고 할 수 있기 때문에 민주적 기본질서를 보장하고 실현하기 위한 수단이라고 할 수 있기 때문에 민주적 기본질서를 유지하고 있는 국가에 있어서의 국가권력의 정당성의 원천은 바로 기본적 인권인 것이다. 그렇지만 헌법질서의 내용인 자유민주적 기본질서를 공격하기 위한 기본권의 남용은 허용될 수 없다. 현행헌법은 국가권력이 창설되고 국가권력이 작용하게 되는 정치과정의 질서에 있어서 민주적 기본질서를 선언하고 있다. 이러한 민주적 기본질서의 핵심적 요소는 자유민주적 기본질서(freiheitlich demokratische Grundordnung)이다. 따라서 자유민주적 기본질서는 헌법질서의 한 구성요소가 되는 것이다.[70]

질서유지의 구체적 형태인 국가보안, 경호경비활동과 같은 경찰작용은 궁극적으로는 국민의 기본권인 인간의 존엄성과 가치 및 행복추구권을 보장하기 위한 활동이며, 이를 위해 때로는 기본권을 제한할 수도 있다는 것이다.

이러한 두 기본권이 상충과 조화를 이루면서 진정한 민주주의 법치국가로 발전한다고 볼 수 있다.

인간으로서의 존엄과 가치는 국가안전보장을 위한 질서유지를 위해 국민의 자유와 권리를 제한할 때 기본적인 원칙이 될 것이다.

인간으로서의 존엄과 가치는 우리나라 학자들도 서로의 견해가 다르다. 정신적 존재로서의 개개인의 존중이라는 것,[71] 인간으로서의 자주적인 인격과 가치[72]와 인격의 내용과 인간에 대한 절대적 평가[73]라는 것, 인간은 자기 자신을 의식하고 자기 자신을 결정하

---

70) 육종수, 전게논문, 231면.
71) 박일경, 신헌법, 박영사, 1974, 168면.
72) 문홍주, 한국헌법, 해암사, 1972, 167면.
73) 김철수, 헌법학개론, 법문사 1973, 201면.

84

고 자기와 주위 세계를 형성할 능력이 있는 이성적 존재이기 때문에 존엄성이 있으면 존엄성이 있기 때문에 가치적 존재로 평가받는 것을 말한다는 것,[74] 인간으로서 존엄과 가치란 인격의 내용을 이루는 윤리적 가치라고 표현할 수 있을 것[75]이라는 견해 등이 있다.

이것은 모든 국민이 인간으로서 인정되어야 하고 가치 있는 존재로 여겨져야 할 것이다. 또한 양도할 수 없는 자연적인 것이다. 모든 국민은 인간으로서의 존엄과 가치를 가진다는 것은 모든 국민이 구체적 권리를 갖는다는 것이다. 이것은 국가권력을 직접 구속하며 사인에게도 직접적으로 적용된다고 한다.[76] 포괄적 권리이고 주관적 권리이다.

국가는 개인이 가지는 불가침의 기본적 인권을 확인하고 이를 보장할 의무를 진다는 것은 국가는 국민의 기본적 인권을 최대한 보장해야 한다. 이는 국가권력이 국민을 침해하지 못하도록 외부로부터 침해에 대해서는 적극적으로 보호해 주어야 하는 것을 의미한다. 또한 국가권력이나 외부의 세력이 아닌 이 외의 다양한 요인에 의해서 침해받는 것을 방지하여야 함을 의미한다.

이는 국가가 국민 개개인에게 인간으로서 존엄과 가치를 가지고 있다는 것을 확인하고 이를 존중하기 위하여 기본적 인권을 헌법상 규정하여 그 향유를 최대한 보장할 의무가 있음을 말한다.[77]

국가는 국민의 기본적 인권을 확인하고 이를 보장할 의무를 진다는 것은 헌법상 이를 규정하기를 요구하고 모든 사회적 힘이나 외부의 침해로부터 보호할 의무를 말한다.

헌법 제32조제1항은 "국민의 자유와 권리는 헌법에 열거되지 아

---

74) 강병두, "헌법 제8조를 논함", 고시계 제93호, 1964.
75) 한태연, 헌법학, 법문사, 1977, 73면.
76) 최용기, 전게서, 309면.
77) 문홍주, 전게서, 189면.

니한 이유로 경시되지 않는다.”고 규정하여 국민의 자유와 권리의 포괄성을 말하고 있다. 여기서 포괄성이 인정되는 국민의 자유와 권리에 자유권적 기본은 그대로 포괄될 수 있겠지만, 참정권적 기본권과 기본권 보장을 위한 기본권 특히 생존권적 기본권이 포함되는지를 검토하면 국민의 자유와 권리는 자유권적 기본권뿐만 아니라 모든 기본권을 말하는데, 그 이유는 참정권적 기본권과 기본권보장을 위한 기본권은 말할 것도 없고 생존권적 기본권도 적극적인 면뿐만 아니라 소극적인 면도 가지는데 이 소극적인 면에 있어서의 기본적 인권의 포괄성이 인정되어야 할 것이기 때문이다.[78]

국민의 자유와 권리 등 넓은 의미의 기본권을 보장하기 위해서는 국민의 기본권을 침해하는 국민 각자의 기본권 간의 충돌, 국가외부나 내부, 국가기관의 침해 등 복잡하고 다양한 위협으로부터 국가는 국민을 어떠한 경우라도 보호하여야 한다.

이때 기본권 보호를 위한 질서유지, 국가안전보장을 실행함에 있어서 기본권을 제한할 경우, 목적달성을 할 수 없는 불가피할 경우(보완의 원칙), 이 경우에도 그 목적달성에 필요한 최소한의 제한(최소한 제한의 원칙), 제한되는 이익보다 보호받는 이익이 큰 것일 때에만(비례의 원칙) 제한하여야 할 것이다.

정보화 사회에 있어서 기본권 간, 기본권과 질서유지 및 국가안전보장은 더욱 예민하게 상충되므로 국민을 진심으로 섬기는 조화로운 방안을 모색해야 한다.

---

78) 김기범, 한국헌법, 목문사, 1973, 126면.

제1절 정보화 사회에 있어서
정보보안의 개념과 유형

I. 정보보안의 개념[79)]

현대사회를 정보화 사회라고 하며 과학기술과 통신매체가 발달함에 따라 전 세계에서 일어나는 정치, 경제, 사회, 문화에 관한 모든 정보가 즉시 전파됨으로써 의식구조, 생활환경, 사회구조 및 기업환경의 변화는 가속화되고 있다. 이러한 변화의 소용돌이에서 능동적으로 대처하지 못하면 예측 불가능한 상황에 직면하게 된다.[80)] 이러한 위기는 주로 개인이나 기업 및 조직과 국가가 갖고 있는 중요한 가치가 누설되어 오는 경우가 많으므로 이 문제에 대한 원인을 잘 분석하고 대처하여야 할 것이다.

1. 정보의 정의

정보라는 용어는 주변에서 자주 듣고 있지만 학자, 행정가 기업인, 공무원, 군인 등 각 분야별로 필요한 정보는 너무 광범위하게

---

79) 국가정보대학원, 보안교범, 국가정보대학원, 1999, 3 - 5면.
80) 김종길, 기업비밀 보호전략, 용수출판, 1997, 19면.

사용되므로 어떤 한계를 정하여 그 뜻에 맞게 내용요소를 검토하는 것이 그 의미를 정확하게 할 수 있을 것이다. 국내에서는 "정보는 수집된 첩보를 평가, 분석, 종합, 해석한 결과로서 얻어진 지식이다." 또는 "정보는 첩보를 수집, 평가, 해석한 결과로서 얻은 완전한 지식이다."라고 하며 외국에서는 사전적 정의(웹스터 사전)로는 "정보는 지식을 얻는 데 필요한 조직체이며 또한 조직에 의하여 지식을 얻게 되는 활동 과정이다."라고 하고 셔만켄트는 "정보는 지식이며 조직이고 활동이다."라고 하였고 미국 후버위원회에서는 "정보는 어떤 일련의 행위를 시작함에 앞서 알아야 할 모든 지식이다."라고 하였다. 이를 종합하면 "정보는 어떤 목적을 달성하기 위한 정책수립의 기본지식 즉 문제해결에 필요한 지식이다."라고 해도 크게 틀리지 않을 것이다.[81]

이와 같이 정보는 다양하게 정의되고 사용되고 있다. 그러나 정보는 일반사회와 국가에서는 상이한 의미로 사용되고 있다. 사회에서 사용하는 정보는 일반적으로 자료, 뉴스, 출처, 정보(Information) 등 다양한 용어로 사용되고 있다. 일반적으로 통용되고 있는 지식은 가공의 목적에 따라 크게 자료, 정보(Information), 정보(Intelligence) 등 3가지로 분류된다. 자료는 일반적으로 어떤 목적에 의해 가공되지 않은 사실, 자료, 신호등이다. 정보(Information)는 신문기사, 방송뉴스, 취업안내자료 등 뚜렷한 목적에 의해 수집된다. 정보(Intelligence)는 국가나 기업의 정책결정과정에 사용하기 위해 분석, 평가, 종합한 가공된 지식이다. 이러한 차이는 사용목적과 비밀성에서 차이가 있다.[82]

정보화 사회에서 이러한 의미의 정보는 정보통신의 기기를 활용하여 제공받는데, 각 분야의 목적에 따라 다양한 정보를 획득하여

---

81) 이병곤, 정보개론, 정양사, 1995, 18 - 19면.
82) 김윤덕, 국가정보학, 박영사, 2001, 16 - 17면.

긍정적인 측면으로 활용되기도 하지만 부정적인 측면으로는 국가를 교란하는 정보전의 대상이 되기도 한다. 따라서 이에 대비한 국가보안이 중요해지고 있다.

2. 보안의 정의

정보통신의 발전 즉 인터넷의 확산에 의한 컴퓨터 범죄, 몰래카메라, 도청과 감청의 악용으로 인해 개인의 사생활 침해가 방치되고 헌법 제17조에 규정된 "사생활의 비밀과 자유의 보장"이라는 권리를 요구하는 목소리가 그 어느 때보다 커지고 있다. 사생활 보호 즉 개인보안은 "개인의 중요한 비밀이 유출되어 인간의 존엄과 가치 및 행복추구를 침해하는 것을 예방하고 대비하는 안전대책"이고, 사이버 안전대책이란 "사이버 공간에서의 국민의 사생활, 기업이나 조직의 활동내용을 보호하고, 국가 간의 각종 사이버 전쟁행위로부터 국가를 보호하는 것"이라 할 수 있는데, 이를 위한 종합적인 노력이 필요하다.

국력의 중심이 군사력에서 경제력으로 전환됨에 따라 각국 정보기관은 고도의 과학장비와 전문 첩보요원을 동원하여 첨단과학 기술, 경제, 무역 및 경쟁국의 기업정보 수집에 중점을 두고 있다는 사실은 주요정보를 보유한 우리 기업이 간과해서는 안 될 현실 문제이고 우리 기업은 세계 제일의 상품, 최고의 기술, 최신의 관리기법을 보유한 기업만이 살아남을 수 있다는 각오로 기업의 핵심 중요정보와 기업비밀의 보호 및 방어대책을 강구하여야 한다.83) 기업을 보호하기 위한 기업보안이란 "경쟁자 또는 외부세력의 각종 위험으로부터 기업의 안전을 도모하는 일체의 방위수단"이라고 정의할 수 있다.84)

---

83) 김종길, 전게서, 1997, 1−2면.
84) 윤은기, 기업정보전쟁, 유나이티드컨설팅그룹, 1993, 221면.

국가의 존립에 대한 위협은 시대적으로 많은 차이가 있다. 과거 경제나 문화가 발달하지 못하였던 시대에 있어서 국가의 존립이란 쳐들어오는 적군을 군사적으로만 막으면 확보할 수가 있었다. 따라서 그 시대에 국가의 존립은 적국을 제압할 수 있는 군사력을 확보하는 것만으로 가능하였으므로 그 당시의 국가보안이란 군사보안이 대부분이었다.

그러나 현대국가가 존립하기 위해서는 군사력뿐만 아니라 정치, 경제, 외교, 과학기술, 국민화합 등 다방면에서 국가의 종합적인 능력을 필요로 하게 되었고 국가보안이란 이러한 국가의 종합적인 능력, 즉 국가이익을 확보하는 데 필요한 모든 요소들을 포함하게 되어 국익이 있는 곳에 국가보안을 필요하게 되었다. 또한 "국가가 지니고 있거나 지니기를 열망하는 모든 가치"도 국가가 존립을 유지하는 데 필요한 모든 유무형의 요소, 즉 국가의 영토, 각종 제도, 문화 등을 포함하는 개념으로 이러한 것을 지니고 독자적으로 발전시킬 수 있는 국력이 곧 국가보안이다.

국가가 치열한 경쟁적 국제사회에서 존립을 유지하고 더욱 번성, 발전하기 위해서는 그 존립이나 발전을 저해하는 요소들을 찾아 이를 방지할 수 있는 대책을 강구하고, 존립이나 발전에 꼭 필요한 요소들은 이를 적극 보호하는 대책이 있어야 한다. 국가보안은 "국가의 존립과 질서유지에 대한 위협을 미연에 방지하고, 만일 그러한 위협이 현실로 발생하면 이를 배격하거나 이미 지니고 있거나 지니기를 열망하는 제 가치를 보전할 수 있는 능력"을 총칭하는 것으로 보고 있다.

보안이란 이와 같이 어느 개인이나 기업 및 조직 또는 국가가 그 존립을 확보하거나 경쟁에서 승리하는 데 필요한 요소를 찾아 그것을 보호하기 위한 수단을 말한다. 따라서 보안이란 국가만이 아니고 대·소의 기업체나 단체, 가정뿐만 아니라 개인에게도 반드시 필요한 것이며, 실제로 그러한 대책들을 본능적으로 강구하면서 살아가고 있는 것이다.

3. 정보보안의 정의

각종 사생활 침해와 기업정보의 유출 사례가 크게 늘어나고 국가의 중요한 문서나 기밀이 누설되어 국가의 질서유지를 혼란하게 하는 국가의 위협요소가 급증하므로 이러한 위협으로부터 보호하기 위한 정보보안이란 "국가안전보장, 질서유지와 국가이익과 관련되고 국가에 존재하는 개인, 기업 및 조직 등의 인원, 문서, 시설, 지역, 통신 등을 각종 침해행위로부터 보호하고 국민의 존엄과 가치 및 행복추구를 손상하는 일체의 사생활 침해로부터 보호하는 것"이라고 정의할 수 있다.

이러한 정보보안에 대한 정의는 목적, 사용자, 대상에 따라 다르게 설명된다.

Ⅱ. 정보보안의 유형

국가나 국가의 보호대상인 국민의 이익을 확보하는 데 필요한 것이라면 모두 정보보안의 대상이 되어야 한다. 국가안보를 위한 비밀이 포함된 문서라든지, 녹음테이프, 입력된 컴퓨터 디스켓 또는 그 내용을 알고 있는 사람, 그 내용이 소통되는 정보통신수단을 보호함으로써 기밀의 누설을 방지하는 것이다. 이와 같이 보안의 대상은 그 형태에 따라 다음과 같은 유형으로 나눌 수 있다.

1. 사이버 안전대책

국가기밀도 각종 통신수단에 의하여 전달될 수밖에 없는데 이러한 통신수단의 경우 전달과정에서 누설되지 않도록 안전성의 확보가 필요하다. 따라서 기밀의 누설을 방지하기 위해서는 통신수단 자체의 안전뿐만 아니라 전달되는 통신내용을 도청 또는 감청하더라도 그 내용을 해독하지 못하도록 하기 위하여 동원되는 각종 장비나 기자재의 안전까지도 확보되어야 한다.

그런데 개인생활이나 어느 조직체를 막론하고 현대의 경쟁사회에서는 통신이 중요한 역할을 하고 있을 뿐만 아니라 통신수단이 급속하게 발달하여 이용량이 급증하였고 또한 상대적으로 통신수단에 대한 기밀탐지 능력도 크게 발달하여 보안상 대단히 취약한 것이 사실이다.

그러나 이러한 통신수단의 보안상 취약성에도 불구하고 현실적으로 국가기밀업무 수행과 관련된 통신수단의 이용은 급증이 불가피한 만큼 다른 어느 분야보다도 통신은 보안의 대상으로서 더욱 중요시되어 왔고 앞으로도 중요하게 될 것이다.

최근에는 인터넷의 폭발적 보급과 그에 대한 사회적 대응의 지연은 인터넷 이용에 있어 다양한 사회문제를 발생시켰고, 전 세계적으로 인터넷 규제에 대한 법적 문제점을 발생시키고 있다. 인터넷은 익명성, 다양성, 국제성, 시공초월성, 그리고 일상생활과의 융합성 등의 특징을 가지고 있다. 인터넷을 현실사회에서 어떤 방향으로 질서를 세울 것인가에 대한 다양한 논의가 전개되고 있는 실정이다. 인터넷상에서 발생하는 문제들, 즉 외설 및 폭력, 명예훼손, 저작권 침해, 프라이버시 침해 등 각종 범죄를 낳고 있으며 넓게는 국가안보를 위협하는 주요수단이 되기도 한다. 이를 방지하기 위해서는 국가적으로 제도적 조치를 취해야 하며, 인터넷으로 이어진 각국이 협조하여 규제를 행하는 것이 필요하다.

사이버 안전에 대한 내용은 제2절에서 좀 더 자세히 살펴보기로 한다.

2. 국가보안

국가보안을 위해서는 대한민국의 모든 국민이 철저히 보호되어야 한다. 그러나 국민 전체를 보호하는 일을 비롯하여 국가기능을 수행하는 것은 법절차에 의하여 선택된 공무원 또는 공직자에게 위임되어 있다. 따라서 먼저 국가보안의 대상으로써 공무원 또는 공직자를 선임하고 보호하는 일은 국가안보와 국가운명에 매우 중대한 영향을 미치게 된다. 이와 같이 국가의 안보기능과 관련이 있는 사람을 엄선하고 그들이 그러한 업무를 잘 수행하도록 관리하며 위해로부터 보호하는 것은 매우 중요한 것이다.

또한 국가기밀이 담겨진 책자나 녹음 또는 녹화 테이프, 컴퓨터 디스켓, 지도, 상황판, 슬라이드, 영화, 사진 등 모든 자료도 다 보안의 대상이 되며, 국내·외에 소재하는 국가소유의 모든 시설은 그 규모여부를 불문하고 보안의 대상이 된다. 그것은 시설 자체가 국익에 유익할 뿐만 아니라 그 시설에서 담당하거나 수행하는 기능이 국가이익에 부합하기 때문이다. 그러나 국가소유의 시설이라 하여도 그 시설에서 수행하는 기능이 국가안보업무에 미치는 영향에 따라 보안상의 비중은 큰 차이가 있다. 여기에서 말하는 보안상의 비중이란 시설 자체의 경제적 가치와는 다른 것이다. 따라서 이러한 시설을 보호할 때에는 시설의 경제적 가치 즉 외형을 보호하는 것보다는 그 시설이 제대로 기능을 발휘할 수 있도록 기능을 보호하는 데 중점을 두어야 한다.

또한 국가안보상 중요한 기능을 수행하는 시설에 있어서 반드시 국가소유의 시설이라고 하여 민간의 기업시설보다 더 중요한 것은 아니다. 자본주의 사회에서 기업이 대형화됨으로써 국가경제나 방위에 절대적인 영향을 미치게 되었고, 따라서 사기업시설들의 국가보안상 비중도 국가기관 못지않게 크나큰 역할을 수행하는 경우가 많이 있다. 이러한 시설들은 그 소유가 국가가 아니라 할지라도 국가보안상 역할과 비중을 고려하여 국가적인 보호를 할 필요가 있기 때문에 국가보안의 대상이 되는 것이다. 한편 시설뿐만 아니라 대형 선박이나 항공기 등과 같은 중요한 장비들도 시설과 마찬가지로 그 규모나 소유주에 관계없이 수행하는 기능의 국가적 중요성을 감안하여 국가보안의 대상으로 보호하고 있는데 통상 국가보안의 대상으로서의 시설이라고 하면 이러한 장비까지도 포함하는 개념으로 사용하고 있다.

통치권이 미치는 모든 영토(영해, 영공 포함)를 포함해 그 안에 보안시설이나 보안내용을 국가가 보호하는 것은 당연한 것이고 국가안보의 핵심이다. 또한 국토를 방위하는 데 군사전략상 중요한 요새지라든지 중요한 군사시설이나 국가기관, 산업시설들이 밀집되어 있어 그 지역이 다른 어느 지역보다도 보안상 역할이 중요하다면 국가는 그 지역보호에 보다 철저한 보안대책을 강구하여야 할 것이다.

Ⅲ. 정보보안의 필요성 및 중요성

보안관리를 하는 목적은 사고를 예방하기 위해서이다. 비밀이 절대로 누설되지 않는다든가, 전략상 중요한 시설이 절대로 공습이나 재해로 인한 기능장애를 일으키지 않는다는 보장이 있다면 보안관리를 할 필요가 없는 것이다. 보안업무규정이나 동 시행규칙을 보더라도 비밀의 분류, 관리 및 보관, 비밀취급인가, 신원조사, 보안교육,

출입통제 등 대부분의 규정들이 보안사고가 일어나지 않도록 미리 예방하기 위한 규정들이다. 보안감사나 보안측정 등도 앞으로 보안사고가 일어날 가능성이 어디에 있는지를 찾아서 사고가 일어나지 않도록 대책을 강구하는 데 목적이 있으며, 과거 보안사고의 유무를 확인하는 데 목적이 있는 것은 아니다. 다만 시간적으로 보안사고 이후 사후 수습을 위한 보안사고의 통보 등에 관한 규정이 있는데 이러한 보안사고의 전말조사도 그 목적은 사고의 원인을 규명함으로써 교훈을 얻어 동일유형의 사고재발을 예방하며 사고를 조기에 수습함으로써 그 사고로 인한 피해를 극소화시키려는 예방적인 목적이 있는 것이다.

최근 확산되고 있는 도·감청에 대한 우려는 경찰, 검찰, 국가정보원, 청와대 등 국가 권력기관 종사자들에게까지 파급되고 있다. 법무부, 검찰, 군 등 국기기관 간부들도 민감한 사안의 경우 사무실 전화 대신 대부분 휴대전화로 논의하며, 주요 인사들도 타인 명의로 된 휴대전화 2~3개를 소지하는 경우도 있다.

우리 사회에 만연되고 있는 도·감청 공포증은 이처럼 매우 심각하다. 일반시민에서부터 기업의 핵심요원, 정부의 고위공직자에 이르기까지 자신의 사생활이나 국가기밀이 타인에게 노출되지 않을까 전전긍긍하고 있는 실정이다.

이 같은 정보노출에 대한 공포가 심각해짐으로써 모든 분야에서 정보보안의 중요성이 갈수록 확대되고 있다. 이에 대한 대응은 보안기술과 아울러 정보보안의 기본적이고 근본적인 대응기법을 적용하여야 할 것이다.

Ⅳ. 정보보안의 강화와 기본권보장

정보사회에서 개인에 관한 정보는 정부나 공적·사적 단체 및 개인 모두에게 중요한 관심의 대상이 되고 있다. 왜냐하면 개인은 정치·경제·사회·문화 등 모든 영역에 대해서 영향을 미치는 의사결정과 행동을 하기 때문이다. 이것은 개인이 정부에 대해서는 정치적 지지와 사회질서의 유지에 있어 중요한 변수이고, 기업에 있어서는 소비자 개인의 의사결정에 따라서 판매량이 증감하고 또한 경제력의 근원이 되기 때문이다. 여기서 개인의 의사결정에 관련되는 사적 사항을 누구나 수집하고, 이를 분석 및 가공하여 새로운 정책이나 경영 및 마케팅의 자원으로 활용하고자 한다.[85]

또한 정보화 사회에서 기업의 재산은 그 기업의 정보시스템(Enterprise System)으로 집약된다. 첨단기업 및 금융기관은 물론 모든 기업이 경쟁력을 높이기 위해 정보시스템의 온라인화에 나서고 있다. 우리나라의 대표적인 기업들도 통합정보시스템을 대부분 갖추면서 이러한 시스템을 통해 기업의 정보를 연결하고 또 마케팅 영업을 위한 고객 DB 정보 등 모든 정보관리를 웹 기반의 온라인 정보 시스템으로 통합 발전시켜 나가고 있다. 각국의 정부기관도 국가 차원에서 전자정부 구현에 나서고 있다.

이처럼 정보의 비중이 커지고 있는 사회에서 정보수단을 이용한 사이버 범죄도 급증하고 있는 추세이다. 정보보안을 강화하고 이에 대한 법적 대응절차가 신속히 이루어져서 헌법상 국민의 기본권이 보장될 수 있도록 해야 할 것이다.

이러한 정보화 시스템은 능률과 효율성에 기여하는 바가 크지만 그것이 유출되었을 때에는 그 피해도 막심하다. 정보를 획득하려는

---

85) 한국인터넷법학회, "인터넷 법학의 현안문제", 한국인터넷법학회 창립 학술대회, 한국인터넷법학회, 2001. 11. 10, 15면.

자와 이를 방어하려는 개인과 기업 그리고 이들을 보호해 주려는 정부기관 간의 이른바 '칼과 방패'의 조용한 전쟁이 진행되고 있는 것이다.

또한 이렇게 부정하게 획득한 정보는 본래의 목적에서 벗어나 인간의 존엄과 가치를 무참히 저버리는 경우가 있는데, 이를 위한 제도적 안전장치와 보호법제가 선행되어야 한다. 즉 정보보안의 강화에 따른 부작용도 기본권보장의 측면에서 불식시켜야 하므로 정보보안의 강화 이전에 남용방지책을 국민이 납득되도록 투명하게 내제시하여야 한다.

제2절 사이버 안전대책과 사생활 보호

21세기 정보화 시대를 맞아 컴퓨터 보급과 PC통신 가입인구가 꾸준히 증가하면서 인터넷은 이제 필수 수단이 되었으며, 모든 업무가 전산화되고 정보가 디지털화되면서 업무의 효율성이 높아졌으며, 누구나 정보를 쉽게 얻을 수 있게 되었다. 선진 각국들은 정보산업 구축을 통해 새로운 패권을 다투고 있다. 인터넷 및 다른 텔레커뮤니케이션 기술의 발달로 인한 디지털 혁명은 사이버스페이스라는 새로운 사회영역을 등장시켰다.

그러나 급속히 변화하는 인터넷 환경하에서 계층·연령·지역·교육수준 등의 차이에 따른 정보이용자의 수준격차가 점차 확대되면서 지식기반 사회에서의 계층 간의 격차를 더욱 확대하고, 빈익빈 부익부 현상의 심화, 사회적 통합의 저해 등 심각한 부작용을 야기하고 있으며, 불법 해킹, 바이러스 유포 등 사이버 범죄 및 사이버 테러가 또 다른 인터넷 시대의 문제점으로 떠오르고 있다.

사이버 범죄란 사이버 공간을 범죄의 수단으로 삼아 이루어지는 사이버(인터넷)사기, 사이버 성폭력, 사이버 도박 등 각종 범죄를 말한다.

또한 스팸메일, 음란물 기타 쓰레기 정보들도 인터넷을 오염시키고 있으며, 인터넷의 익명성을 악용하여 근거 없는 인신공격, 몰래카메라 등 사생활 침해가 극심한 음란물이 유통되며 게시판 등을 활용한 성 매매춘이 늘어가고 있다.

이제 대부분의 주요시설과 기관이 네트워크로 연결됨에 따라 이들 정보통신망에 대한 시스템 보안의 중요성이 크게 증대되고 있으며, 세계 각국은 사이버상에서 벌어지는 다양한 범죄 및 분쟁문제의 조정과 해결을 위해 각종 규제 입법을 서두르고 있다.[86]

국민의 사생활 보호를 위한 사이버 안전대책 마련이 시급한 실정이다. 이러한 사이버 안전대책은 정보의 확산과 악용의 문제를 심각하게 고려하여 집행하는 정부기관이 정보의 사적이거나 특권층을 위해 이용된다는 오해가 절대 없도록 하고, 국민도 부득이한 통제를 감수하고 정부의 협조에 부응하는 것이 곧 자신을 보호하는 것이라는 신뢰를 가져야 한다.

따라서 정부기관은 사이버 안전을 위한 각종 법제 마련과 대책을 시행하기에 앞서 기본권보장을 위한 세심한 배려를 선행하여야 한다.

Ⅰ. 사이버 공간에서의 기본권

현대 정보통신의 발달은 전 세계 10억 이상의 이용자가 사이버 공간에서 시공을 초월하여 인터넷에 접속하여 회의진행, 통신, 온라

---

86) 김은경, "사이버 공간에서의 표현의 자유", 한국형사정책연구원, 사이버 범죄연구회 22회 세미나논문, 2001. 9. 15.

인 교육에 참여하고 전자상 거래에 의해 저렴하게 필요한 물품을 구입하는 등 긍정적인 측면이 많은 반면에 자신의 비공개, 비노출을 이용하여 타인의 사생활을 침해하는 부정적인 측면도 내재되어 있다.

가상공간이란 개인이 세계와 상호 접속하는 전자, 컴퓨터 및 통신 네트워크망(web)을 의미한다. 가상공간(Cyberspace)은 현실 세계와 대비되는 개념으로 정보의 발신자와 수신자 간에 어떠한 매체를 통해서 정보가 이동하는 모든 정보인프라를 의미한다.[87] 가상공간에서 정보는 전화선과 무선통신의 조합을 통해서 이동한다. 이용자의 입장에서 볼 때는 정보수집의 정확한 경로는 관계없이 정보이동의 속도와 안전성이 중요한 것이다.

예로서 방송위성과 무선케이블과 같은 무선방송체계를 통해서 전송된 정보는 비디오 신호로 변환되어 TV방송의 내용으로 처리된다. 이로써 가상공간은 종래의 정보인프라에 비해서 더 신속하고 저렴하며, 양질의 정보의 전송과 처리 및 저장한다.[88] 이러한 공간에서는 현실과는 다른 일탈적 행위가 발생하고 있으며, 가상공간 자체를 위협하는 사태가 되고 있다.

사이버 공간에서의 기본권 논의는 대정부 관계에서 지니는 정보공개청구권(Freedom of information), 정보 프라이버시권, 그리고 정보보안권(information security) 등의 침해에 대한 기본권적 대응이다. 이렇게 정보보호(Data Protection)를 Privacy(정보의 보장적 개념 즉 정보내용의 비밀성(confidentiality) 및 Security(정보의 보안적 개념 즉 data surveillance라고 하는 정보의 완전성을 포함하는 안전성(safety)과 무결성(integrity)의 보전 등으로 구분하여야, 사이버스페이

---

87) 정영화, "사이버스페이스와 프라이버시권", 헌법학 연구 제6권, 제3호, 한국헌법학회, 2000, 51면.
88) Jerry Kang, "Information Privacy in Cyberspace Transactions." Stanford Law Review(Vol.50), 1998, S.1220－1221.

스에 있어서의 정보통신의 동 시간성, 장소 초월성, 정보통신 주체들 간의 비현실성 등에 적절·신속하게 대응할 수 있어 정보화가 공동체 가치실현에 기여할 수 있다.[89]

정보의 침해는 정보의 주체인 개인이나 기업 또는 단체의 헌법상 보장된 기본권으로서의 인격권은 물론 국가의 안전 내지 사회 공공의 이익도 침해하므로, 정보보호는 그리고 정보에 귀속되는 '사람'의 권익을 침해한 경우의 보호법제, 정보침해의 방식을 가르치는 경우의 제재법제, 법 제정 시 헌법의 기본권 제한 원리에의 위반여부에 대한 검증 및 단속권 등에 관련하여 준 사법권이 귀속될 수 있는 기관, 검찰권과 체계적 조화에 대한 헌법이론 등도 요구된다.[90]

Ⅱ. 사이버 공간에서의 사생활 침해

사이버 공간에서의 일탈현상으로부터 사생활보호를 위해 기존의 규제와 함께 새로운 법적 권리와 규제수단을 강구하기 위해 사이버 공간에서의 헌법적 의의에 관해서 몇 가지를 검토해 본다.[91]

첫째, 인터넷을 이용한 가상공간에서는 생활에 유익한 모든 정보를 실시간으로 제공하고, 특히 디지털 도서와 문화향유, 가상교육과 원격진료 그리고 온라인에 의한 전자소비자 거래 등을 통해서 삶의 질을 향상시키는 이점이 있다.

종래의 정부나 언론매체가 정보수집과 발신을 독점하였던 시기에서 이제는 사기업과 개인도 공공 및 민간정보의 접근과 수집 및 유

---

89) 강경근, "사이버스페이스에서의 기본권", 헌법학 연구 제6권 제3호, 2000, 17 − 18면.
90) 강경근, 상계논문, 19 − 20면.
91) 정영화, 전게논문, 2000, 51 − 53면.

통의 제 과정에서 정보 발신자 내지 수신자로서 적극적인 자유 및 참여의 권리를 갖게 되었다.

둘째, 컴퓨터 네트워크의 중심인 인터넷은 개방성, 실시간성, 네트워크성, 탈국경성, 멀티미디어의 특성에 따라서 다양한 거래가 가능할 뿐만 아니라 개인적인 차원에서 세계적인 규모로 정보발신이 가능하다.

셋째, 가상공간의 발생으로 인해서 종래의 헌법상의 프라이버시권의 보호범위가 확대되고, 또한 그 침해 수단이 다양한 형태로 나타났기 때문에 종래의 프라이버시권의 재검토가 필요하다.

개인정보의 침해유형을 종합해 보면 첫째, 개인정보의 침해대상으로서는 정부기록 또는 자료, 소비자의 거래정보와 의료 및 교육에 관한 정보, 통신정보 등이 있다. 둘째, 개인정보의 침해주체로서 공공기관, 민간단체나 기업 등 사업자, 정보이용자 개인과 제3국의 사업자나 개인 등을 예상할 수 있다.[92]

1. 사이버 범죄의 개념

사이버 범죄라는 용어는 비교적 최근에 사용되기 시작한 개념이지만, 현재 언론이나 공공기관뿐만 아니라 학계에서도 일반적으로 사용되고 있는 개념이다. 이에 따라 사이버 범죄에 대하여 학문적으로 개념정립을 하려는 노력이 이루어지고 있기는 하지만, 사이버 범죄라는 개념의 역사가 짧고, 비약적인 기술진보에 따른 어떤 형태의 사회유해행위들이 등장할지 모르기 때문에 사이버 범죄의 개념을 정의한다는 것은 쉬운 일이 아니다.[93]

---

92) 정영화, 상게논문, 79면.
93) 이천현, "사이버 범죄(Cybercrime)의 개념", 사이버 범죄연구회 제18회 세미나자료, 한국형사정책연구원, 2001. 6.

우리나라에서 지금까지 사이버 범죄에 대한 개념 정의를 시도했던 견해들을 몇 가지 소개하면 다음과 같다.

심희기·양근원[94])에 의하면 사이버 범죄는 사이버 공간이 급속도로 확장되면서 생겨난 개념으로서, 인터넷과 같은 정보통신망으로 연결된 컴퓨터 시스템이나 이를 매개로 형성되는 사이버 공간을 중심으로 발생하는 범죄행위를 나타내는 용어이다.

강동범[95])은 컴퓨터 범죄를 포함하여 사이버 공간에서 행하여지는 모든 범죄적 현상이라고 말했으며, 정완[96])은 무수히 많은 인터넷 사이트들과 그것들을 연계시키는 컴퓨터 연결망(인터넷)을 범행의 수단, 표적 혹은 무대로 삼는 범법사례를 총칭하는 개념이라고 하였으며, 이민식[97])은 사이버 범죄 및 일탈은 인터넷 사이트와 그것들을 서로 연계시키는 컴퓨터 네트워크(즉, 인터넷)를 수단으로 하여 특정 네티즌이나 사이트, 또는 네트워크 그 자체를 대상으로 하는 범죄 및 일탈을 총칭하는 개념이라고 정의하였다.

이상에서 소개된 개념들을 종합하면 결국 사이버 범죄란 "사이버 공간에서 행해지는 모든 범죄적 현상, 즉 사이버 공간을 범행의 수단, 대상 혹은 무대로 삼는 범죄현상"이라고 할 수 있을 것이다.[98]) 즉 사이버와 관련된 모든 형태의 범죄를 사이버 범죄로 볼 수 있을 것이다.

---

94) 심희기, "사이버 범죄의 유형과 실태", 수사연구 200, 2000, 10−15면, 양근원, "사이버 범죄의 특징과 수사방향", 수사연구 200, 2000, 16−25면.
95) 강동범, "사이버 범죄와 형사법적 대책", 형사정책연구 42, 2000. 6., 65−91면.
96) 정완, "사이버음란물의 유통과 규제", 형사정책연구, 11,1, 2000, 35−62면.
97) 이민식, "사이버 공간에서의 범죄피해": 개인 인터넷 사용자를 중심으로, 한국형사정책연구원, 2000, 69면.
98) 이천현, 전게논문, 183면.

2. 사이버 범죄의 유형

사이버 범죄의 예로 컴퓨터 해킹, 컴퓨터 바이러스 유포, 인터넷 홈페이지 훼손, 인터넷을 통한 음란물 및 각종 불법정보유통, 스토킹, 마약밀매, 매춘알선 등 매우 다양한 사례를 들 수 있다.

최근에는 특히 사이버테러, 사이버전쟁 등의 개념으로까지 확대되어 이들 사이버 범죄가 단순한 사회적 법익을 해하는 것에 그치지 않고 이제는 국가적 법익을 해하는 국가안보의 위해요인으로까지 작용하고 있다.

2005년 현재 국제테러는 인터넷을 테러음모 근거지로 하여 사이버 범죄에 해당하는 온갖 수단과 수법을 동원하는 추세에 있다.

(1) 컴퓨터 해킹

컴퓨터 해킹(Computer Hacking)이란 컴퓨터를 이용하여 다른 사람의 정보처리장치 또는 정보처리조직에 침입하거나 기술적인 방법으로 다른 사람의 정보처리장치가 수행하는 기능이나 전자기록에 함부로 간섭하는 일체의 행위를 가리킨다.[99) 이러한 행위의 형태에는 ① 프로그램이나 컴퓨터에 수록된 정보를 복사인쇄 또는 입수하는 행위 ② 컴퓨터 시스템이나 프로그램 또는 데이터를 변경·파괴하는 행위, 또는 컴퓨터 시스템의 부정조작을 통하여 ③ 정상적인 컴퓨터 작동을 방해하는 행위 ④ 재산상 이익을 얻는 행위 등으로 나타날 수 있다.[100)

해커와 범죄집단이 결합한 경우에는 이들은 가공할 만한 사회질서

---

99) 최영호, 컴퓨터와 범죄현상, 컴퓨터 출판사, 1995, 183면.
100) 심재무, "컴퓨터해킹과 형법", 경성법학 6, 1997, 129면.

를 파괴하는 중요변수가 될 수 있는데, 예컨대 해커가 국방, 행정 등 국가 기간전산망까지 침입하여 모든 통신망을 교란시키거나 비밀정보를 훼손하는 등 치명적인 정보테러를 할 수 있고, 테러리스트들에 의하여 주요 요인의 살상, 납치 등 경호·경비상에 커다란 위험과 문제를 야기할 수도 있다.[101]

해킹사고가 빈번하자, 해킹에 의한 피해를 보전하기 위하여 보험에 가입하는 경우도 늘고 있다.[102] 예컨대 한국통신은 인터넷데이터 센터(IDC)에 입주한 업체가 해킹 등으로 정보가 훼손되거나 서버기능에 문제가 생기는 피해를 입었을 때 최고 20억 원을 지급하는 보험에 가입했다고 한다.[103]

해킹은 권한 없이 타인의 정보시스템에 무단으로 접속하는 것으로 타인의 시스템에 무단 접속하는 행위 자체가 위험성이 있는 것은 아니지만, 해킹이 무단접속으로 끝나는 것이 아니라 사생활 침해, 위변조, 손괴, 시스템교란 등 다른 정보범죄를 위한 수단이 된다는 점에서 처벌해야 할 필요성이 크다.

해킹기술은 갈수록 고도화되고, 정교해지고, 복잡해지고, 자동화되어 가고 있다. 사회 각 분야에서 정보시스템의 의존도가 심화되면서 이러한 해킹은 심각한 위협이 아닐 수 없다.[104]

---

101) 송광섭, "Internet 관련 범죄의 동향과 그 대책", 경호경비연구 2, 한국경호경비학회, 1999, 109면.
102) 정완, "시스템 침해사고(해킹)의 현실과 문제점", 형사정책연구소식 2000년 11/12월호.
103) 인터넷 한겨레, 2000년 7월 31일자 "[해킹] 한통 해킹보험가입" 기사 참조.
104) 우리나라에서는 해킹 자체와 해킹조장행위에 대해 처벌하는 법규정을 두고 있지 않은 상태이다. 현행법상 해킹에 대한 처벌규정으로는 정보통신망이용촉진에관한법률 제18조 정보통신망의 안전성확보조항과 제20조 정보통신망 서비스 제공자 및 이용자의 금지행위 및 형법 제316조제2항의 비밀침해죄, 제314조제2항의 업무방해죄 등을 통하여

하지만 이러한 해킹사고의 가장 근본적인 문제점은 시스템/네트워크 관리자의 부주의와 태만, 그리고 전문지식의 결여 등 대단히 사소한 것에서 시작한다. 국내의 해킹 피해시스템들을 분석하여 보면 대부분 가장 기본적인 것들에 신경을 쓰지 않는다는 것을 알 수 있다. 값비싼 보안장비를 도입하지 않더라도 필요한 네트워크 서비스만 운영하고, 주기적으로 보안버그에 대하여 대치를 하는 것만으로도 국내에서 발생되는 해킹사고의 절반 이상은 막을 수 있을 것이다.[105]

(2) 컴퓨터 바이러스

컴퓨터 바이러스는 생물학적 병원체와 같이 컴퓨터에서 컴퓨터로 옮겨 다니며 이용자의 시스템이나 소프트웨어를 교란하고 파괴하는 프로그램을 말하는 것으로 자기복사의 방법으로 증식한다. 프로그램의 실행순서를 바꾸거나 변형하고 삭제하여 컴퓨터가 정상적인 기능을 수행하지 못하게 하는데, 대개는 일정한 조건(명령어, 입력신호)이 부합되면 작동한다.[106]

(3) 개인정보유출

근래 들어서는 컴퓨터 통신이나 인터넷을 통해 상품이나 서비스를 판매하는 거래방식을 악용한 지능범행의 피해를 당하는 사례가 늘고 있다. 저질상품을 터무니없이 비싸게 구입하거나 대금만 송금하고 물건은 송달받지 못하거나 대금결제를 위해 알려준 신용카드

간접적으로 처벌할 수 있을 뿐이다.

105) 정현철, "국내침해사고 동향 및 현황", 제5회 정보보호심포지엄(2000.
　　 7.) 참조.
106) 송광섭, 전게논문, 106면.

정보가 위조카드에 입력되어 구입하지도 않은 물품대금을 청구당한 사례들이 부단히 보고되고 있다. 경품 혹은 무료여행권 당첨 등을 통보받고 카드번호와 비밀번호를 알려주었다가 봉변을 당하는 사례도 있다.

인터넷 이용에서 가장 많이 요구하는 개인정보는 성명, 전화번호, e-mail 주소, 주민등록번호, 직업, 연령 등의 순서이며, 그것 중에서 유출로 인해 심각한 문제를 야기할 수 있는 요소인 주민등록번호의 요구는 전체 약 59% 정도이며, 민간부문이 공공부문보다 주민등록번호를 많이 요구하는 것으로 약 78%로 조사되었다. 그리고 공공기관의 홈페이지는 시스템 관리자에게 의견표현과 문의하는 데 신원확인용으로 대부분(90.5%) 개인정보의 입력을 요구하고 있는 것으로 나타났다. 일정한 정보나 서비스 제공을 위한 조건으로 개인정보를 요구하는 경우(50.0%)이다.

행정기관에서 개인정보의 컴퓨터 처리가 진전됨에 따라 정부는 '공공기관의개인정보보호에관한법률'을 제정하여 행정기관이 개인정보 파일을 보유하는 경우는 사전에 행정자치부 장관에게 보유목적·기록항목·기록범위·수집방법 등을 통지할 것, 파일의 보관 및 정보의 정확성을 확보할 것, 컴퓨터로 처리된 정보는 보유기관의 내부에서 보유목적만으로 사용할 것, 행정기관 직원 등은 업무에 관해서 알게 된 개인정보에 대해 비밀 준수 의무를 지며, 누구나 자신에 관해 처리된 정보를 청구하고, 그 내용의 정정을 요구할 수 있다는 등을 규정하고 있다. 공권력에 의한 개인정보보호는 적법절차의 준수와 정보사용목적의 명료화, 개인정보관리와 감독 및 분쟁의 일원화 방안을 모색하지 않을 수 없게 되었다.

공공기관이 아닌 일반기업에서 업무상 취득한 개인정보 역시 행정기관 이상으로 규제하여 관리에 있어서 사생활 침해가 없어야 한다.

(4) 사이버테러

정보처리장치나 정보통신망을 이용하여 다른 사람의 생명, 신체, 재산에 해를 가할 것을 알리는 협박으로 심리적 불안을 조성하거나 이러한 행위를 수단으로 경제적 이득을 도모하는 이른바 '사이버테러(cyber terror)'의 피해가 심각하게 나타나고 있다.

초기에는 사이버테러에 이용되는 무기의 주종은 프로그램이 삽입된 '루틴(routine)'이 정한 논리적 조건이 구비되면 컴퓨터의 정보체계가 교란되게 만드는 논리폭탄(logic bomb)이 낮은 차원이었다. 그 다음 고출력전자총으로 컴퓨터 시스템을 못 쓰게 만들거나 동시에 수만 통의 전자우편을 송신하여 다른 사람의 정보처리장치를 과부하시켜 마비되게 만드는 전자편지폭탄(E-mail bomb) 등의 새로운 테러무기가 등장하여 선량한 네티즌들에게 막대한 피해를 안겨주고 있다.

정보통신수단을 악용하려는 이 사이버테러는 테러리스트들이 다른 테러수단이나 도구 등과 연계한 주도면밀한 공격으로 전쟁이나 재난수준 이상으로 공격을 가할 수 있는 여지가 많을 것으로 예상된다.

(5) 사이버 성폭력

가상공간의 음란물 문제도 심각성을 더해가고 있다. 불법으로 제작한 음란비디오 테이프와 몰래카메라로 촬영한 각종의 음란사진, 음란 영상물들이 컴퓨터 통신망을 통해 대량으로 유통되고 있다. 컴퓨터 통신망을 이용한 전자상거래가 음란물의 판매수단으로 악용되면서 정보사회를 선도하는 첨단기술들이 청소년의 정서를 해치고 퇴폐풍조를 부추기는 유해물로 전락하고 있다. 관계기관의 부단한 단속에도 불구하고 인터넷에 음란사이트를 운영하면서 선량한 국민의 성적 호기심을 자극하여 성범죄를 유발하거나 건전한 성질서를 어지럽히는 사례가 갈수록 증가하는 실정이다.

사이버 성폭력이란 인터넷, PC통신 등을 통하여 원하지 않는 성적 언어(외모나 성적 취향, 음담패설 등)나 이미지로 상대방에게 불쾌감 또는 위압감 등의 피해를 주는 행위를 말하며, 나아가 성적인 접근이나 제안을 명시적으로 제시하지 않더라도 성적인 은어나 암시로 상대방이 불쾌감을 느끼게 되는 경우도 사이버 성폭력이라고 할 수 있다.107)

1) 사이버음란물

사이버음란물은 사이버 공간에 올려진 음란물을 말하며, PC통신이나 홈페이지 게시판, 대화방, 동호회, 시설 BBS, 유료전화, 폰팅, 전화방, 이동전화 문자정보서비스 등을 이용하여 유통되는 것이 보통이다.108) 이러한 유통형태는 판매대상을 특정하지 않고 성인뿐 아니라 청소년에게도 무차별 판매한다. 또 이들 음란물의 제작과정에서 개인의 사생활을 침해하는 내용의 음란물 유통이 증가하고 있다.109)

이것에 의한 사생활 침해는 경우에 따라서 인명을 앗아가는 수준 이상으로 인간의 존엄과 가치를 말살하는 내용이 있을 수 있으므로

---

107) 정완, "사이버 성폭력의 실태와 대책", 형사정책연구소식 2000年 5/6월호.
108) 전기통신기본법 제48조의 2는 인터넷, PC통신 등 전기통신업무를 이용하여 음란한 부호, 문언, 음향, 또는 영상을 반포·판매 또는 임대하거나 공연히 전시한 자를 1년 이하의 징역 또는 1천만 원 이하의 벌금에 처하도록 규정하고 있다.
109) 사이버음란물의 규제에 대한 상세는 정완, "사이버 음란물의 유통과 규제" 형사정책연구 2000년 봄호 참조.

범죄예방을 위한 사전, 사후조치를 단호히 하여야 한다.

2) 사이버 성희롱

사이버 성희롱이란 PC통신이나 인터넷의 채팅코너에서 음란한 대화를 요청하거나 채팅 중에 갑자기 음란한 말을 함으로써 상대방으로 하여금 불쾌감과 모욕감을 느끼게 하는 행위를 말하며, 사이버 성폭력 중 가장 발생빈도가 높다. 쪽지(인스턴트 메시지)나 전자우편(e메일)을 통해 원하지 않는 음란한 글을 보내는 것도 성희롱에 해당한다.

최근에는 이동전화의 문자메시지 기능을 이용하는 경우도 흔하다. 이에 대한 효력 있는 법적 조치가 강구되어야 한다.

3) 사이버스토킹

사이버스토킹이란 사이버 공간을 이용한 스토킹을 말한다. 여기서 스토킹(stalking)[110]이란 말에 대해 제15대 국회에 제출된 바 있던 스토킹처벌에 관한 처벌특례법안 제2조에서는 "특정한 사람을 그 의사에 반하여 반복적으로 미행하거나 편지, 전화, 무선전송기, 컴퓨터통신 등을 통해 반복하여 일상적으로 말이나 글 또는 사진이나 그림을 전달함으로써 심각한 공포심이나 불안감을 유발하는 행위"라고 규정한 바 있다.[111]

---

110) 스토킹(stalking)이라는 용어를 적절한 우리말로 고쳐야 한다는 견해가 있다(1999년 8월 여성특별위원회 의견서: 1999년 11월 법제사법위원회 전문위원 검토보고서: 정완, "스토킹 범죄의 형사입법동향" 277면).

111) 미국의 캘리포니아 주법 제646. 9조에서는 "의도적이고 악의를 가지고 타인에 대해 반복적으로 치근대거나 괴롭히는 것(willfully, maliciously and repeatedly following and harassing of another person)"이라고 나타나 있다.

또한 사이버스토킹은 특정인의 개인정보를 **빼내** 온라인상에서 괴롭히는 것으로, 게시판에 마치 본인이 쓴 것처럼 특정인의 이름으로 글을 올리거나 특정인의 전화번호나 e메일 주소를 공개해 수많은 전화나 메일이 가도록 하는 행위를 말한다. 특정인의 e-mail ID로 수많은 메일을 보내는 등 사이버 활동을 방해하는 것도 스토킹에 해당한다. 사이버스토킹은 본래 의미의 성폭력은 아니지만 대부분 성폭력과 연관되어 발생하므로 사실상 성폭력과의 구별이 어렵다. 또한 사이버스토킹을 현실세계에서의 위해로 이어질 가능성이 많아 그 대책이 절실하다.

국내에서는 적어도 특정행위를 스토킹으로 규정하기 위해서는 다음의 3가지 요건이 필요하다는 견해가 있다.[112] 첫째, 상대방의 의사와는 전혀 관계없는 일방적 행위일 것, 둘째, 원하지 않는 일련의 접촉이 지속적, 반복적 의도를 가질 것, 셋째, 통상의 판단능력을 가진 사람이라면 누구나 자신 또는 가족의 생명, 신체의 안전위협을 느낄 만한 행동일 것[113]이 그것이다.

이러한 스토킹 행위는 구체적으로는 끈질긴 구애전화 또는 음란

---

112) 김은경, 정완, 정진수, "신종성폭력연구", 형사정책연구, 한국형사정책연구원, 2000, 190면.

113) 참고로 캘리포니아 민법전 제1708. 7조에서는 누구든지 원고가 모든 불법행위요건을 입증할 경우 스토킹행위(Stalking)에 대하여 책임이 있다고 하여, 이 경우 요구되는 원고가 느낀 '믿을 수 있는 위협(credible threats)'이란 "전기통신장치로 전달되거나 또는 일련의 행위 또는 구두, 서면 또는 전기통신에 의한 표현과 행위의 조합에 의하여 암시된 위협을 포함한 구두 또는 서면의 위협으로, 그 위협의 목표물이 되어 있는 사람에게 그 또는 그의 가까운 가족의 안전에 대하여 상당한 공포를 주기 위하여 위협을 전할 의도와 명백한 능력을 가지고 행한 것"을 의미한다. 여기서 '전기통신장치'는 전화, 휴대폰, 컴퓨터, 비디오, 팩시밀리, 또는 호출기를 포함하여 그것에 한정되지 않으며 여기서 '전기통신'은 연방법 제18장제2510조제12항에 정의된 용어와 같은 의미를 가진다고 규정되어 있다.

전화 등 전화폭력, 지속적인 따라다님, 집 또는 직장 앞에서 기다림, 껴안기 또는 치근거림, 선물공세 등으로 나타나며 나아가 신체적 폭행이나 감금을 가하는 경우도 있을 수 있다.[114]

4) 사이버명예훼손

이는 PC통신 또는 인터넷 홈페이지 게시판 등에 특정인의 사생활이나 허위사실을 올려 명예를 훼손하는 행위이며, 직접적인 성폭력이라고는 할 수 없지만 특정인의 신상이 공개되므로 그 피해가 직접적이고 치명적이다. 현행 형법상 처벌은 가능하지만 행위자 색출에 기술적인 어려움이 많다.[115]

5) 사이버 공간을 이용한 원조교제

많은 사회문제화되고 있는 원조교제는 사이버 공간을 그 출발점으로 하는 경우가 많다. 사이버 원조교제는 사이버 공간에서의 연결을 현실세계로 이어가는 경우인데, 사이버 공간에서의 만남을 법적으로 통제할 수는 없지만 이것이 현실적인 관계로 이어진 경우에는 청소년보호법이나 윤락행위방지법 등으로 처벌이 가능하다.[116]

사이버 성폭력은 직접적인 신체접촉이 없으므로 피해의 심각성을

---

114) 백광훈, "사이버스토킹과 그 처벌법규 및 문제점", 형사정책연구, 한국형사정책연구원, 2001.4, 172-174면.

115) 우리나라에서는 2000년도 하반기의 개정작업 끝에 2000년 11월 14일 국무회의에서 통과되어 2001년 1월 16일에 정보통신망이용촉진 등에 관한 법률의 개정법률인 정보통신이용촉진 및 정보보호등에관한법률(이하 정보통신망법이라고 부른다)이 공포됨으로써 사이버스토킹에 대응하는 처벌법규를 가지게 되었다. 더불어 현재 스토커처벌특례법안 등이 논의 중에 있다.

116) 이백수, "사이버 성폭력의 법적대책", 사이버 공간을 매개로 한 성폭력 심포지엄, 2000, 27면.

간과하기 쉽다. 비록 가상공간에서 행해지지만 그 피해가 지속적이기 때문에 결코 소홀이 대처할 수 없는 상황이다. 근본적으로는 이에 대한 정부차원의 대책이 있어야 할 것이나 현 단계에서는 시민단체가 주도하는 사이버 공간에 대한 인식전환 운동이 법적 규제에 앞서 큰 효과를 얻을 수 있을 것이다.[117]

한편 이 밖에도 사이버 성폭력 신고센터의 운영과 관련하여 사이버 성폭력 피해자가 겪는 고통과 불편에 비해 가해자는 별로 죄책감을 갖지 않는 경우가 많으므로 피해 신고센터의 기능을 현재보다 더욱 강화할 필요가 있고, 나아가 비윤리적 행위가 발생한 경우 즉각적으로 대처하기 위해서는 통신매체들의 약관내용을 강화하고, 경찰청 사이버 범죄 수사대의 수사영역을 확대하는 한편 국제감시단과 공동 네트워크를 구성하고, 예방교육 및 홍보활동을 강화하는 등 다양한 활동이 적극 요청된다.[118]

Ⅲ. 사이버전의 실태와 대책

정보통신분야의 급속한 발전과 함께 오늘날의 국제사회는 엄청난 변화를 겪고 있다. 미래학자 앨빈 토플러(Alvin Toffler)는 이러한 변화의 양상을 '제3의 물결(The Third Wave)'로 표현하고 있다. 토플러는 이미 수십 년 전에 그러한 변화를 예측했으며, 그가 예상했던바 오늘날의 사회변화 양상을 우리는 '정보혁명(information revolution)'이라고 칭한다.[119]

---

117) 이백수, 상게논문, 86면.
118) 이경화, "사이버성폭력피해신고센터 사례보고", 주최, 2000, 12면.
119) 전웅, "가상정보전의 실태와 대책" 국제정치연구, 한국국제정치학회, 2000, 1면.

이 정보혁명이 진전되면서 다양한 형태의 부작용이 발생하고 있는데, 사이버 공간이 갖는 익명성과 무책임성이 증대되면서 사회적 문제점으로 대두되고 있다. 그것은 사생활 정보유출, 음란물 유포 등의 개인 간의 문제에서부터 통신망 파괴행위, 컴퓨터망 교란, 전자폭탄 등을 이용한 국가기반구조의 무력화 내지는 파괴로 막대한 경제적 손실을 일으킬 정보전을 예고한다.

또한 컴퓨터의 폭발적인 보급 결과에 의하여 정보의 내용과 소재에 관계없이 누구나 손쉽게 인터넷상에 수많은 정보를 올리고 내리는 것이 가능하게 되어 이를 일일이 확인하고 관리하는 것이 현실적으로 불가능하다. 이에 따라 폭력, 외설, 범죄, 지적 소유권 침해, 개인정보, 프라이버시에 대한 침해 등 불건전 정보의 유통이 용이하게 된다. 인터넷과 같은 가상공간(cyber space)에서 발생하는 정보시스템 범죄의 특징은 발생시 대규모적인 피해를 유발할 뿐만 아니라 전문적 기술을 이용한 범죄이므로 범죄적발과 입증이 어렵고, 사이버스페이스로 인한 공간의 무제약성 등으로 인해 반복성의 특징이 있다.

인터넷상에서 발생하는 제 문제, 즉 외설적·폭력적 표현, 명예훼손, 저작권침해, 프라이버시 침해, 통신비밀의 침해 그리고 이러한 행위에 대한 분쟁처리기구와 분쟁처리방법 등에 관하여 적절한 법적·제도적 대책의 수립이 긴밀한 과제로 대두되고 있다.

사이버공격이 전쟁무기화되어 국가안보를 위협하는 요인으로 부각되면서 미국을 비롯한 선진국들은 이에 대한 대응책을 강구하고 있다. 사이버테러 차단기술 개발 및 법·제도 정비를 강화하는 한편, 사이버 범죄에 대응한 국제공조 체제 구축을 위한 노력이 시도되고 있다.[120]

---

120) 전웅, 상게논문, 2면.

우리나라에서 인터넷과 관련하여 중요한 범죄로 거론되고 있는 것은 해킹, 바이러스, 음란물, 도박, 사이버스토킹 등이다. 이러한 유형 중 이미 해킹, 바이러스, 음란물에 대한 정도는 위험 수위를 훨씬 넘어선 것으로 보이고 있다.[121]

컴퓨터 범죄는 전문적·지능적으로 이루어지기 때문에 범행의 포착이 어렵다. 따라서 그 대책이 치밀하지 않으면 성과를 거두기 어렵기 때문에 이를 막기 위해서는 다각적이고 종합적인 대책이 강구되어야 한다. 그러나 범죄란 항상 대책을 앞서가기 때문에 어떻게 보면 컴퓨터 범죄대책은 성질상 궁극적인 것이 될 수 없다고 할 수 있다.

1. 정보전의 개념

오늘날의 미국, 일본, 유럽 등 세계 주요국가들은 국가통신기반구조(NII, National Information Infrastructure)구축을 위하여 초고속 정보통신망을 구축하는 등 고도의 정보화 사회 진입을 위하여 노력하고 있다. 여기서 정보통신기반구조란 기능을 발휘하지 못하거나 파괴할 경우 국가의 안전보장은 물론 국가경제 및 개개인의 삶에 이르기까지 지대한 영향을 미칠 수 있는 국가의 핵심적인 기반구조를 의미한다.

국가통신기반구조는 국방과 같은 전통적인 군사적 목적 이외에 정보통신 시스템으로, 전력, 가스 및 석유 등의 에너지 시스템, 금융 시스템, 육상운송, 해상운송, 항공교통, 영공관리시스템을 포함하는 운송시스템, 급수체계, 전자정부, 응급서비스 등을 포함하는 정부 서비스 등 국가 기능유지를 위해 모든 영역에 걸쳐 구축되어 있

---

121) 송광섭, 전게논문, 100-101면.

다.[122] 이러한 정보통신기반구조는 운영체계의 효율성을 극대화하기 위해 중앙 통제화되는 경향이 있다. 또한, 전 사회에 걸쳐 광범위하게 연결하고 있어 정보시스템에 대한 의존도가 점차 증가하는 추세이다.

이에 따라 정보통신기반구조를 안전하게 보호하는 데 있어서 여러 가지 문제점이 발생하게 된다. 여태까지 국방, 외교 등 기존의 정보보안구조는 특수한 분야에 제한하여 폐쇄적으로 운용되어 왔기 때문에 비교적 안전하게 비밀유지를 할 수 있었다.

그런데 근래 정보통신 기반구조가 정보통신, 전력, 금융시스템 등 사회 전 분야에 걸쳐 확산됨으로써 정보보안의 취약성이 점차 커지고 파괴나 고의적인 공격의 가능성이 높아졌다.[123] 특히, 국가정보통신 기반구조는 전자정보의 폭넓은 사용과 접근을 가능하게 하는 고속통신망, 데이터베이스 및 첨단 컴퓨터 시스템으로 구성되며, 대체로 민간부문에 의하여 설계, 구축, 소유, 운영 및 사용되고 있다. 이에 따라 외교, 국방 등 엄격히 비밀보안을 유지해왔던 기존의 보안정보구조에 비해 근래의 국가정보통신 기반구조는 개방적이며 상대적으로 접근이 용이해서 가상공간에서 활동하는 해커들의 공격에 취약하다. 해커들은 공간에 제약을 받지 않고 자신의 신분을 노출시키지 않으면서 비밀 또는 민감한 데이터를 쉽게 획득할 수 있을 뿐만 아니라 국가정보통신 기반 전부를 파괴 또는 마비시킬 수도 있다. 어쨌든 정보통신 기반구조가 기능을 발휘하지 못하거나 파괴될 경우 국가의 안전보장은 물론 국가 경제기반이 심각한 위험에 빠지게 된다.[124]

---

122) 한국정보보호센터, "통신망 정보보호 대책연구", 최종연구개발 보고서, 1999, 17면.
123) 한국정보보호센터, "정보보증: 법, 규정·정책 및 조직적 고려사항", 주요기반구조보호정책자료, 99－2(1999. 6.), 13면.
124) 전웅, 전게논문, 4면.

정보전을 미국 합참에서는 "정보시스템에 대해 적대국이 훼손 및 파괴하려는 행위를 방지하여 정보체계의 정상적인 운용을 유지하고, 나아가 적대국의 정보시스템을 훼손 및 파괴하여 군사력을 전개함에 있어서 상대적인 우위를 선점하기 위한 활동들을 포함한다."고 설명하면서 전쟁의 한 방편으로서, 그 자체가 전쟁임을 강조하고 있다. 이것은 정보전이 "해커, 범죄조직, 또는 적국의 물리적 및 논리적인 공격으로부터 자국의 주요 정보통신기반구조를 보호하는 한편 필요시 적국의 주요 기반구조를 공격하여 상대적 우위를 선점하기 위한 방어 및 공격행동을 의미"125)로 볼 수 있다.

정보전은 역사이래 인간이 치렀던 과거의 일반적인 전쟁과는 여러 가지 면에서 다르다. 첫째, 과거의 전쟁이 소총, 대포, 포탄 등 물리적인 수단을 활용하여 건물이나 교량파괴 및 인구를 살상하는 방식으로 치러진 데 반하여, 미래 전쟁은 정보전의 양상을 띠고 기존의 재래식 공격무기에 추가하여 컴퓨터 바이러스, 해킹, 전자우편 폭탄, 고출력 전자파 총, 논리폭탄 등 새로운 무기를 활용하여 건물이나 인구의 살상뿐만 아니라 상대방 국가의 정보시스템 및 정보통신망을 마비시키는 활동을 수반하게 될 것이다.126)

둘째, 과거의 전쟁이 적과 우군의 구별이 확실하고 특정지역에 대해 피해가 국한되는 데 반하여, 정보전은 침해 시 국가기능이 총체적으로 마비되는 등 엄청난 피해가 발생되는데도 불구하고 적군 또는 침입자를 확인하기 곤란하고 심지어 침해된 사실조차 모르는 경우가 허다하다. 셋째, 재래식 전쟁이 일정한 전투공간에서 이루어지는 반면, 정보전은 정보공간에서 이루어진다는 점이다. 특별한 공간이 가능하며 통신망 전체를 차단하지 않는 한 예방이 어렵기 때문에 전투공간이 무한정하다고 볼 수 있다.127) 넷째, 재래식 전쟁은

---

125) 한국정보보호센터, "가상정보전(Cyber－War)대응계획", 1986, 2면.
126) 전웅, 전게논문, 4면.

전쟁개시에 앞서 사전경고 또는 선전포고를 하며, 전투준비태세로부터 공격에 이르기까지 상당한 시간이 소요되나 정보전은 은밀한 공간에서 단순히 컴퓨터 조작만으로 공격이 가능하기 때문에 사전 예측이 불가능하다는 점이다. 마지막으로 정보전은 컴퓨터 단말기 조작으로 간단하게 공격할 수 있기 때문에 최소의 노력과 금전적 투자로 테러효과를 극대화할 수 있다. 예를 들면 해커의 침투로 인해 전력, 통신, 금융망 마비, 컴퓨터망을 이용한 전자상 거래 혼란, 철도, 항공, 군사장비 시스템 파괴 등이 발생할 경우 사회적으로 엄청난 혼란과 경제적으로 막대한 손실을 초래할 수 있다.[128] 따라서 정보전은 사전예측이 불가능하고, 전쟁지역이 광범위하며 그 피해가 큰 특성을 갖고 있으므로 지속적이고 선행적인 첨단기술에 의한 전쟁억제 및 대응력으로 대비하여야 할 것이다.

2. 정보전의 유형

(1) 방어적 정보전

가상공간에서의 해킹, 컴퓨터 논리폭탄, 초강력 전자파 발생기 등과 같은 새로운 전자적 공격방법에 대응하여 자신의 정보자산을 포함한 국가의 정보통신기반을 보호하기 위한 행위를 말한다.[129]

---

127) George J. Temet, 상원 정부위원회 중언 "사이버 공격에 대한 미국 CIA의 평가 및 대책" 1998. 6. 24.
128) 전웅, 전게논문, 4면.
129) Edward Waltz, Information Warfare Primc: Principles and operation S C Boston: Trtech House, Inc, 1988, pp.251-356.

118

(2) 공격적 정보전

해킹, 컴퓨터 논리폭탄. 초강력전자파 발생기 등을 이용하여 적국
의 정보통신기반을 무력화함으로써 국가 사회적으로 혼란을 야기하
는 행위를 말한다.

(3) 수행하는 주체에 의한 분류[130]

1) 개인적 정보전

해커, 컴퓨터 범죄자 등이 주로 금전획득이나 영웅심 획득을 목
적으로 민간시설망이나 공중통신망에 대해 컴퓨터 바이러스를 유포
시키거나 해킹을 통한 메일폭탄, 홈페이지 변조, 패스워드 유출 등
을 통한 민간사설망이나 공중통신기반을 침해하는 행위를 말한다.

2) 조직적 정보전

산업스파이, 테러리스트, 조직화된 범죄집단 등이 이익달성이나
정치적 목적을 위해 상대방의 정보통신기반을 침해하여 사회 및 경
제적 혼란을 야기하는 행위를 말한다.

3) 국가적 정보전

국가가 주체가 되어 정보전전사(information Warrior) 등이 전자
적 무기 등을 이용하여 적국의 정보통신기반을 파괴하고 국가사회
의 활동능력을 마비시키는 것을 의미한다.

이러한 정보전의 양상은 개인적 정보전, 조직적 정보전, 국가적

---

130) 전웅, 전게논문, 19면.

정보전이 별도로 이루어질 수도 있으나 복합적 또는 다각적으로 전개될 수가 있다. 아직까지는 개인적 정보전에서 조직적 정보전으로 이동하는 상태이나 점점 국가적 정보전으로 확대될 것으로 전망할 수 있다.

Ⅳ. 사이버 안전대책과 사생활 침해의 상충과 조화

1. 사이버 공간에서 사생활 보호

사이버 공간에서 개인정보가 자신도 모르는 사이에 부당한 목적으로 이용되고 잘못된 정보가 유통되는 경우에 국민의 사생활은 불안감으로 안정된 생활을 할 수 없다. 헌법 제17조에 "모든 국민은 사생활의 비밀을 침해받지 아니한다." 하여 개개인의 합의된 의사가 없이 사생활을 어떤 방법에 의해서라도 침해할 수 없음을 천명하고 있다.

가상공간에서 인터넷이나 통신기기에 의한 도청이나 자료입수 등은 헌법 제18조에 명시된 "모든 국민은 통신의 비밀을 침해받지 아니한다."는 규정에 절대 위배되는 것으로 이에 대한 법적 보완은 물론이고 기술적 접근에 의한 방안이 모색되어야 한다. 또한, 정보전에 대비한 국가기반구조의 확대로 인한 국가정보통신기술의 보안조치와 활동으로 인해 사생활 침해의 가능성이 의혹으로 제기되고 있고 정보통신의 발달이 인간의 존엄과 가치를 존중하는 기본적 인권에 대한 일탈현상으로 방치되지 않도록 기본권의 성격과 방향에 대해서 정립하고 세부적인 보호대책을 강구하여야 할 것이다.

기술과 법제도의 융합에 의해서 생성 및 발전하고 있는 가상공간의 네트워크는 보안문제의 취약성이 가장 많이 지적되고 있다. 이는 정보통신 인프라의 보급에 있어서 중대한 장애요소로 대두되고 있다.[131)

(1) 사이버페이스와 프라이버시권

가상공간에서 법의 본질과 역할에 있어서 새로운 사태를 예고하고 가상공간의 법에 대해서 미치는 장기적 영향력은 시간보다는 공간개념에 더 초점을 두고 있다. 컴퓨터와 인터넷과 같은 글로벌 통신네트워크에 의해서 형성된 가상공간은 사람들 간의 새로운 관계를 형성하고, 물리적 공간제약을 해소하는 공간축소의 메커니즘으로 기능하고 있다.[132) 가상공간에서 기존의 규제와 함께 새로운 법적 권리와 규제수단의 고려가 요구되는바 가상공간의 헌법적 의의에 관해서 몇 가지 중요한 사항을 검토하여야 한다.

첫째, 인터넷을 이용한 가상공간에서는 생활에 유익한 모든 정보를 실시간으로 제공하고, 특히 디지털 도서와 문화향유, 가상교육과 원격진료 그리고 온라인에 의한 전자소비자 거래 등을 통해서 삶의 질을 향상시키는 이점을 기대할 수 있다.[133)

둘째, 컴퓨터 네트워크의 중심인 인터넷은 개방성, 실시간성, 네트워크성, 탈국경성, 멀티미디어의 특성에 따라서 다양한 거래가 가능할 뿐만 아니라 개인적인 차원에서 세계적인 규모로 정보발신이 가능하다.[134)

---

131) 정영화, "전자상거래와 개인정보 보호", 경희대 국제법무 학술세미나 자료집, 2000. 10. 31., 27면.
132) 정영화(법 제9조제1항), "정보사회의 입법정책에 관한 법 경제학적 연구", 한국의회발전 연구회 연구보고서, 1999. 6면.
133) 정영화, "전자정부에서의 공공정보의 접근 및 유통에 관한 법 정책론 연구", 공법연구(제27권 2호), 한국 공법학회, 284면.

셋째, 가상공간의 발생으로 인해서 종래 헌법상의 프라이버시의 보호범위가 확대되고, 또한 그 침해수단이 다양한 형태로 나타났기 때문에 종래의 프라이버시권의 재검토가 필요하다.[135]

(2) 사이버페이스와 불온통신 규제

사이버페이스에서의 불온통신의 규제는 국민의 정신세계의 안전을 보장하여야 하는 측면에서 지적 재산권의 침해행위, 포르노그래피의 유통, 명예훼손행위, 프라이버시 침해행위 등 반사회적이고 권리 침해적 행위를 문제화한다.

'불온통신'이라 함은 "공공의 안녕 질서 또는 미풍양속을 해하는 내용의 통신"을 의미한다(전기통신사업법 제53조제1항). 그리고 전기통신사업법 제53조제2항은 다시 공공의 안녕 질서 또는 미풍양속을 해하는 것으로 인정되는 통신의 대상을 대통령령에 위임하고 있는바, 전기통신사업법 시행령 제16조는 구체적 내용으로, 세 가지 유형의 불온통신을 규정하고 있다. 즉 "첫째, 범죄행위를 목적으로 하거나 범죄행위를 교사하는 내용의 전기통신 둘째, 반국가적 행위의 수행을 목적으로 하는 내용의 전기통신 셋째, 선량한 풍속 기타 사회질서를 해하는 내용의 전기통신"이 바로 그것이다.[136]

2. 사이버전 대책

사이버 공간에서의 테러 즉 디지털 테러에 대한 우려는 1990년대

---

134) 정영화, 전자상거래법(e - 비즈니스), 다산출판사, 2000, 5면.

135) 정영화, 전게논문, 2000. 10., 53면.

136) 황성기, "사이버페이스와 불온통신 규제", 헌법학연구(제6권 제3호), 한국 헌법학회, 2000, 156면.

중반에 이미 시작되었으며 2001년 4월 미국 정찰기 충돌사고로 촉발된 미국과 중국 간 사이버 전쟁이 가장 최근의 사례이다. 4월 말부터 미 정부기관 웹사이트들이 중국 해커들의 집중 공격을 받으면서 국방부는 컴퓨터 시스템 비상경계령 '인포콘 알파'를 발동하기도 했다. 미 연방수사국(FBI)에 따르면 국방부 전산망 해킹 횟수는 95년 559건에서 99년에는 1만 3000여 건으로 5년 새 20배 이상 증가했다. 미 중앙정보국(CIA)의 한 고위관리는 사이버 공격의 위력을 핵무기에 비유하기도 했다.[137]

사이버 범죄의 구체적 수법들은 전쟁상황에서 극명하게 드러난다. 이른바 '사이버전쟁'은 선전포고도 총성도 전선도 따로 없는 새로운 형태의 전쟁개념이다. 크루즈 미사일이나 전투기를 동원하는 재래식 전쟁과 달리, 전 세계를 거미줄처럼 잇고 있는 컴퓨터 통신망이 바로 전쟁터이다. 사이버전쟁에선 강력한 컴퓨터 바이러스를 퍼뜨리거나 역정보를 흘려 대공포 등 적의 물리적 공격을 무력화시키고 비행기의 이착륙과 선박의 입출항을 통제 불능 상태에 빠뜨릴 수도 있다. 전력이나 교통 등 사회기반 시설과 관리 전산망 체계를 조작해 후방을 교란하고 민심을 불안하게 만들 수도 있다. 이러한 군사적 비중 때문에 미국을 비롯한 세계 각국은 단순히 사이버 공간에서의 방어는 물론이고, 막강한 공격력을 갖춘 사이버특수부대를 보유하고 있다.

종전 러시아 해커들이 1999년 1월부터 약 6개월 동안 미국의 핵유도시스템과 해군 정보코드 등에 관한 군사비밀을 훔친 사실이 적발되었는데, 이 러시아 해커들은 '달빛 미로'라는 작전명으로 미국의 주요 컴퓨터 전산망에 침입하여 군사기술을 조직적으로 훔쳐왔다고 한다.

---

137) 동아일보 2001년 11월 19일자.

러시아 해커들의 잠입 사실은 올해 초 텍사스 주 샌 안토니오 인근의 한 군사컴퓨터에 인터넷을 통해 들어온 해커들이 새로운 수법으로 수일간 정보를 검색한 사실이 적발되면서 드러났다. 이후 워싱턴의 국방부 컴퓨터 등 각지에 흩어져 있는 군사시설이 수십 건의 해킹을 당했을 뿐 아니라, 미 해군의 정보코드를 보호하기 위하여 설립된 캘리포니아 州 샌디에이고의 '우주해군 전쟁시스템 지휘부(Spawar)'도 해커의 침입을 받았다고 한다.

중국계 핵물리학자가 미국의 핵기술을 모국으로 유출시킨 사건에 이어 이 같은 사실이 밝혀지자 미국의 정보관계자들은 '사이버전쟁'에 대한 대비를 서두르고 있다고 전해진다.[138]

앨빈 토플러(Alvin Toffler)는 최근의 저서 「전쟁과 반전쟁」에서 걸프전을 제2의 물결과 제3의 물결이 충돌한 최초의 전쟁이라 주장하면서 제2물결시대의 산업화 군대인 이라크 군이 제3의 물결의 정보화 군대로 무장한 미국에게 패할 수밖에 없었다고 설명했다.[139]

걸프전에서 미 해군은 전자기 탄두(전자 공격무기의 일종)를 장착한 미사일을 사용하여 이라크 남부 국경에 있는 방공망을 마비 및 파괴시키는 활동을 전개한 바 있다. 특히, 걸프전 사막의 폭풍 작전 시 연합군은 이라크의 국가정보기반 구조를 파괴시킴으로써 이라크는 전쟁 초기부터 대응력을 크게 상실했다. 또한 미국은 걸프전 당시 전쟁개시 10일 전에 이라크 방공정보시스템과 연결된 프린터 부품용 칩에 컴퓨터 바이러스를 내장시켰다고 한다. 이 컴퓨터의 바이러스는 연합군 전폭기가 바그다드를 폭격하는 시간에 활동하기 시작하여 이라크 방공망을 마비시켰다. 결국 컴퓨터로 운용되어야 할 이라크군의 대공화기는 손으로 조작해야 했기 때문에 정확성이 떨

---

138) 정완, 국가안보 위해 요인으로서의 사이버 범죄, 2001. 1., 27면.
139) Alvin Toffler, Heidi Toffler 공저, 이규행 감역, 전쟁과 반전쟁: 21세기 출발점에서의 생존전략, 한국경제신문사, 1994, 97-99면.

어졌고, 미국 공군을 비롯하여 연합군 비행기의 손실이 적은 것은 바로 그 때문이었다고 한다. 이후 걸프전 외에 아직 국가 차원에서의 정보전이 본격적으로 전개되지는 않고 있지만, 중국의 바이러스 부대의 창설 등과 같이 타 국가의 정보기관 및 정보전 전사에 의한 국가적 정보전 위협이 점차 증가될 것으로 예상된다.[140)

개인적인 정보전은 비록 조직적 정보전이나 국가적 정보전에 비해 동기가 미약하기는 하지만 때로 국가안보정책에서 치명적인 영향을 미칠 수 있다는 점에서 중요하게 취급되어야 할 것이다.

특히 국가의 군사비밀자료를 파괴 또는 변조시킴으로써 국가안보정책에 중대한 차질을 빚을 수 있겠다. 1995년 무렵 16세의 영국 컴퓨터 해커가 미국 국방성 전산망에 7개월간이나 발각되지 않은 채 침투했던 것으로 나타났다.[141)

한편, 국제범죄 집단이나 사이버 테러리스트에 의한 조직적 정보전 위협 역시 국가에서 빈번하게 발생하고 있으며, 점차 전 세계적으로 확산될 조짐을 보이고 있다. 조직적, 대표적인 사례로는 1994년 8월경 국제범죄 집단이 미국 시티뱅크 정보시스템에 침입하여 약 120만 불의 불법 계좌이체를 시도한 사건을 들 수 있다.[142)

3. 각국의 정보전 대응체제

미래의 전쟁은 총이나 폭약이 아닌, 바이러스와 해킹 공격 등으로 서로 싸우는 정보전이 될지도 모르겠다는 조사결과가 나왔다. 향

---

140) 전웅, 전게논문, 2000, 10면.
141) Tim Kelsey, "Teen Hacks Top – Secret U·S. Computer: British Boy Posted Military Information on Internet", The Ottawa, January. 3, 1995, p.11.
142) 전웅, 전게논문, 2000, 9면, 11면.

후 미국은 새로운 부류의 인터넷 테러리스트, 범죄자들, 그리고 국가나 주를 상대로 싸우는 사람들과 직면하게 될 것이고, 이들은 비행기나 탱크를 사용하여 전쟁을 하는 대신에, 컴퓨터 바이러스와 로직 폭탄을 가지고 공격을 시작할 것이라고 보고하였고 중대하게 지적하고 있다.

CIA의 국가보안부서에서 만든 보고서에서는, "중요한 전자적인 인프라스트럭처에 대한 보호와 정보전쟁에 대해 간단하게 언급하고는 있지만, 전 세계에 널리 퍼져 있는 적대적인 관계의 국가들이, 미국 내의 사기업 기반구조를 마비시킬 수 있는 기구를 개발하는 데 총력을 기울이고 있다."고 경고하고 있다. 이미 많은 나라에서 이와 같은 기술을 개발하는 프로그램을 가동 중에 있으며, 향후 10년 안에는 이러한 기능들이 개발될 것이라고 국가안보부서에서는 말하고 있다.

워싱턴에 있는 국제전략연구센터에서 만든 보고서에서는 한 걸음 더 나가 있는데, 여기서 주장하는 것은, "인터넷을 교란시킬 수 있는 능력을 가진 젊은 사람들의 지지를 받아서 가능한, 사이버 무기 제조 경쟁과 테러리스트 그룹의 출현 등을 예고하고 미국, 러시아, 중국, 프랑스, 그리고 이스라엘은 사이버 무기를 개발하여, 앞으로 일어날지도 모르는 사이버 전쟁을 대비하고 있다."고 국제전략연구센터는 말하고 있다.

특별히 중국이 위험하다고 전문가들은 지적하고 있는데, 그 이유는 제약이 없는 전자전쟁을 위한 전략을 개발했기 때문이라고 주장하고 있다. 관계자들의 말에 따르면, 중요한 기반구조가 미래의 공격대상이 될 수 있다고 강조하고 있다. 중국은 인구가 많기 때문에, 중국에 있는 모든 사람들이 전자우편을 한 통씩만 보내도 서비스가 마비될 수 있으며, 해커기구도 쉽게 인터넷상에서 퍼뜨릴 수 있다고, 전직 군사정보장교는 지적하고 있다.

정보사회의 도래와 함께 국가안보의 기존 패러다임은 변화될 필요성이 대두되고 있다. 정보통신혁명이 진전됨에 따라서 국제정치의 기존 패러다임인 '지리의 정치'로부터 '시간의 정치'에로의 대전환을 예고하고 있다.

즉 정보혁명은 국가와 국가를 지리적으로 분리시키는 국경선, 지리적 원격으로 인한 국가들 간의 행위와 반응 사이의 간격을 시간적으로 극복함으로써, 전통적으로 국제관계를 특징짓는 지리의 정치를 종국적으로 퇴색시키는 결과를 가져오고 있다.

세계가 과거 군사적인 외형적 파괴력의 경쟁시대에서 정보기술의 경쟁시대로 전환하면서 겉으로는 인류의 평화와 인권을 존중하는 듯하지만 자국의 이익을 위한 욕망이 드러나지 않는 정보전으로 전환되고 있는 추세이다. 이는 또 다른 세계인권의 개념을 생각하게 하고 진정한 의미의 인권을 제한하는 변화로서 헌법적, 국제법적인 인간의 자유와 권리 및 인간의 존엄과 가치를 위한 정보전 제한이 선행되어야 할 것이다.

(1) 미국의 정보전 대응체제

가장 치밀한 대응체제를 마련하고 있는 것으로 알려져 있다. 컴퓨터 보안법(Computer Security Act of 1987), 문서작업 감축법(Paperwork Reduction Act of 1995), 통신법(Tekecommunication Act of 1996), 국가 정보기반보호법 등 정보전 대비 관련법을 꾸준히 정비 중에 있다.[143]

또한 정보전 임무수행을 위해 각종 제도 및 기구들을 마련해 두고 있다. 예를 들어, 1995년 6월 대통령특별명령 39호(PDD 39)

---

143) 전웅, 전게논문, 2000, 15면.

"테러대응정책"이 발표되었고 1996년 7월 15일 미 백악관은 행정명령 EO13010(Executive Order 13010, Critical Infrastructure Protection)을 통해 주요기반구조로 대통령위원회(Pccip, President Commission on Critical Infrastructure Protection)를 설립하였다.[144] 이 기구는 대통령 산하기관으로써 물리적 및 사이버위협으로부터 주요기반구조를 보호하기 위한 목적으로 설립되었다. 이어서 1996년 11월에는 국방부 산하 국방과학위원회(DSB, Defense Science Board)에 정보전 방어팀(IW−D, Information Warfare−Defense)을 설치하여 정보전에 본격 대응할 수 있는 태세를 갖추었다.

한편, 미국은 21세기 미래전쟁은 정보전의 양상으로 변화될 것이라는 전제하에 정보전 대응체제를 갖추기 위해 년간 수십 억 달러의 예산을 투입하고 있는 것으로 알려졌다.

예를 들어, 1999년 1월 21일 클린턴 미 대통령은 국립과학원(National Academy of Science)에서 21세기의 위협이라 불리는 생화학전과 컴퓨터전을 미래 국가안보위협의 주 요소로 간주하여 2000년에 28억 불의 예산을 투입할 계획을 발표했다. 이러한 예산을 투입하여 미국은 컴퓨터 시스템 붕괴 및 위협행위에 대응하여 주요 컴퓨터가 공격당할 경우 즉각적인 경보, 공격형태 확인 및 방지방법 제공, 민·관 협력차원에서 컴퓨터 취약점 및 위협정보 등을 서로 공유하기 위한 정보공유·분석센터 설립, 정보전 대비 보안전문가를 육성하여 사이버 군단(Cyber Corps)설립 등을 목표로 하고 있다.

---

144) Executive Order 13010−Critical Infrastructure Protection, July 15, 1996.

(2) 중국의 정보전 대응체제

홍콩 스탠더드지 보도에 따르면 중국 인민해방군(PLA)은 유사시 미국을 비롯한 서방국가들에 대해 사이버 공격을 감행하겠다는 계획을 밝혔다고 한다. 또한 중국 인민해방군의 최근 보고서 "On Commanding War Fighting Under High−tech Conditions"에서 '비대칭 전쟁'[145)의 개념을 언급하였는바, 이에 대해 미 태평양사령부의 한 고위층은 중국 인민해방군이 이미 레이저 기반 위성공격무기, 전략 및 전술용 미사일, 특히 정보전 기술 개발에 심혈을 기울이고 있다고 증언했다.

(3) 일본의 정보전 대응체제

일본에서는 경찰청을 중심으로 관련부서들이 사이버 테러에 대처하기 위해 제반 노력을 기울이고 있다. 정부전산망 및 산업시설에 대한 사이버 테러리즘의 위협이 증가함에 따라 일본 경찰청에서는 다른 국가의 사례 및 테러조직의 동향, 대응체제 및 각종 보호대책의 조사분석 등을 통해 사이버테러에 대한 대책을 강구하고 있다. 일본 경찰청은 1998년 6월 하이테크 범죄 대책을 중점 추진하기 위한 국제센터를 설립하였고, 산업계와 제휴를 통해, 관계기관의 정보교환, 조사연구 추진 등을 내용으로 하는 계획서로서 "Awareness of Counter Cyber Terrorism and Other High−Tech−Crime 2000"을 발표하였다.

---

145) 핵, 생화학무기, 사이버공격 등으로 적의 중요시스템을 목표로 집중공격하여 전통적인 전투를 최소화하고 적을 굴복시키는 전략.

(4) 러시아의 정보전 대응체제

걸프전 이후 가상정보전의 중요성을 인식하고 이에 대한 연구를 본격적으로 수행하고 있는 것으로 알려졌다.

(5) 영국의 정보전 대응체제

정보보안기관인 CESG(Communications Electronics Security Group) 주관으로 정부기관의 정보보안 관련 책임자와 정보통신 관련 주요 민간기업 간의 비공개 회의에서 정부가 정보전에 관심을 표방하였다.

(6) 독일, 프랑스 등 유럽국가의 정보전 대응체제

나토-유고전에서 펼쳐졌던 정보전쟁을 교훈삼아 사이버 특수부대 창설 및 전력강화에 더욱 노력을 기울이고 있는 것으로 알려졌다.

(7) 한국의 정보전 대응체제

국방부는 2000년 3월 대통령 업무보고에서 2015년까지 3단계로 나눠 국방정보화 단계별 목표를 설정하고 우선 정보조직 통폐합과 온라인 정보통신망을 구축해 사이버 전쟁에 대비하겠다는 계획을 밝혔다.[146] 1999년 말까지 일종의 사이버 특수부대인 '해커대응부대'를 창설한다는 구상도 제시되었다. 이제 우리나라도 가상정보전에 본격적으로 진입하게 되었음을 의미한다. 국방부의 설명에 따르면 해커부대의 임무는 국방정보망을 방어하고 유하였 상대방의 정

---

146) 한겨레신문, 1999년 5월 3일자.

보시스템을 교란·파괴하는 것이라고 한다. 특히 국방부의 한 관계자는 "21세기 전쟁의 승패는 컴퓨터 등 첨단장비를 얼마나 잘 다루느냐에 달려 있다."며, "국가안보의 핵심인 국방정보망에 대한 방호벽을 쌓으려면 침입자보다 훨씬 뛰어난 실력을 갖춘 해커가 필요하다."고 밝힌 바 있다.

현재 국방부의 전산망은 비교적 안전하다고 본다. 군 관계자들에 따르면 국방부의 정보통신시스템이 미국처럼 인터넷망으로 깔려 있는 것이 아니라 자체 내에서만 활용할 수 있도록 폐쇄적으로 운영되고 있어 가상적군에 의한 해킹 가능성은 거의 없다고 한다.

그러나 군도 인터넷과 PC통신망 활용이 불가피해질 것으로 예상된다. 특히, 국방부는 2005년 완성을 목표로 합동참모본부와 각 군 본부, 육·해·공군 사령부를 하나의 네트워크로 연결하여 실시간 보고와 지휘를 가능케 하는 '지휘자동화체계 사업(C4I)'이 거의 완료 중이라고 한다.

국방부는 1999년 중반 컴퓨터 해킹전문가들을 가상의 북한 해커로 위장해 각종 군 정보망에 침투시키는 훈련을 실시한 바 있다. 그 결과 국방부가 운용 중인 국방행정 망, 국방관리 망, 지휘소 자동화망 등 각종 국방정보 망이 사이버 테러의 안전지대가 아닌 것으로 드러났다고 한다.

한국도 미국을 비롯한 정보 선진국들에 비해 정보전에 대응하기 위한 종합적인 국가정책, 법, 제도 및 기술개발 체계가 아직까지는 미흡한 실정이다. 따라서 정부는 이제라도 정보전 대비법, 제도, 조직분야를 총체적으로 재정비를 지속적으로 하여야 할 것이다.

이러한 세계의 정보전에서 국민의 인권을 위해 선행된 대응책을 강구하고 이 대응책은 또 다른 불안과 오해가 되지 않게 합법적 절차가 절대적이다.

4. 각국의 인터넷 감시동향[147]

작금의 변화의 핵심은 단연 '인터넷'(또는 사이버, 디지털, 온라인)이다. 미국 상무부가 발표한 "부상하는 디지털 경제" 보고서에 의하면 미국에서 라디오가 개발된 후 5천만 청취자를 확보하는 데 38년, TV는 13년이 걸렸으나, 인터넷은 단 4년밖에 걸리지 않았다고 한다. 또한 인터넷 데이터 전송량은 1백일 단위로 배씩 증가하고 있으며, 통신량 중 인터넷이 차지하는 비중도 98년 50%에서 2003년 90%, 2004년에는 99%로 급증하였다.

한편 인터넷이 인간에 미치는 영향에 대한 The Economist의 평가에 의하면, 인터넷은 PC, 전화 그리고 TV의 영향보다 더 강하다고 평가하고 있다. 인터넷의 대중화는 시간·공간의 장벽을 무너뜨려 인류 삶의 방식에 혁명적 변화를 몰고 오고 있다. 바야흐로 지구촌에는 지금 인터넷 혁명으로 국경파괴, 방식파괴, 전통파괴, 문화파괴, 계층파괴, 유통파괴 등 여러 가지 변화현상이 일어나고 있다. 인터넷 활용의 급속한 확산과 함께 새롭게 등장한 문제는 인터넷 이용 범죄의 증가다. 국가안보 위해, 테러, 마약거래, 자금세탁, 전자도박, 조세포탈, 인신매매 등 범죄의 수단으로 인터넷 활용이 급증하고 있다. 실제로 미국 수사당국이 인터넷상의 온라인 자료 조사를 위한 수색 영장 발급건수는 매년 급증하고 있다.

미국 최대의 ISP(인터넷서비스제공업체)[148]인 AOL(AMERICA OnLine)의 통계에 의하면, 사법 당국에 의한 AOL 가입자의 온라인 자

---

147) 조병철의 미게재 논문 자료(2001년)에서 참조.

148) 개인 또는 단체가 인터넷을 이용할 수 있는 인터넷 접속 서비스를 제공하는 기관이다. 국내의 ISP는 한국통신(KORnet), 데이콤(BORAnet), 한국PC통신(KOLnet) 등 13곳이 있다. 그 밖에 OSP(Online Service Provider)라고 불리는 천리안, 하이텔, 나우누리 등의 PC통신서비스도 넓은 의미의 ISP로 포함될 수 있다.

료 조사를 위한 수색영장 접수건수가 1997년 33건, 1998년 167건, 1999 년 301건으로, 1997년 이후 2년 만에 900%의 증가를 보이고 있다.

이제 반국가 집단이나 테러리스트들 그리고 국제 범죄조직들이 인터넷으로 상호 교신하는 것은 지극히 평범한 일이다. 수사기관의 추적을 피하기 위하여 발신자의 전자우편 내용과 주소를 은닉할 수 있는 도구인 암호화 프로그램과 익명 재전송장치(Anonymous Remailer)149)를 이용하여 마약 등을 불법 거래한 다음, 인터넷 전자 화폐150)를 통한 대금결제로 거래를 완료함으로써 완전범죄를 기도 하는 소위 하이테크 범죄도 증가하고 있다.

문제는 이러한 인터넷 이용 범죄의 급증에 각국 수사당국이 따라 가지 못할 가능성도 있다는 점이다. 실제로 범인이 잡히지 않는 인 터넷 이용 범죄도 다수 발생하고 있다. 이에 따라 선진 정보 및 수 사기관은 이 같은 범죄에 보다 적극적으로 대처하기 위해 인터넷 감청을 위한 관련 법률의 제정(또는 개정)과 수사기법 개발을 서두 르고 있다.

특히 국제테러리스들과 국제범죄들이 이 인터넷을 이용하여 테러

---

149) 인터넷에서 일정한 사이트(Site)를 경유하여 전자우편을 송신할 경우, 상대방이나 우편을 취득한 사람 등 누구에게도 송신인의 전자우편 주소나 인적 사항에 관한 자료가 나타나지 않도록 함으로써 전송과 정을 추적할 수 없도록 하는 장치

150) 은행 등 발행자가 IC칩이 내장된 카드나 공중정보통신망과 연결된 컴퓨터에 일정화폐가치를 전자기호로 저장하고 이의 지급을 보장함으 로써 통신회선으로 자금결제가 이루어지도록 하는 화폐를 말한다. 전 자화폐에는 특정 전용망 사용자 간에만 사용되는 것에서부터 사용자 의 익명성을 충족시키는 것 등 종류가 다양하다. 이중 익명성을 충족 시키는 것은 거래 상대방의 신원을 노출시키지 않고 금융거래를 가능 하게 하는 기술로서 뇌물의 공여, 마약자금의 지불, 조직범죄의 결제 자금 등으로 사용되어 자금원에 대한 추적을 불가능하게 한다. 이는 불법자금을 양성화하는 "자금세탁"(Money Laundering)의 수단으로 이용될 수 있다.

와 온갖 범죄를 자행하는 추세이므로 국민에게 필요성을 알리고 이해를 구해 국가적 차원에서 대응책을 마련해야 할 것이다.

미국, 영국 등의 선진 정보 수사기관에서 인터넷 감시를 위한 법적, 기술적 대처 동향을 살펴보고자 한다.

(1) 미 국

1) 연방수사국(FBI)의 카너버(Carnivore)시스템

2000년 4월 6일, 미 하원 분과위원회의 증언에서, FBI가 사용 중인 "인터넷 감청 도구" 카너버 시스템이 최초로 실체를 드러냈다. 이 시스템의 명칭, '카너버(Carnivore)'란 '육식동물'이란 뜻으로 네트워크를 흐르는 거대한 양의 데이터들 속에서 의심이 가는 표적(고기 덩어리에 비유)을 순식간에 찾아낸다고 해서 붙여진 이름이다. FBI는 카너버를 증오하는 전 세계 해커나 네티즌들이 이 시스템의 성능을 저하시킬 방법을 고안할 것에 대비, 세부기능과 소스코드를 결코 공개하지 않을 것을 단언했다. 따라서 카너버가 정확히 어떤 기능을 갖추고 있는지는 컴퓨터 전문가들도 모르며, 오직 FBI의 컴퓨터 연구소(버지니아 주 쿠안티노 소재)의 개발팀만 알고 있다.

현재까지 알려진 카너버 시스템의 기능은 다음과 같다.

① 하드웨어와 소프트웨어의 결합체로서, 작동은 감시 대상자가 이용하는(또는 가입한) ISP 네트워크의 중요부분에 이 시스템을 설치함으로써 이뤄진다.

② FBI는 ISP 네트워크에 설치된 카너버를 통해 네트워크를 흐르는 전자우편 등 각종 데이터 패킷(Packet: 데이터 전달 포맷)151)을 감청하고, 그 내용을 전자 매체(하드디스크 등)에 복

사한다. 이 시스템은 전자우편의 제목, 보낸 사람과 받은 사람의 주소(예: name@company.com)는 물론 본문까지를 송수신자가 감지하지 못한 상태에서 감청한다.

③ 이 시스템은 "패킷 스니핑[152]"이라는 별칭을 가질 정도로 불과 몇 초 만에 수백만 통의 전자우편 내용을 자동 감청한다. 즉 일정 묶음으로 움직이는 인터넷 신호(수 조(兆)개의 0과 1의 흐름)를 일일이 속을 들여다보는 수준에서 벗어나 묶음별로 처리, 정보감청의 속도를 대폭 증진시켰다.

④ 감청한 전자우편 내용이 PGP(Pretty Good Privacy)와 같은 경우, 전자우편 암호화 프로그램으로 암호화되어 있을 경우, 카너버에서 수집한 내용도 여전히 암호 코드로 되어 있으며, 이는 전문요원이 해독한다.

⑤ 이 시스템이 ISP에 설치되어 있는 동안은 FBI담당자 외에는 누구의 접근도 원천 봉쇄되며, 전적으로 FBI 담당자에 의해서만 통제 조정된다. 이를 위해 카너버 시스템이 설치된 컴퓨터는 키보드나 마우스가 없다.

⑥ 이 시스템은 인터넷 프로토콜 및 전자우편 프로그램(예: MS사의 Outlook이나 Lotus사의 Notes 등)과 밀접한 관계를 가진다. 따라서 이들의 변화(또는 신버전)에 따라 지속적으로 Update되고 있다.

컴퓨터 네트워크 전문가들은 만일 카너버 시스템이 미국 내 모든 ISP들에 설치될 경우, FBI는 이론적으로 모든 네티즌들이 인터넷상

---

151) Package와 Bucket의 합성어로 "데이터 전달포맷"을 의미한다. 일반적으로 정보를 전송할 때 패킷 단위로 나누어서 전송하는데, 패킷이란 전송을 나타내는 헤더를 붙인 것을 말한다.
152) 컴퓨터 네트워크상에 흘러 다니는 트래픽을 엿듣는 감청 행위.

에서 수행하는 웹 서핑, 다운로딩, 개인 대 개인 간의 파일 이동, FTP, 텔넷, 뉴스그룹, 온라인 구매 등 전체 활동 내용을 감청할 수 있다고 주장한다.

2) 네티즌, 시민단체 및 ISP의 반응

시민의 자유 및 사생활 보호관련 단체들은 FBI의 카너버 시스템 사용에 대해 "프라이버시가 침해당하고 있다."며 일제히 비난하고 나섰다. "향후 모든 개인생활이 국가에 의해 감시 통제되는 빅브라더리즘(조지 오웰의 소설에 나오는 감시자)으로 변모될 우려가 있다."고 지적한다. 특히 쟁점이 되고 있는 것은 컴퓨터가 공격을 받는 등 긴급상황 시에는 법원의 허락 없이도 인터넷 감청이 가능하도록 한 조항이다. 이들은 "긴급이란 말이 자의적으로 해석돼 수사요원들에게 오히려 무제한적으로 감청을 허용한다."며 반발하고 있다. 시민단체 중의 하나인 EPIC(Electronic Privacy Information Center)는 네티즌들이 카너버의 기능을 상세히 검증할 수 있도록 동 프로그램의 소스 코드 공개를 요구하는 소장을 워싱턴 연방지방법원에 제출했다. 한편 인터넷상에는 카너버에 반대하는 서명운동(www.stopcarnivore.org)과 카너버를 무력화시키는 프로그램인 안티버(antivore: 카너버에 복수한다는 의미)를 제작, 무료로 배포하는 등 대대적인 반대운동이 벌어지고 있다.

한편 미국 내 ISP들은 전자우편을 조사하는 정부에 대해 불만을 품은 고객들이 소송을 제기할 것을 크게 우려하고 있다. 미국 내 주요 ISP인 PSI넷(psinet.com)은 카너버 시스템이 설치되면 FBI는 해당 감시영역 네트워크의 모든 전자우편을 감시할 수 있는 점을 중시, FBI가 특정 감시대상 전자우편만을 선별 감시한다는 것을 증명하기 전까지는 카너버 시스템 설치를 강요해도 거부할 작정이라고 공개적으로 밝히고 나섰다.

3) FBI의 설명

다음은 2000년 7월 24일 FBI 컴퓨터연구所 副所長 Donald Kerr 가 하원 법사위원회에서 "FBI가 개발한 인터넷 및 데이터 인터셉트 능력"이란 주제로 발표한 내용이다. 여기서 FBI는 카너버 시스템의 개발 배경과 기능 그리고 설치운영에 대한 시민들의 과장된 편견과 오해를 해소하려 노력하였다.

우선 FBI는 급증하는 인터넷 이용 하이테크 범죄에 대한 대응력을 높이고, 복잡한 법원 명령을 수행하기 위해 카너버 시스템은 MS Windows를 탑재한 일반 PC상에서 돌아가는 하나의 네트워크 분석(또는 감청) 기능을 가진 소프트웨어이다. 이것은 불특정 다수의 모든 인터넷 메시지를 대상으로 감청하는 것이 절대 아니다. 다만 네트워크상을 흐르는 패킷 중 극히 제한된 일부(즉 정밀하게 설정된 필터 집합에 부합하는 내용)만을 감청하고, 해당 내용만을 복사하여 수집한다. 다시 말해 카너버의 노하우는 바로 인터넷상에서 특정 사용자의 메시지만을 감청하는 것이다. 즉 폭탄이나 마약이란 단어가 포함됐다고 해서 해당되는 모든 메시지를 감청하는 것이 절대 아니고, 법원의 명령에 의해 범죄용의가 있는 특정 사용자 또는 특정 ID로 또는 ID로부터 수발신되는 "법 집행을 위한 통신지원법 (CALEA: Communication Assistance for Law Enforcement Act)" 에 의거, 주나 연방법원 판사로부터 허가를 받아 ISP의 사무실을 방문하여 설치한다. 이때 ISP 기술진의 허가와 협조를 받아 설치된다. 지금까지 ISP의 협조 없이 설치된 적은 한 번도 없으며 이는 ISP마다 서로 다른 네트워크 프로토콜과 구조를 가지고 있어 ISP 기술진의 협조는 필수적이기 때문이다. 감청은 매일 한 번씩 ISP를 방문, 수집된 자료를 회수해 가는 방식으로 이루어진다. 정해진 감청기간이 끝나면 카너버 시스템을 철거해 FBI 컴퓨터 연구소로 복귀시킨다.

(2) 영 국

1) MI5(보안정보부)의 GTAC

영국에서는 1985년 법에 의해 전화와 우편에 대해서만 감청이 가능했다. 그러나 인터넷 기술의 발달로 통신의 영역이 넓어지면서 어린이 포르노, 마약밀매, 자금세탁 같은 인터넷 이용 범죄가 더욱 기승을 부리자 영국 정부는 이에 대한 강력한 대책을 마련 중이다.

그 대책으로 영국 내 개인 및 기업에 대한 인터넷 감시 활동을 합법화하는 통신 감청법 개정안이 서방 국가들 가운데 최초로 입법화될 예정이다. 이번 개정안 중 가장 주목받는 것은 "추적 조사권 규정(RIP: Regulation of Investigatory Powers)"이다.

이 규정에 의거, MI5 등 보안기관은 필요에 따라 전자우편 감청은 물론 암호화된 자료의 해독을 요구할 수 있는 권한을 갖게 된다. RIP가 발효되면 모든 영국 내 ISP(약 400여 개)들은 해당 ISP의 호스트 컴퓨터를 통과하는 모든 디지털 데이터를 추적해야 할 의무가 있고 또한 이를 MI5 등 정부기관에 발송해야만 한다.

MI5는 이 활동을 수행하기 위해 5,000만 달러의 비용을 들여 정부기술지원센터(GTAC: Government Technical Assistance Center)라는 암호명칭을 가진 "인터넷 스파이 센터"를 MI5의 런던 본부 내에 설치, 가동시킬 예정이다. 이렇게 되면 GATC는 영국 내에서 송수신되는 모든 전자우편과 인터넷 프로토콜(IP: Internet Protocol)상으로는 사용자가 데이터 패킷 해더에 별도의 명령을 줄 수 없다.

따라서 전 세계에서 영국으로 보내거나 또는 영국 ISP를 경유하는 모든 인터넷 메시지들이 감청당할 수 있음을 의미한다. 또한 합법적 감청의 장애가 되는 암호화된 자료에 대해 MI5는 당사자(개인 및 단체)에게 보호키를 요구할 수 있으며 만일 이에 응하지 않는 자는 2년간의 금고형에 처할 수 있도록 규정하고 있다.

2) 네티즌 등 시민단체의 반응

이에 대해 시민단체 및 인권단체들은 사법부가 아닌 행정부 소속의 MI5가 영장도 없이 전자우편 등 인터넷 메시지들을 감청하는 것은 "기본적인 인권조차 무시하는 것"이라며 강하게 반발하고 있다. 또한 재계는 암호 해독을 위한 키를 당국에 넘겨줄 경우 제출되지 않은 비밀자료들의 보안도 위협당하는 문제의 심각성을 제기하고 나섰다. 이런 불신을 해소하기 위해서는 시민과 국가기관 간 합의와 이해가 선행되어야 할 것이다.

(3) 러시아

FSB(연방보안부)의 SORM(System Of Research Measure)은 러시아에서 1995년 "수사보장 체제"란 의미로 추진한 사업의 암호명(SORM-1)이다. 이는 모든 ISP들이 보유한 하드웨어에 인터넷 감청을 위한 블랙박스를 설치하고 나아가 FSB본부와 ISP를 연결하는 광케이블을 설치토록 하여 ISP를 경유하는 모든 데이터들이 실시간으로 FSB본부를 경유하게 한다.

이러한 조치로써 국가안보위원회(KGB)의 후신인 연방보안부(FSB)는 수색영장 등 법적인 장애 없이 손쉽게 무제한으로 러시아 ISP를 경유하는 모든 인터넷 통신내용을 감청할 수 있게 되었다.

ISP의 하드웨어에 설치된 블랙박스는 전자우편 내용은 물론 사용자 정보, 신용카드 처리 내용, 방문 웹사이트 등 인터넷상의 모든 활동을 감시할 수 있는 기능을 담당한다.

1995년 이후 인터넷 사업이 급격히 규모를 늘려가자 FSB는 막대한 비용문제에 봉착했다. 이를 해결하기 위해 1998년 7월부터는 (SORM-2) 블랙박스와 광케이블 설치에 필요한 모든 하드웨어 및 소프트웨어 비용을 개별 ISP 자신들이 부담토록 하고 있다.

이에 불복하는 ISP에 대해서는 사업면허를 강제로 취소시켰다. 이는 자연스럽게 해당 ISP의 가입고객의 서비스 사용료 인상을 초래하고 가입고객의 수를 감소시켜 결국 많은 ISP들에게 자금사정을 악화시켜 스스로 문을 닫을 것을 강요하는 결과가 되었다.

규모가 큰 ISP는 SORM으로 인해 자사의 시장 점유율이 증가되는 것을 내심 반기고 있어 ISP의 윤리문제도 제기되고 있다.

정보통신에 의한 사생활 침해와 국가안전과 국민보호를 위한 감시시스템의 상충은 기본권보장을 원칙으로 조화롭게 해결해야 할 것이다.

(4) 한 국

인터넷은 인류가 개발한 통신 도구 중 가장 사용하기 쉽고 다양한 기능을 가지며, 또한 편리하고 값싼 통신도구이다. 최근의 통신기술 발전동향을 보면 전통적인 개별 통신기술들, 즉 전화·라디오·TV·인공위성·무선통신 기술들은 급속도로 인터넷의 한 부분이 되고 있다. 이런 추세라면 궁극적으로 직접 만나서 나누는 대화 이외의 모든 통신 내용은 인터넷을 통해서 전달되는 날이 곧 올 것으로 전망된다.

한국인터넷정보센터(www.nic.or.kr)의 발표에 의하면 국내 인터넷 이용자 수는 1997년 163만 명, 1998년 310만 명, 1999년 1,086만 명으로 2년 만에 1,000만 명을 돌파했고, 2000년 6월 말 기준으로 1,575만 명으로 1997년 이후 2년 반 동안 무려 1,000%의 증가를 보이고 있다. 이러한 인터넷 이용자 수의 확산속도를 감안하면, 조만간에 실제생활(Real Space)에서와 거의 동일한 범죄양상이 가상세계(Cyberspace)에서도 나타날 것이 명백하다.

지난 1995년 경찰청에 "사이버 범죄수사대"가 발족한 이래 1999년까지 적발된 사이버 범죄는 2,227건으로 매년 폭발적 증가 추세이다. 그러나 현행 국내 법·제도상으로는, 인터넷 이용범죄에 대한 수사기관의 추적수사에는 어려움이 산적해 있다. 우선 가명 ID사용, PC방 이용 등으로 범죄자의 신원 파악이 대단히 어렵다. 인터넷 이용 범죄를 추적하기 위해서 ISP의 "접속기록(Login file)" 분석은 필수적이다.

그러나 현행 법규 즉 "전기통신 사업법"이나 "통신비밀보호법"상으로 접속기록 분석은 "감청"이나 "도청"에 해당된다. 또한 제도상으로도 국내 ISP들이 자사 고객의 접속기록작성은 의무사항이 아니다. 따라서 접속기록 작성에 필요한 장비의 구입 및 유지관리 비용 때문에 아예 접속기록을 만들지 않는 경우도 있는데, 범죄자가 이러한 ISP를 이용할 경우, 수사기관은 속수무책이 될 수밖에 없다.

앞서 살펴본 선진 정보수사기관의 예와 같이 우리도 갈수록 고도화되는 인터넷 이용 범죄에 보다 적극적으로 대처하기 위해서는 기존 법률과 제도를 시대에 맞게 고쳐야 한다. 즉 인터넷 이용 범죄자의 수사기관에 대한 협조의무, 국내 ISP의 "사용자 접속기록" 작성유지 및 수사기관에 대한 협조의무, 암호문서 사용에 대한 법적 통제, 인터넷 이용 범죄에 관한 추적기법 개발 등에 관한 법률적 장치 마련, 그리고 관련 기술 개발이 중요한 과제로 등장하고 있다.

물론 이 같은 조치는 "네티즌의 프라이버시 침해란 심각한 문제"를 동반하므로 "인터넷 이용범죄 증가로 인한 국민의 피해 등 역기능 문제"와 상호 보완적인 관점에서 사회적 공감대를 확보하면서 단계적으로 추진되어야 할 것이다.

인터넷 관련범죄는 고도의 전문성·기술성·정보유출성 그리고 지능범죄성 및 일탈행위 등이 복합적으로 관련된 범죄이다. 따라서 이에 대한 대책이 치밀하지 못하면 성과를 거두기 어렵기 때문에 다각적이고 종합적인 대책이 강구되어야 한다. 그러나 범죄란 항상 대책을 앞서가는 것이기 때문에 어떻게 보면 인터넷 관련범죄에 대한 대책은 전무하다고 볼 수 있다.

우리나라의 경우 아직까지 인터넷 관련 범죄에 효과적으로 대처할 만한 입법적 장치나 기술적 발전이 많이 이루어지지 않았다. 따라서 정보화 사회의 역기능으로 인하여 미래범죄의 총아로 떠오르고 있는 인터넷 관련 범죄에 좀 더 효과적으로 대처하기 위해서는 사전에 종합적 대책을 마련하여야 한다.[153]

이러한 종합적 대책마련은 주로 국가기관이 주관이 되어 실시하여야 국가의 질서유지는 물론이고 국가안전보장에 효과적으로 기여할 수 있다. 따라서 국가기관은 첨단 정보기술의 선행적 연구와 대응기술을 구비하고 국민의 사생활을 보호하는 높은 도덕성과 법적 제도를 완비하여야 한다.

5. 각국의 감청동향[154]

각종 통신수단에 대한 감청은 주요 선진국에서도 이루어지고 있다. 물론 법원의 영장을 받는 등 합법절차에 따른 감청이 허용되고

---

153) 송광섭, 전게논문, 112면.
154) 중앙일보, 2005년 8월 8일자. 4면.

있는 것이다. 선진국도 국가안보, 범죄수사, 테러예방 등에 직결된 범죄의 첩보를 사전 입수해 이를 차단하는 감청이 불가피하고 국가기관의 책무임을 인정한다.

2001년 9·11 테러 이후 각국은 국가안전보장을 위한 합법적 감청이 더 활발해지는 양상이다. 그러나 감청의 확대는 감청기관의 실행 및 처리절차의 합법성 여부, 관리실태에 따라 인권침해로 이어질 수 있는 만큼 감청목적과 절차를 국민에게 납득시키고 최소한의 적법한 방법이어야 할 것이다.

(1) 미 국

2001년 제정된 '애국법(Patriot Act)'은 수사기관의 감청권을 강화했고, 감청대상도 넓혔다. 수사기관이 '테러관련'이라는 이유를 대고 법원의 허가를 받으면 유무선 전화와 팩스 e－메일 등 거의 모든 통신수단을 감청할 수 있는 것이다. 영장을 발부받을 경우, 길게는 1년 동안 감청할 수 있고 그 자료를 외국에 넘겨줄 수도 있다.

이후 연방수사국(FBI)의 감청은 급증했다. 최근에는 "감청이 너무 많아 해독요원이 모자랄 지경이며, 그 바람에 풀지 못한 감청테이프가 무려 8,000시간 분량이나 된다."는 보도도 나왔다. 2005년 7월 상원, 하원은 애국법에 있는 감청 관련 규정의 효력을 4년간 연장했다. 그러나 애국법의 부작용을 우려하는 목소리는 점점 커지고 있다. 미국시민자유연맹(American Civil Liberties Union) 등은 "수사기관이 애국법을 멋대로 적용하는 것을 막지 못하면 개인의 자유보장이란 건국이념은 무너지고 말 것"이라고 주장한다.

(2) 프랑스

1991년 7월 제정된 통신비밀 관련법에 따르면 행정부는 국가안보와 국방, 테러 및 조직범죄수사, 경제 및 사회적 잠재 역량 등을 위해 전화 감청을 할 수 있다. 관련부서 각료의 요청이 있으면 총리가 감청을 허가한다. 기간은 최장 4개월이고 연장이 가능하다.

사법당국도 감청할 수 있고 판사가 범죄수사를 위해 필요하다고 판단하면 형사소송법에 의해 감청 명령을 내릴 수 있다. 감청대상은 2년 이상의 징역형이 예상되는 범죄에 한한다. 기간은 역시 최장 4개월이다.

프랑스에서는 현재 고 프랑수아 미테랑 대통령 시절의 도청 사건 재판이 진행 중이다. 대통령궁인 엘리제궁 직속의 특별팀이 도청을 했던 사실이 1993년 드러났고, 2004년 11월 재판이 시작됐다. 특별팀은 1982년부터 3년간 환경단체인 그린피스 소속 선박 침몰사건, 미테랑 혼외 딸 문제 등에 대한 정보를 통제하기 위해 정치인, 기자, 사회운동가 등 150여 명을 도청한 혐의를 받고 있다. 이에 따라 미테랑 비서실장을 지낸 질 메나주, 특별팀 책임자 크리스티앙 프루토, 로랑 파비우스 당시 총리의 비서실장이었던 루이 슈웨체르 르노 회장 등 12명이 재판에 회부됐다.

(3) 일 본

1999년 제정된 '통신방수법'은 총기밀매, 조직범죄에 의한 살인, 집단 밀항, 마약밀매 등 네 가지 범죄에 한해 법원의 영장을 발부받아 합법적으로 감청하는 것을 허용하고 있다. '방수'는 '감청'을 뜻한다. 감청기간은 10일 이내이며, 연장하더라도 모두 30일을 초과할 수 없다. 감청 때에는 통신회사 직원이 입회할 수 있도록 의무규정을 두었다. 수사기관은 감청내용을 적은 기록을 법원에 제출해야 하며, 감청대상자는 그것을 열람할 수 있다. 감청에 대해 까다롭게 규제한 것인데도 당시 야당은 이 법안이 통신비밀을 규정한 헌법에 어긋난다며 반대했다. 그래서 자민당이 이 법안을 날치기로 통과시켰다.

(4) 영 국

2005년 7·7 테러 이후 토니 블레어 총리는 불특정 다수의 대량살상을 초래할 수 있는 사안에 한해 도청할 수 있게 하고, 그에 대한 증거능력을 부여하는 '대테러개정법' 개정을 추진하고 있다. 테러예방과 테러수사를 위해 불가피하다는 것이다. 그러나 보수당과 인권단체는 프라이버시 침해를 우려하며 반발하고 있다.

(5) 독 일

통신관련법과 경찰법에 근거하여 수사목적의 감청에 제한적으로 허용하고 감청목적, 시간, 장소 등을 적시하도록 규정하였다.

수사기관의 감청뿐 아니라 일부 도청까지 허용한 니더작센 주 경찰법에 대해 2005년 7월 헌법재판소에 의해 위헌결정이 내려졌다. 이 법은 범죄 예방 차원에서 구체적 혐의가 없는 사람의 휴대전화 등도 감청, 도청할 수 있도록 규정하고 있으나 헌법재판소는 그것은 "도청당하지 않을 권리를 부여한 헌법에 위배된다."고 지적했다.

(6) 러시아

통신부장관령에 의해 정보, 수사기관이 보안이 필요하다고 판단할 경우, 통신회사에 법원을 제시하지 않고 감청할 수 있다.

일반전화, 휴대전화, 무전기 등의 통신회사는 자사의 통신장비에 의무적으로 감청장비를 설치하도록 하였다.

법규 테두리를 벗어난 정부기관 감청이 많고 도청회사들이 난립해 돈만 주면 얼마든지 도청이 가능하다.

(7) 홍 콩

행정장관령에 의해 범죄예방, 공공질서 유지를 위해 사법 당국이 감청하도록 하며 범죄 사실 등 관련 자료를 문서로 제출하면 해당 부서 국장 이상 간부들이 감청을 결정하며 감청기간은 최장 3개월, 긴급상황 때에는 구두로 보고하되, 72시간 내 감청하여야 한다.

(8) 한 국

우리나라는 2005년 8월 5일 전직감청요원의 비정상적 행위와 논란의 소지가 있는 언론사에 의해 폭로된 불법 감청 및 도청사실에 대해 국가정보원에서 공식적인 자체조사 결과를 발표하고 고백하면서 향후 법과 제도에 의한 합법적 감청만 할 것을 국민에게 확언하였다.

국가당국은 2002년 3월 이후 불법 감청 및 도청은 일체 없었다고 주장하나 그간의 도청사실 부인, 도청기술 불가능 등을 주장하고 공권력을 남용하며 국민을 사찰대상으로 한 일부 집권층에 대해 국민은 경악을 금치 못한 공포감으로 인해 의혹의 눈길로 보고 있다.

이에 검찰이 진상규명과 형평성 차원에서 지난 문민정부와 국민의 정부까지 수사하는 것은 국민적 의혹을 풀어주고 법과 제도를 새롭게 정비하는 틀이 될 것이다. 다만 국가안보를 위해 피와 땀으로 고생한 수많은 안보역군이 이 일로 해서 오해를 받거나 상처를 받아서는 아니 되고 수사내용이 국가안보와 사생활 침해를 고려하지 않고 공개되어, 위헌적 소지가 되는 일이 없도록 하여야 한다. 이번 검찰수사는 공익을 위하고 사생활을 최대한 보장하는 형평을 기해야 할 것이다.

구체적 범죄 혐의도 없이 광범위한 사찰을 통해 얻은 사적 대화에 근거하여, 누구도 자유로울 수 없는 과거의 잘못을 특정인에게만 추궁하는 것은 정의롭지 않다.155)

향후 정부는 당면한 위협인 테러 등에 효율적으로 대처하기 위해 휴대전화를 합법적으로 감청하는 방안을 추진 중인데, 이는 이동통신사의 교환기에 감청장비 설치를 의무화함으로써 합법적 감청이 가능하도록 하겠다는 것이다. 이는 법무부가 2005년 6월 입법예고한 통신비밀보호법 시행령 개정안의 전기통신사업자의 협조의무 규정 "전기통신사업자는 통신제한조치 및 통신사실 확인자료 제공 요청에 필요한 설비, 기술, 기능 등을 제공한다."는 조항(제21조의5 제1항)에 근거하고 있다. 이 개정안이 시행되면 유선뿐 아니라 무선통신 사업자들도 통신제한조치, 즉 감청 설비를 갖춰야 한다.156)

---

155) 중앙일보 박종보 시론, 2005년 8월 8일자. 26면.
156) 중앙일보 사설, 2005년 8월 8일자. 26면.

제3절 국가보안과 언론의 자유

개인의 자유와 권리를 신장하고자 하는 노력은 민주주의라는 공동의 선과 이념을 실현하려는 국가와 불가분의 관계를 갖게 된다. 개인의 자유롭고 안전하면서도 행복한 삶의 질 향상을 위해서는 국가의 안전보장이 선행되어야 하고, 개인은 국가의 구성원으로서 국가의 안전을 위해서 국가적 공동의무에 동참하게 되는 것이다. 국가의 위기는 곧 개인의 위기로 인식하고 국가의 발전은 개인발전의 힘으로 인식하고 역으로 개인의 희망찬 노력은 국가의 번영으로 이어질 때 민주주의는 그 의미를 더 가치 있게 할 것이다.

언론의 자유는 기본적 인권 중에서도 가장 중요한 것으로 "최상급인" 기본적 인권으로서 민주주의를 가능하게 하고 민주주의 존립기반을 형성하는 것이다. 그러나 언론의 자유는 다른 기본권과 마찬가지로 절대적인 자유를 의미하지 않는다. 언론의 자유만을 무제한으로 인정하는 것은 국민의 다른 기본권이 무제한으로 인정되는 언론의 자유에 의하여 침해될 가능성이 있기 때문이다.

따라서 언론의 자유 이외의 기본권을 보장할 의무가 있는 국가는 공동체의 안전을 위한 국가안전보장이라는 명분을 내세워 국가보안이라는 제도적 시스템으로 언론의 자유에 접근할 수 있다. 그 과정에 국가보안이라는 개념과 언론의 자유가 상충되는 일이 많았던 것이다.

지난 역사는 국가생존의 절실한 국가안전보장으로서 중요한 방안인 국가보안을 집권세력이 부정적으로 사용하지 않았나 하는 의혹을 갖게 하였다. 이제는 국가보안이 국가에 내재되어 있는 개인 및 기업, 단체 등의 자유와 안전을 보장하는 긍정적인 측면으로서 그 기본원칙이 되어야 할 것이다.

국가의 보안조치가 존재하지 않을 때 개인 및 조직의 안녕은 다양한 침해로 인해서 위협받게 된다. 기존의 국가비밀관리는 공공기관의 비밀을 지키는 것에 한정되었으나 세계화, 정보화에 따른 오늘의 현실적 국가보안은 개인 및 조직(기업 및 단체), 국가조직에 이르기까지 다양하게 발전시켜 적용하는 제도로 정착시켜야 한다. 이것은 국민의 신뢰와 협조에 의해서 조화롭게 발전시킬 수 있고 국가는 국가보안이라는 명분으로 국민을 통제하지 않는 궁극적으로 국민을 위한 서비스로 나타나야 함을 의미한다.

Ⅰ. 정보화 사회에서의 언론의 자유

1. 정보화 사회에서 언론자유의 역할

(1) 헌법상 언론자유의 의미

헌법 제21조1항에서는 "모든 국민은 언론·출판의 자유와 집회·결사의 자유를 가진다."라고 규정하고 있다. 언론·출판의 자유보장에 관한 헌법적인 보장은 이미 근대 입헌주의의 시발을 의미하는 미국 독립혁명 및 프랑스 혁명 이후에 출현한 입헌주의적 문서를 통해서 확인되고 있다. 1789년 8월 26일 프랑스의 '인간과 시민의 권리선언' 제11조는 "사상 및 의견의 자유로운 통신은 인간의 가장 귀중한 권리의 하나이다. 따라서 모든 시민은 자유롭게 말하고, 저작하고 출판할 수 있다. 다만 모든 시민은 법률에 규정된 경우에만 이 자유의 남용에 대해 책임을 진다."라고 규정하고 있다. 프랑스 인권

선언은 1958년 제5공화국 헌법전문에서 "프랑스 국민은 1789년 인권선언에서 정의되고 1946년 헌법전문에서 확인·보완된 인권과 국민주권에 대한 애착을 엄숙히 선언한다."라는 규정에 의거하여 오늘날까지도 프랑스 헌법상 규범으로서의 가치를 갖고 있음을 헌법위원회는 판시한 바 있다.157)

또한 1776년 미국의 버지니아 주 권리선언 제12조에서 "언론·출판의 자유를 제한하는 것은 전제정부라고 할 수 있다."라고 규정하고 있으며, 미국 건국 직후 보완된 수정헌법 제1조는 "미합중국 의회는 종교의 자유를 수립하거나 종교의 자유로운 행사를 금지하거나 언론 또는 출판의 자유를 제한하거나 또는 평온하게 집회하고 고통의 구제를 위하여 정부에 청원하는 인민의 권리를 침범하는 법률을 제정할 수 없다."(1791년 12월 15일 공포)라고 규정하여, 오늘날 미국에서 연방대법원을 중심으로 한 일련의 표현의 자유의 우월적 지위 보장에 관한 이론 및 판례를 정립시키는 초석으로서의 위상을 갖게 되었다.

프랑스 인권선언과 미국헌법에서 보장한 언론·출판의 자유는 오늘날 세계 각국 헌법에서 보편적 원리로 도입되어 있으며 한국 헌법의 규정도 이러한 헌법규범들과 동일선상에서 이해할 수 있다.

고전적 의미의 언론의 자유는 사상 및 의견을 표현할 자유와 이를 전파할 자유를 총괄하는 개념으로 이해할 수 있다. 따라서 언론의 자유는 단순히 자기의 가치판단에 따른 견해를 표현하는 것뿐만 아니라 사실보도까지 포괄하는 것으로 이해된다.158) 그것은 곧 국가권력이라 하더라도 사상 및 견해의 자유로운 표현 및 전파를 방해할 수 없음을 의미한다. 이를 억제하기 위한 어떠한 형태의 인신구속, 사전검열, 입법조치, 감청 등도 할 수 없다.

---

157) 성낙인, 프랑스헌법학, 법문사, 1995, 667─680면.
158) 김철수, 전게서, 541면: 권영성, 헌법학원론, 법문사, 1999, 441면.

이와 같은 표현의 자유의 중요성에 입각하여 판례상 이른바 표현의 자유의 우월적 지위보장에 관한 법리가 정립되기에 이르렀다. 에머슨(T. Emerson)이 표현의 자유의 기능으로써 ① 개인 인격의 자유로운 형성과 전개, ② 입헌민주주의의 유지·형성, ③ 진리에의 도달, ④ 사회의 안정과 변화 간의 균형을 적시한 바와 같이 표현의 자유의 중요성에 비추어 이를 보다 강력하고 최대한으로 보장하기 위하여 이른바 표현의 자유의 우월적 지위를 보장하기에 이르렀다. 이러한 표현의 자유의 우월적 지위에 관한 일련의 이론적 전개는 미국 연방대법원의 판례를 통하여 형성되어 왔다.[159]

헌법재판소도 "언론의 자유는 민주국가와 존립과 발전을 위한 기초가 되기 때문에 특히 '우월적 지위'를 지니고 있는 것이 현대헌법의 한 특징이다."[160]라고 판시하고 있다. 그것은 한국 헌법 제21조제2항과 같이 검열제 금지가 헌법상 보장되고 나아가서 표현의 자유에 대한 규제가 헌법에 부합하는지의 여부를 판단하는 데에 요구되는 합헌성 판단의 기준을 다른 자유권의 규제보다 엄격하게 설정하고 있다.[161]

언론의 자유는 구체적으로 첫째, 사상 또는 의견을 표현할 자유(발표의 자유)와 그것을 전파할 자유(전달의 자유) 둘째, 정보를 모집·처리할 자유(보도의 자유)를 그 내용으로 한다.

언론의 자유는 본질상 절대적인 양심의 자유에 직결되는 자연권으로 개인의 권리에서 보면 실존하는 인간의 존엄성과 가치에 연결되는 기본권이라는 중요한 의의를 갖는다.[162]

---

159) T. I. Emerson, Toward a General Theory of the First Amendment, 1972, p.19.
160) 헌재 1991. 9. 16., 89헌마165, 정기간행물의등록등에관한법률 제16조 제3항제19조제3항의 위헌 여부에 관한 헌법소원, 「헌재판례집」, 제3권, 518면.
161) 성낙인, 언론정보법, 나남출판, 1998, 60－61면.

이러한 언론의 자유를 보장하기 위한 배경으로서 민주정치의 통치구조가 구상되고 운영되게 되었다는 점에서 볼 때, 언론의 자유는 민주정치에 있어서 진정한 민의 표현, 올바른 여론형성의 기능을 수행하는 민주정치의 본질적 제도장치로 간주되고 있다. 마이클 존(Meikle John)은 이런 의미에서 자기실현과 자기통치에 있어서 불가결한 것이 언론의 자유라 하고, 이것이 다른 기본권보다 우월한 지위를 가지는 것으로 보았다. 이처럼 언론의 자유는 다른 기본권에 대하여 우월한 지위를 가짐으로써 그 제한에 있어서 보다 엄격한 해석을 필요로 하게 된다.163)

(2) 정보화 사회에서 언론자유의 역할

1990년대 이후 매체환경은 컴퓨터 기술과 정보통신 기술의 눈부신 발전으로 인해 그 어느 때보다도 급속하게 변하고 있다.

기술적 측면에서는 전자신문, CATV, 위성방송과 같은 뉴미디어의 도입에 따라 다매체 다채널 시대가 열려 다양한 정보가 공급되고 정보선택의 기회가 크게 확대되는 한편 신문, 방송과 같은 기존 매체와 뉴미디어 사이에 치열한 경쟁이 벌어지게 되었다. 세계를 하나의 망으로 연결시킨 인터넷은 시공간을 압축시켜 정보의 유통체계를 구축했고, 그 결과 기존의 신문과 방송이 보도하던 정보의 많은 부분이 인터넷을 통해 공급되고 있다. 정부기관, 공공기관, 기업, 정당, 시민단체, 이익단체, 유통업체, 관광업체 등 기존 매체의 정보공급자들이 인터넷에 정보를 올림으로써 이용자들이 '실시간'으로 정보를 검색해 볼 수 있게 되었다. 더욱이 누구나 인터넷 홈페이지를 가질 수 있게 됨으로써 그동안 신문과 방송과 같은 매스미디어

---

162) 박철언, 전게논문, 17면.
163) 김철수, 전게서, 42면.

가 독점해 온 정보의 발신 능력이 이제는 만인의 손으로 넘어가게 되었다. 또한 사람들은 인터넷이나 컴퓨터 통신을 이용해 자신의 의견을 자유롭게 표현하고 다른 사람과 의견을 교환하고 토론을 할 수도 있게 되었다. 이러한 변화는 그동안 신문과 방송 같은 매스미디어에 의해 제약되었던 개인의 말할 자유와 권리를 되찾게 되었음을 뜻하는 것이기도 하다. 인터넷과 컴퓨터 통신은 말하자면 누구나 말하고 싶은 것을 말할 수 있는 자유를 누릴 수 있게 만들어 준 셈이다. 이로써 새로운 '공론권'이 형성되고 이를 통해 민주주의가 발전하리라는 기대를 하게 되었다. '공론권' 구실도 기존의 대중매체에서 인터넷과 컴퓨터 통신으로 이행되고 있는 것이다. 이러한 정보사회에서 언론자유의 역할이 중요해졌다는 것은 당연한 일이라고 할 수 있다.

현대에서 언론, 출판이 가지는 자유는 다음과 같다.

첫째, 사상 또는 의견을 자유롭게 발표하여 개개인이 인간으로서의 가치와 존엄을 유지하면서 인격이 발현된다. 둘째, 민주시민으로서 국정에 참여하고 인간다운 생활을 영위하기 위하여 합리적이고 건설적인 사상과 의견을 형성하게 된다. 이러한 사상과 의견의 형성은 국가나 사회로부터 필요한 정보를 수집하고 정보에 대한 자유로운 접근이 있어야 한다. 여기에서 언론, 출판의 자유가 단순히 정보의 제공이 아닌 알 권리로서 이해되는 것이다. 셋째, 민주정치체계는 사상의 자유로운 형성과 전달에 의하여 비로소 가능하며 민주적인 질서를 형성하고 유지하기 위해서는 그와 같은 자유로운 사상전달의 수단과 기회가 보장되어야 하는 것이다

진정한 민주사회는 사회 구성원들이 다양한 의견제시를 하도록 함으로써 스스로의 존재 의미를 일깨워주고 균형 있는 정책개발을 가능하게 한다. 언론출판의 자유는 정신적 자유권의 핵심이다. 그렇기에 민주사회의 초석이 되고 당연히 최대한 보장해야 함은 물론이다.

그러나 자유민주주의의 기본질서를 위배하거나 국가존립을 위태롭게 하거나 타인의 명예를 훼손하거나 도덕성에 어긋나서는 아니 될 것이다. 여기서 무한적으로 자유를 보장받을 것 같은 언론의 자유는 그 자체에서 한계를 나타낸다. 한계를 무시한 것은 남용이라 할 것이다. 헌법(21조4항)에서는 "언론 출판이 타인의 명예나 권리 또는 공중도덕이나 사회윤리를 침해해서는 아니 된다."라고 명시하고 있다. 이러한 자유도 국가안전보장 등을 위하여 필요한 경우에는 법률로 제한이 가능하다.

국민의 기본권보장을 위한 개개인의 부분적인 기본권 및 알 권리의 제한은 개개인이 불가피한 이유를 인정하고 최소한의 제한이 되도록 하여 결국 개개인에게 이익이 되어야 할 것이다.

여기에서 우리는 언론 자유의 관점에서 국민의 알 권리에 대해 살펴보고 필요에 따른 기본권 제한에 대해 구체적으로 살펴볼 필요가 있을 것이다.

2. 국민의 알 권리와 정보환경의 변화

현대 정보화 사회의 전개에 따라 국민의 자유와 권리의 보장에 관해서도 종래 제대로 인식되지 못하였거나 혹은 외면되었던 사항들이 새로이 그 중요성을 인지하게 되었다. 따라서 새로이 그 중요성이 인식되고 있는 국민의 자유와 권리에 관한 연구가 국내외에서 본격적으로 전개되고 있으며 이에 따른 법적·제도적 장치가 한층 강화되고 있다. 이와 관련하여 주권자인 국민이 오늘날 만연되고 있는 정치적 소외현상으로부터 일탈하여 널리 국정상황을 정확히 파악하여 올바른 정치적 의사형성을 기함으로써 현대 대의민주정치의 위기를 극복하기 위해서는 전통적인 관료행정의 비밀주의를 극복하여 널리 국민의 알 권리를 확보하여야 할 필요성이 대두된다.164)

오늘날의 국가는 끊임없이 다가오는 위협 즉 국가 간의 대립에 대응하려는 군사외교적 전략, 경제적 침략, 환경의 악화 등에 대비한 사회적 안전보장 정책, 세계화·정보화에 따르는 문화적 혼란과 사이버전에 대처하기 위해서는 국가비밀의 중요성을 더없이 요구하게 되었고 국가는 그 관리에 있어서도 과학적인 관리기법에 역점을 두며 그 은닉성을 한층 더 높이고 있다. 한편 국민은 국가의 주인으로서 국가운영에 대한 정보를 적극적으로 알기를 원하고 최상의 서비스를 받기를 원한다.

이러한 알 권리는 헌법 제10조의 "인간으로서의 존엄과 가치, 행복추구권"에 의하여 헌법상 승인된다고 할 수 있다.165) 인권에 대한 세계선언 제19조는 "모든 사람은 모든 수단에 의하여 국경을 초월하여 정보와 사상을 입수 또는 전달할 자유를 갖는다." 하여 알 권리를 나타내고 있다.

알 권리(right to know)는 흔히 정보의 자유(Freedom of Information)와 동일한 의미로 이해되고 있다. 이러한 알 권리의 정립은 바로 현대적인 정보사회의 진전에 따른 정보체계의 근본적인 변화와 맥락을 같이 하는 것으로써 일반적으로 알 권리는 전통적으로 정보전달체계와 직접적인 관련성을 견지하여 온 표현의 자유의 한 내용으로써 이해되어 왔다. 그러나 알 권리가 단순한 표현의 자유의 한 내용이 아니라 주권자인 국민의 정보욕구를 충족시켜 주고 이를 통하여 전통적이고 소극적 지위에 있던 국민의 입장도 보다 적극적인 입장 즉 적극적으로 주권자의 입장에서 정보전달체계에 직접적으로 개입할 수 있다는 점에서 그 의의를 찾을 수 있다.166)

알 권리(정보의 자유)라 함은 일반적으로 접근할 수 있는 정보를

---

164) 성낙인, 전게서, 1998, 357면.
165) 김철수, 전게서, 137면.
166) 성낙인, 전게서, 1998, 358면.

받아들이고, 받아들인 정보를 취사선택할 수 있고(소극적 자유), 의사형성·여론형성에 필요한 정보를 적극적으로 수집할 수 있는(적극적 자유) 권리이다.[167] 알 권리를 기본권으로 본격적 논의를 시작한 것이 오래되지 않아 헌법상 명문으로 보장하고 있는 예를 별로 찾아보기 어렵다.

한국헌법에서도 명문의 규정은 없지만 알 권리는 헌법적 가치를 갖는 기본권으로 이해하는 데 이론이 없다. 그런데 알 권리의 헌법적 근거에 관해서는 논란의 소지가 있다. 원래 알 권리는 정보의 자유라는 측면에서 그것은 헌법상 표현의 자유 특히 언론자유의 한 내용으로서 이해되어 왔다. 그러나 알 권리가 갖는 현대 정보사회에서의 권리로서의 특성을 발휘하기 위해서는 알 권리를 단순히 표현의 자유 또는 언론자유의 한 내용으로서만 이해하는 데는 일정한 한계가 있다고 본다.

알 권리는 오늘날 그 적극적인 측면을 강조하여 국민주권주의의 실질적인 실현을 위한 권리로서의 기능이 특히 강조되고 있는 것이다. 특히 정보공개법이 제정되어 정보공개청구권이 제도화되고 있는 이면에는 바로 알 권리의 구체화 또는 현실화로서의 적극적인 권리행사가 바로 주권자로서의 국정에 대한 비판과 감시를 현실화한다는 의미를 포괄하게 된다. 또한 알 권리는 단순히 언론 자유의 한 내용으로 머무는 권리가 아니라 적극적으로 인간존엄을 실현하기 위한 권리로서 인정되어야 한다.

이러한 국민주권주의와 인간의 존엄성 실현이라는 측면에 기초하여 참정권적인 성격과 인간다운 생활을 할 권리의 보장 또는 청구권적 기본권의 성격이 도출될 수 있을 것이다.[168]

---

167) 안용교, 한국헌법, 고시연구사, 1989, 410면, 권영성, 전게서, 445면, 허영, 전게서, 516면.
168) 성낙인, 전게서, 1998, 360면.

알 권리는 표현의 자유 이전에 국민주권주의의 실현이라는 관점에서 오히려 더 중점을 둘 수 있을 것으로 본다. 또한 그것은 인간의 존엄의 실현에 직접적으로 관계되는 문제이기도 한다. 다만 인간다운 생활을 할 권리에 대해 알 권리의 헌법적 기초로 이해하는 것은 자칫 헌법에 열거되지 아니한 기본권의 헌법적 근거를 지나치게 확대해석할 소지가 있다고 본다. 왜냐하면 인간다운 생활을 할 권리란 그것이 기본적으로 생존권적 기본권(사회권)으로서의 본질을 갖고 있기 때문이다. 한편 알 권리의 핵심적 가치를 청구권적 기본권에 두고 있는 것은 자칫 알 권리의 헌법적 가치를 기본권 보장을 위한 기본권으로 전락시킬 우려가 있기 때문이라고 본다.[169]

(1) 알 권리의 내용

알 권리는 소극적으로 정보를 받아들이는 권리로서의 측면과, 적극적으로 정보를 수집하는 권리를 포괄하게 된다. 여기서 소극적인 정보의 수령권과 적극적인 정보의 수집권이 제기된다.

1) 소극적인 정보의 수령권

소극적인 정보의 수령권은 사실 종래 언론매체 등을 통하여 일방적으로 전달되는 것을 의미한다. 이러한 정보의 단순한 수령은 정보제공자에 의하여 제공된 정보를 일방적으로 수령하여 이를 취사선택하는 소극적인 지위에 있게 된다. 정보의 전달체계에서 본다면 알 권리의 실질적인 구현을 위해서는 제공되는 정보 자체가 객관적인 공정한 정보여야 할 것이다. 바로 이러한 객관적이고 공정한 정보가 제공되기 위해서는 전통적으로 국민에 대한 정보제공의 원천으로서

---

169) 성낙인, 상게서, 361-362면.

언론보도의 자유가 제기된다. 따라서 알 권리와 언론(報道)의 자유는 상호 보완적인 관계에 놓이게 된다.

사실 언론보도에 대하여서는 전통적으로 이에 대한 공권력의 개입에 의한 정보의 왜곡현상이 특히 심각하게 문제로 제기되어 왔다. 그러나 민주화에 의해 공권력에 의한 정보의 왜곡현상은 상당부분 완화된 편이다.

다른 한편 언론이 갖는 기관적인 특성 즉 언론기관은 대체로 주식회사의 형태를 취하고 있기 때문에 이들 기업의 합병과 결합을 통하여 정보를 제공하는 언론기관 자체가 독점화·과점화 현상을 초래할 경우에 공정하고 객관적인 보도가 상당부분 왜곡될 소지가 있게 된다.

언론기업 내부의 문제 또한 알 권리에 위협적인 요소로 작용할 수 있다. 여기에 기업으로서의 언론과 언론이 갖는 공적 과업의 조화가 요망된다. 경영과 기업의 상호보완을 통한 편집·편성의 자유가 요망된다. 그것은 궁극적으로 보도의 자유, 취재의 자유의 문제로 제기된다.

또한 공공기관이 국민의 알 권리의 충족을 위하여 스스로 적극적으로 공공기관이 보유하는 정보를 제공하는 것도 알 권리의 실질화를 위하여 바람직한 일이다. 실제로 이러한 정보공개의 원리는 바로 공공기관이 보유하는 정보의 컴퓨터화를 통하여 보다 현실화될 수 있을 것이다. 공공기관이 직접 정보를 제공할 경우조차도 종래에 국민은 언론보도를 통하여 이를 접할 수 있었다. 그러나 정보과학의 발달에 따라 PC통신이나 인터넷을 통하여 직접 정보에 접근·이용할 수 있다는 점에서 상당한 변화를 맞고 있다.[170]

그러나 정보의 수령이 언론 보도를 통하든 공공기관의 직접적인

---

170) 이종상, "헌법상 기본권보장을 위한 정보공개와 사생활비밀보호제도", 경남법학 11, 1996, 245면.

정보제공을 통하든 간에 국민의 입장에서는 단지 제공된 정보의 소극적인 수령에 불과하다는 점에서 알 권리의 적극적인 구현이 요망되게 한다.

2) 적극적인 정보의 수집권

국민의 입장에서 단순히 공공기관이나 언론보도를 통하여 제공되는 정보를 수령하여 이를 취사선택하는 것이 아니라 적극적으로 스스로 정보를 수집할 수 있는 권리가 알 권리의 현대적인 측면이라 할 수 있다.

알 권리의 국민 개개인의 입장에서의 구현이라는 측면에서 본다면 언론기관의 보도를 통한 알 권리의 실현은 그 자체로서 국민 개개인의 입장에서 본다면 소극적인 정보의 수령으로 이해될 수 있다. 그러나 언론보도도 결국 국민의 알 권리를 구현하기 위한 매체라는 측면에서 이해한다면 취재의 자유를 포함한 언론보도의 자유는 적극적인 정보의 수집이라는 관점에서 이해될 수도 있다.171) 그러나 알 권리를 국민 개개인의 주권적 지위의 실현 또는 기본권 실현이라는 관점에서 이해한다면 역시 언론 보도의 자유는 국민의 입장에서는 소극적인 측면에서 이해하여야 할 것으로 본다. 알 권리의 적극적인 구현은 바로 정보공개제도로 달성될 수 있다. 여기에 정보공개제도가 갖는 헌법적 가치가 논의되게 하며, 이러한 정보공개제도의 법적 제도화가 필요하게 된다. 그런데 이러한 정보공개제도는 기본적으로 국민 개개인이 행정기관을 중심으로 한 공공기관에 정보공개를 청구함으로써 구현된다고 본다면 언론기관을 포함한 사적 기관에 대한 국민의 액세스권과는 제도 본질에서 구별된다.

매스미디어에 대한 국민의 액세스는 언론이 갖는 일방적인 정보

---

171) 권형준, "알 권리", 고시계 468, 1996, 103면.

전달체계와 그에 따른 언론의 왜곡된 보도 등으로 인하여 국민의 정보의 자유가 무력화될 소지를 배제한다는 측면에서 긍정적으로 이해되고 있다. 이러한 액세스권은 반론권과 의견광고 등의 형태로 구현되고 있다. 그것은 언론이 갖는 공공적 성격에 기초하여 제기된 이론이나 기본적으로 사적 기관인 언론에 대한 액세스권의 구현형태는 각국마다 이론과 제도상의 차이를 드러내고 있다.

한편 언론기관도 아닌 사적 기관에 대한 알 권리의 구현이 가능할 것인지도 의문이다. 현실적으로 알 권리는 공적 권리로서의 성격이 강하기 때문에 사적 기관 예컨대 기업에 대한 국민의 정보공개청구는 현실적으로 불가능하다고 보아야 할 것이다. 다만 오늘날 기업의 사회적 책임론이 제기되고 있고, 특히 소비자 보호·환경보호 등의 시각에서 기업에 대한 규제가 법적으로 강화되고 있는 실정에 비추어 본다면 국가기관에 의한 규제를 통한 알 권리의 간접적인 구현이 가능할 것이고, 나아가서 시민단체의 활동을 통하여서도 최소한의 목적은 달성될 수 있으리라고 본다.[172]

끝으로 알 권리와 상호보완적인 관계에 있는 자기정보에 대한 통제권도 실제로는 알 권리의 관점에서도 이해될 수 있다. 즉 공공기관이 보유하는 개인정보에 대하여 국민 개개인이 접근·이용할 수 있어야 한다는 점에서 그것은 개인의 알 권리 충족기능을 갖는다고 본다. 그러나 이 문제는 본질적으로 사생활의 비밀과 보호라는 관점에서 개인정보 보호의 시각에서 보다 진지한 논의가 이루어져야 할 사안이다.[173]

---

172) 안용교, 전게서, 415면.
173) 성낙인, 전게서, 367-369면.

(2) 알 권리의 제한

알 권리도 헌법 제37조제2항에 따라 국가안전보장·질서유지·공공복리를 위하여 필요한 경우에 한하여 법률로써 제한할 수 있으나 알 권리의 본질적 내용에 대한 제한은 불가능하다. 또한 알 권리의 표현의 자유의 성격에 비추어 본다면 헌법 제21조제4항에 기초한 언론의 사회적 책임의 논리를 피할 수 없을 것이다. 그러나 알 권리가 갖는 국민주권주의의 실현 및 인간존엄성의 실현이라는 측면에 비추어본다면 그 제한에는 엄격하여야 할 것이다.

알 권리의 제한은 곧장 정보공개법상의 공개제한대상과 직접적으로 연관된다. 미국의 정보공개법을 비롯한 외국의 정보공개법에서 일반화된 비공개정보의 범위는 한국의 <공공기관정보공개에관한법률> 제7조제1항에서도 명시하고 있다.

알 권리의 제한과 관련된 주된 문제점은 국가안전보장과 관련된 기밀·사생활의 비밀과 자유(privacy)의 보장과의 관계·영업상 비밀·의료비밀 등이 문제되고 있다.

안보와 관련된 정부의 정책이나 행정절차와 이해관계에 놓인 시민의 경우 안보관련 정책이 담긴 문건의 열람은 원칙적으로 불가능할 뿐 아니라 국민의 알 권리를 충족시켜야 하는 기자의 경우도 마찬가지이다. 하지만 언론기관의 속성상 정부부처가 발표한 내용에만 전적으로 의지해 천편일률적인 기사만을 송달할 수도 없는 입장이므로 대외비에 해당하는 사항을 건드리지 않고는 보도활동 자체가 불가능하다는 것이다. 특히 현재 입안 중이거나 관련국들과의 협상이 진행 중인 사안, 특히 관련부처 간 의견조율 중인 정책에 대한 취재는 기자의 취재력을 가름하는 기준일 수도 있기 때문에 사실상 대부분의 사항들을 비밀의 틀 안에 묶어둔 정부와 아직까지 국민에게 알려지지 않은 사실들을 끄집어내 보도해야 하는 언론의 입장은

대부분의 경우 상충할 수밖에 없다.[174]

헌법상 명시적인 규정이 없는 알 권리가 이제 헌법상의 권리로서 확립되었을 뿐만 아니라 그것은 국민주권주의의 실현을 위한 원리로서의 성격을 갖는다는 점에서 그 의의를 찾을 수 있다. 특히 이러한 알 권리의 현실화는 정보과학기술의 국가생활 속에서의 실현이라는 측면을 강하게 내포하고 있다. 앞으로 정보공개법의 적극적인 실현을 통하여 알 권리의 내실을 기하여야 할 것이다.[175]

3. 보도자유의 진정한 의미

정보도화사회에서 분출하는 정보는 언론기관의 보도를 통해서 국민의 알 권리를 충족시키게 된다. 따라서 언론의 보도는 신속하고 공정하게 사실에 입각하여 아무런 간섭 없이 이루어져야 한다. 보도의 자유는 신문·잡지·방송 등 매스미디어의 자유를 포괄하게 되는데 신문보도의 자유가 대표적이다. 보도의 자유에는 뉴스 등을 보도할 자유뿐만 아니라 신문 등의 발행의 자유, 신문 등의 배포의 자유까지 포괄하게 된다. 그러나 보도의 자유는 진실보도 의무를 동시에 갖게 된다.[176]

보도의 자유는 개인이 사회 속에서 자유롭게 자기의사를 전달하고 표현하여 공감대를 형성하거나 비판을 받으면서 인격을 계발하고 인간다운 생활을 할 수 있기 위해서 필요하다.

또는 매스미디어를 통한 보도의 자유는 정부나 국가권력을 견제하는 기능으로서 국민이 주권을 확립하는 역할을 한다. 국정에 관한

---

174) 김용호, "안보와 언론보도의 상호관련성 연구", 안보학술논집 7,2('96. 12.), 551 − 552면.
175) 성낙인, 전게서, 369 − 370면.
176) 상게서.

의사의 형성, 국정에 대한 감시와 비판을 가능케 하여 헌법 제1조
제1항의 국민주권의 원리를 실현함에 불가결한 요소일 뿐만 아니라
인격의 자유로운 발전과 행복추구를 위해서도 반드시 필요한 것으
로 헌법 제10조의 인간의 존엄성 존중 및 행복추구권도 그 제도적
보장의 기초를 이루고 있다 하겠다.[177]

언론기관은 진실한 정보를 국민에게 알릴 권리와 책무를 가지게
되며, 이러한 공공적 기능을 수행하기 위하여, 보도 및 논평의 자유,
취재의 자유, 보급의 자유, 그 밖에 출판 시기의 결정·편집활동 등
보조활동의 자유 등을 보장받지 않으면 아니 된다.[178]

(1) 보도자유의 의의

보도자유라는 것은 출판물 또는 전파매체에 의하여 의사를 표현
하고 사실을 전달함으로써 여론형성에 참여할 수 있는 자유, 즉 매
스컴의 자유를 의미한다.

(2) 법적 근거

헌법 제21조1항의 표현의 자유에 포함되어 보장되는 권리로서 모든
문제에 대하여 공정하게 논평하고 사실을 보도할 자유를 의미한다.

헌법 제10조의 인간의 존엄성 및 행복추구권도 보도자유의 제도
적 보장의 기초를 이루고 있다.

---

177) 권영성, 전게서, 424면.
178) 박철언, 전게논문, 28면.

(3) 내 용

출판물에 의한 보도의 자유(신문의 자유)에는 신문발행의 자유, 신문편집·보도의 자유, 취재의 자유, 신문보급의 자유가 있다.
언론매체에 의한 보도의 자유에는 방송과 방영의 자유가 있다.

(4) 한 계

헌법 제21조4항은 "언론·출판은 타인의 명예나 권리 또는 공중도덕이나 사회윤리를 침해하여서는 아니 된다."고 규정하고 있다.
고의나 중대한 과실로 인한 허위보도는 신문의 자유를 남용하는 것으로 보호받을 수 없다. 또한 경미한 과실에 의한 경우라도 사후에 정정이나 손해배상 등의 책임을 부담(정기간행물의간행등에관한법률 및 방송법)한다.

(5) 언론기관시설 법정주의

보도의 자유를 확립하기 위해서는 권력이나 자본으로부터 자유롭고 독자적으로 존립할 수 있는 조직과 형태를 갖추어야 한다. 이에 따라 헌법 제21조제3항은 "통신·방송의 시설기준과 신문의 기능을 유지하기 위하여 필요한 사항은 법률로 정한다."고 하여 언론기관시설 법정주의를 명시하고 있다. 한편 '정기간행물의등록등에관한법률'과 '방송법'은 언론기관 설립의 자유에 관한 제한규정을 두고 있다.

(6) 취재의 자유

보도의 자유는 취재의 자유 없이는 실질적으로 확립될 수 없기 때문에 보도의 자유에 소극적 정보수집권으로서 취재의 자유가 당연히 포함된다. 특히 취재과정에서 공권력과의 갈등 문제가 자칫 언론의 자유 자체를 위협할 수 있는 문제상황을 야기하기도 한다.[179]

(7) 언론기관 내부의 자유

언론의 자유는 언론기관이나 언론인의 국가로부터의 자유도 중요하지만, 오늘날 언론기관이 대기업화·독과점화함에 따라 언론기관의 상업화와 그에 따른 국민 의사의 왜곡이 나타나게 된다. 언론 경영자의 인사권, 경영권, 운영권이 언론종사자의 편집권을 침해하지 않도록 제도적 보상이 마련되어야 한다. 언론종사자의 편집권은 헌법상 언론의 자유의 기본적 내용이므로 언론기업 경영자의 경영권이 편집권을 침해하지 않아야 할 것이다. 그런 의미에서 편집·편성권의 경영권으로부터 독립을 헌법상 제도적으로 보장하는 것도 이상적인 입법방향으로 볼 수 있다. 편집권의 경영으로부터의 독립과 공정성을 확보하기 위하여 오늘날 언론인의 신분을 법적으로 보호하는 경향을 띠고 있다.

---

179) 성낙인, 전게서, 80－91면.

Ⅱ. 국가보안을 위한 언론자유의 제한

1. 제한의 필요성

언론의 자유는 정신적 자유의 핵을 이룰 뿐 아니라 민주사회의
초석이므로 최대한 보장되어야 한다. 그러나 언론의 자유도 아무런
제약을 받지 아니하는 절대적·무제한의 자유는 아니다. 언론의 자유
도 자유민주적 기본질서에 위배되어서는 아니 되고, 국가의 존립을
위태롭게 하여서는 아니 되며, 타인의 명예를 훼손하거나 도덕률에
위반할 수 없다. 여기에 언론자유의 내재적 한계가 있다.[180]

언론이 타인의 명예훼손, 사생활의 비밀과 자유의 침입, 공중도덕
이나 사회윤리에 반하는 경우, 선동 등으로 그 한계를 벗어날 때에
는 그 책임을 면할 수 없고 언론규제도 당연히 용인된다.

헌법 제37조제2항에서도 국민의 자유와 권리는 국가안전보장·질서
유지 또는 공공복리를 위하여 필요한 경우에는 법률로써 제한할 수
있게 하고 있다. 따라서 언론의 자유에 관해서도 필요하고 합리적인
제한은 허용된다.

언론의 자유를 제한함에는 그 제한이 사전통제냐 사후제한이냐에
따라 그 목적·근거·범위·방법 등에 관한 엄격한 기준이 제시되어야 하
고, 그에 관한 해석도 엄격하지 않으면 안 된다.

2. 제한에 관한 원리

언론의 자유가 인간의 존엄과 가치에 직결하고 참된 여론형성의
중요한 역할을 하고 있지만 국가 공동체의 안전보장을 전제로 한

---

180) 박철언, 전게논문, 30면.

자유이므로 언론의 자유가 본래의 기능에 충실하지 못하고 국민의 존엄성과 가치에 위배되며 국민을 보호하는 국가의 존립에 위배될 때에는 제한을 받을 수밖에 없다. 또한 언론기관 및 언론의 자유 그 자체가 국민과 국가권력 사이의 숭고한 중개자인 양하면서 그 자체의 모순에 빠지는 역기능을 할 때 최종적으로 국민의 이익인 국익이라는 명분으로 언론의 자유를 제한하여야 한다.

문제는 그 자유의 제한이 어떠한 근거에서, 어떠한 범위로, 또 어떠한 형식으로 가능한가 하는 것이다.[181]

미국은 대법원의 판례에서 다음의 원칙을 도출하고 있다.[182]

(1) 사전 억제금지의 원칙

출판의 자유란 단지 출판에 대한 사전 억제를 가하지 않는 데 있는 것이지 출판 후에 형사 문제로서 처벌로부터 자유롭다는 데 있는 것은 아니다. 모든 자유인이 공중 앞에서 자기가 좋아하는 감정을 나타낼 수 있는 권리를 가지고 있는 것은 명백하다. 그러나 부당하거나 악의적이거나 또는 불법적인 것을 출판하였다면 그 자신의 무모함이 빚어낸 결과에 대하여 책임을 져야 한다[183]는 것은 언론이 사전적인 제한으로부터는 방면되지만 사후적인 검열에 의한 처벌 등은 받지 않을 수 없다는 것이다.

(2) 위험한 경향의 원칙

이 원칙은 본질적 해악을 가져올 경향이 있는 표현이나 또는 입법

---

181) 박철언, 전게논문, 38면.
182) 박철언, 상게논문, 38－47면.
183) Blackstone's Commentaries, S.152. (Published in 1758)

부가 그러한 경향이 있다고 합리적으로 믿을 수 있는 표현은 이를 금지할 수 있다는 이론이다. 이것은 1917년에 제정된 방첩법(Espionage Act)위반사건에서 구체화되었다.[184]

이 법은 정치적 혼란을 수습하기 위하여 구두나 문서에 의한 범죄적 무정부주의(Criminal anarchy)의 선동을 금지한 것으로서, 무정부 상태를 정의하여 "무력 또는 폭력에 의하거나 정부의 행정수반 혹은 불특정 공무원의 암살 또는 다른 불법적인 수단에 의하여 정부를 전복하려는 것"이라고 규정하였다.[185]

(3) 명백하고 현존하는 위험의 원칙

「언론의 자유는 폭력과 다름없는 언사의 금지로부터 사람을 보호하지 않을 것이다. 모든 경우에 있어서의 문제는 언어가 의회가 방지할 권한을 가지는 실질적인 악행을 초래하는 명백하고도 현존하는 위험을 발생하게 하는 상황하에서 사용되고 또한 그러한 위험을 발생하게 하는 성질을 가지느냐 아니냐에 있다. 그것은 근접성과 정도의 문제이다. 국가가 전쟁을 수행하고 있을 때에는 평화 시에는 말해도 무방한 많은 것들이 전쟁수행을 위한 노력에 장애가 되기 때문에 국민이 싸우고 있는 동안에 그것을 말하는 것이 허용되지 않으며, 어떠한 법원도 그것이 헌법상 권리에 의하여 보호되는 것이라고는 생각할 수 없는 것이다.」라고 하였다.[186]

이것은 언론이 위법하게 되는 것이 그것이 '명백하고' 동시에 '현존하는' 정도로 '실질적 해악'에 대한 위험을 표출하는 경우라야 한다는 것이다.[187]

---

184) 박철언, 전게논문, 41면.
185) 박철언, 상게논문, 41면.
186) Sehemok V. United States, 249. U.S.47(1919)

(4) 우월한 지위의 이론

언론 기타 정신적 자유를 규정한 미국헌법 조문은 헌법의 위치체계상 여타의 헌법규정은 물론 권리장전의 다른 규정보다 상위의 가치평가를 받는다는 것이다. 우월적 지위론을 독자적으로 높이 평가하게 되는 것은 이 이론이 확립한 소송절차상의 제 이론이기 때문이다. 그들 중에는 "입법의 합헌성 추정의 배제, 당사자 적격의 완화, 거증책임의 전환, 언론관계법에 관한 엄격해석주의, 적법 절차의 더욱 엄격한 기준 요구" 등 여러 가지 원칙들이 있다. 이들은 언론 및 사상에 관한 자유의 우월성을 뒷받침하기 위하여 개별적인 사건에 있어서 독자적으로 또는 다른 원칙과의 제휴하에 사용·발전되었다.

(5) 이익형량의 이론

언론의 자유를 제한함에 있어서, 언론의 자유를 보호함으로써 얻는 이익이 그것을 제약하는 데서 얻어지는 이익을 개개의 사정에 따라 구체적인 상황을 고려하여서 결정한다는 것이 '이익형량(ad hoc balancing)'의 이론이다. 이것은 국가비밀의 유지가 국익과 국민의 이익에 부합될 때 언론의 자유의 제한이론으로서 그 타당성이 인정될 것이다.

Ⅲ. 언론의 자유보장을 전제로 한 국가보안

우리 사회에서 언론은 '권력의 제4부'로 일컬어질 정도로 정책

---

187) 박철언, 전게논문, 43면.

전반에 걸쳐 적지 않은 영향력을 행사해 왔으며 이에 따라 언론인의 영향력도 여느 고위관리 못지않은 수준으로 평가돼 온 것이 사실이다. 특정정책사안은 언론보도의 향배에 따라 그 시행이 보류되기도 하며 전면 재검토되기도 할 정도로 언론의 영향력은 이제 정책결정과정에서 무시할 수 없는 변수가 됐다.

이에 못지않게 우리 사회에서 중요시되는 이슈 중 하나가 안보문제이다. 특히 북한과 대치하고 있는 상황에서 안보문제의 중요성은 시대의 변화와 관계없이 국민의 안전권을 보장한다는 차원에서 여전히 중요한 이슈로 남아 있을 수밖에 없는 현실이다. 안보문제에 관한 한 국민의 안전을 보장하고 국가의 안위를 취급한다는 측면에서 국민의 기본권보다도 우선한다는 논리는 분단이 계속되는 한 설득력이 있을 것으로 판단된다.[188]

국가의 중요한 비밀의 안전한 관리는 국가이익을 위해서 절대적으로 필요하다. 예를 들면 군사외교적 교섭이나 절충과정에서 그 기본의도와 목표하는 바가 누설되면 경우에 따라서 진행 전보다 더 큰 손실과 위험을 초래할 수가 있다. 국가안전보장의 개념이 군사적, 국제 외교적 안전보장에서 국민에게 실감되는 국내적 안전보장의 내치와 정치·경제, 문화환경 등의 인권이 존중되어야 하는 사회적인 요소에까지 확대되고 있는 오늘날에는 외형적으로 드러나는 군사적 규모와 외교적 전략보다 드러나지 않고 실속을 가질 수 있는 즉 국익차원의 전략과 전술이 함축된 범국가적 보안관리 시스템이 가동되어야 할 것이다. 특히 주로 관리대상이 국방, 공공기관의 비밀유지 및 비밀관리로서 취급되던 국가보안은 이제 기업보안으로까지 확대되어야 할 필요성이 절실해졌다. 국가는 국민 개개인과 기업 등의 경쟁력 있는 국가이익에 직결되는 사안은 헌법의 규정대로

---

188) 김용호, 전게논문, 533-534면.

170

국가가 당연히 보호해 주어야 하고 국민은 그들을 위한 보안 시스템 운용에 기꺼이 동참하여야 할 것이다. 다만 국가가 이처럼 비밀을 보장하고 계속 비공개상태로 이를 유지하여 나간다면 아래와 같은 여러 가지 점이 그 폐단으로 나타날 수 있을 것이다.

우선 비밀이 누설되어 일반에게 알려지는 것이 국가의 이익에 반할 때에는 누설하는 것 자체를 사전에 억제하는 방법이 유효하다고 생각되고, 이것은 언론의 자유에 있어서 가장 위험한 검열제를 지지하는 이유로 되는 경향이 될 수 있다. 그리고 비밀의 범위가 불명확하기 때문에 광범위하게 언론의 자유를 제약할 위험성이 있다. 정부 측은 진정한 기밀사항의 범위를 넘어서 행정상 공개되는 경우 스스로에게 불리하다고 판단되는 것을 포함시켜 버릴 가능성이 없지 아니하다. 한편 기밀에 관련되는 사항은 국정상의 중요사항인 것이 많은데 만약 이것이 보도되지 않는다면 국정이 국민의 합의에 의하여 이루어진다고 하는 민주주의 이념에 위배된다.[189]

국가안전관리 시스템으로서 국가보안제도는 비밀누설을 억제하는 투명한 법적 제도를 공시하고 필수적인 비밀요소에 대해 완벽한 보안시스템을 적용하여 국민의 알 권리의 부재의식을 없애 주고 언론기관이 국민적 합의를 유도하며, 보안에 책임이 있는 기관들의 견제와 협의를 통해서 정보서비스 방안을 강구하여 국민이 최대한 언론의 자유를 만끽할 수 있게 하여야 한다. 이것은 역사의 평가에서도 당당할 수 있는 것이어야 한다. 그 보안조치가 궁극적으로 국민에게 행복과 평안을 가져다주는 국민의 기본권을 존중하는 결과라고 국가의 주인인 국민이 인정하는 수준이어야 한다.

---

189) 박철언, 전게논문, 47 - 48면.

1. 정부권력에 대한 언론의 견제

언론은 정부의 정책결정과 집행에 비판과 견제와 대안을 끊임없이 제기하고 여론조성과 여론의 정책투입기능을 수행함으로써 권력의 독단을 방지함은 물론 국민통합과 일체감의 형성을 도모하는 정치체제의 궁극적 목적을 달성하는 데 이바지한다. 언론의 이와 같은 비판과 논쟁기능을 외부사회로부터 보호하여 주는 것이 정치체제의 기능이요, 자율적 기능에 대한 지배정당성의 근거가 된다.[190]

안보기관의 업무상 때로는 보안유지 차원에서 언론에까지 사실을 왜곡해야 할 필요가 있다. 더구나 특정정책이나 작전이 언론에 미리 노출돼 이에 대한 취재 요구가 있을 경우 보안의 유지를 위해 작전의 실행시기는 물론 계획의 유무 자체도 누설할 수 없는 경우가 있다. 더구나 질문에 대해 일체 언급하지 않을 경우(no comment)는 반긍정의 의미로 받아들여지는 현 언론관행상 사실의 왜곡은 불가피하다는 견해가 안보기관주변에서는 지배적인 실정이다.

그러므로 언론은 정부권력이 국민으로부터 위임받은 것임을 명백히 하여, 국민의 입장에서 대변하는 역할을 할 때 국민으로부터 사랑과 지지를 받으며 정부와 일체감을 갖게 하는 국민통합의 기능에 충실하게 될 것이다. 또한 언론이 정의와 진실을 기준으로 국가이익을 위해서 국가보안상의 문제에 대해서 탄력적인 운용의 묘를 살릴 필요가 있다. 이는 국내적인 문제보다 국제관계에 한할 때 그 국민적 지지와 공감이 이루어질 것이다.

---

190) "Nachrich ten", A springervig. AG. Berlim, 1974, s.15 참조.

2. 언론의 사회적 책임과 의무

19세기 자유주의자들은 개인의 기본적 자유로서 언론의 자유는 누구나 올바르게 판단하고 선택할 능력을 지닌 합리적이고 이성적인 존재로서 모든 것을 표현할 수 있다고 생각하였다. 그러나 개인이 국가라는 개념으로 존재하는 한, 국민이 한 사람으로서 국가를 초월하여 자유를 무제한적으로 누릴 수 없을 것이다. 언론의 자유로 인한 개개인 간에 있을 수 있는 국민으로서의 국가적 의무를 생각하게 된다. 언론의 자유는 민주시민이 누리는 가장 기본적인 권리이며 이에 대한 제한은 필요불가결한 경우에 한하여 또한 그 최소한의 범위에 그쳐야 한다는 것이 민주헌정의 기본원칙이다.191)

자유주의 언론이론은 자유시장을 규범적 전제로 하여 언론시장에서 소비와 공급의 사회적 힘에 의존하는 것이 언론자유의 가치를 신장시킬 수 있다는 이론이다. 따라서 정부에 의한 언론의 내용규제를 철저하게 배제하여야 한다는 명제에 입각하고 있다. 반면 사회적 책임이론은 사상의 자유시장을 용인하면서도 그에 따라 야기되는 사회적 폐해를 최소화시키고 언론자유의 본질적 요소인 견해의 다양성이라는 민주적 가치를 실현시키기 위해서는 일정한 정도 언론에 대한 정부의 규제가 불가피하다고 보는 이론이다.192)

개별적인 언론의 자유는 사회적, 문화적, 과학기술의 발달로 인해 신문이나 방송 등의 매스미디어가 중계역할을 하게 되었는데, 이것이 거대화되고 기업화되면서 역기능적인 면이 부각되고 이것은 곧 언론규제의 대상으로 되면서 언론의 사회적 책임을 요구하게 되었다.

언론보도는 원칙적으로 국민의 알 권리를 충족시켜 주는 기능을 수행한다. 따라서 사실의 보도업무가 주요 기능이다. 최근에는 단순

---

191) 박철언, 전게논문, 209면.
192) 성낙인, 전게서, 183 - 184면.

한 사실의 보도기능에서 해설과 기획기사로 보도의 중심이 옮겨가는 추세이고 똑같은 사건이라도 어떻게 해석하는가에 따라 언론사의 성격이 정해지는 경향이 나타나기도 한다. 언론이 정부의 정책, 특히 안보관련 사안을 보도하는 데에는 여러 가지 제약이 뒤따른다. 이는 국민의 알 권리 못지않게 국가의 존립 및 국민의 안전과 직결되는 안보문제 또한 중요하다는 논리에 기초하고 있다. 때문에 언론의 보도는 정부의 정보공개 여부에 적지 않은 영향을 받게 되며 정보의 공개가 이뤄지지 않은 경우 사실의 발굴을 위한 기자들의 취재력 여부에 따라 국민들의 알 권리가 충족되는 정도가 달라진다고 볼 수 있다.

언론이 정부의 이익을 위해 이용되는 사례도 종종 있다. 이 유형은 정부가 국민들의 관심을 환기시키고 여론을 정부 측에 유리하게 이끌 필요가 있다거나 혹은 현재 진행되고 있는 특정사안에 대한 국민적 지지나 호의적 분위기를 조성해야 할 필요가 있을 때 관련 정보를 언론에 흘리는 경우이다. 때로는 외국과의 협상을 벌이기 전에 여론을 유리한 쪽으로 유도함으로써 이를 협상에서의 입지강화에 활용하는 경우도 있다. 대부분의 경우 언론은 정부의 의도를 감지한 상황에서 보도하게 되지만 때로는 언론이 정부의 의도를 미처 파악하지 못하는 경우도 없지 않다.

항상 새로운 사실을 신속히 보도해야 하는 언론의 속성과 여론을 유리한 방향으로 조성해야 하는 정부의 정책적 필요가 맞물려 발생하는 이러한 경우는 특정사안을 정부쪽에서 먼저 제기할 수 없을 때 이를 언론에 흘려 쟁점화한 뒤 정부가 입장을 표명하거나 정책을 추진할 때 사용되기도 한다. 공정성을 유지해야 하는 언론이 정부에 이용되는 부정적인 측면이 있지만 정부가 흘리는 정보가 사실임에는 틀림이 없는 만큼 언론이 보도대상이 된다는 측면에서 이를 부정적으로 판단하는 것은 무리가 있다. 제공된 정보에 대한 판단은 정보의 이용자, 즉 독자나 시청자들의 몫이기 때문이다.

언론은 국가권력이 국민으로부터 나온 것이고 국민이 국가의 주인임을 명심하고 언론은 국가사회 전반적인 사안에 대해서 진실하게 알리고 국민의 의사를 통합하는, 또한 국가이익과 국가발전에 저해되는 사안에 대해 비판하는 것에 충실해야 할 것이다. 특히 국가의 중요한 정책에 대한 국민적 갈등과 대립이 존재하는 사안에 대해서는 한쪽에 편중되지 않으며 국가의 이익이 심도 있게 고려되도록 객관적 사실보도와 판단자료를 제공하는 데 신중을 기해야 할 것이다.

3. 언론의 자유에 부합된 국가보안

언론과 정부의 대립은 국가보안을 해석하는 시각과 입장의 차이에서 비롯되는 경우가 많다. 권력은 국가보안을 확대해석하여 정당한 비판적 기능을 위축시키거나 능률적인 생산성을 빙자하여 언론에 대하여 간섭하거나 우회적인 압력을 행사할 가능성이 많고 이에 반해 언론은 공허한 대의명분이나 특정집단이나 주체적인 모순에 의한 경직된 자세로 정부가 하는 일에 사사건건 발목을 잡는 일이 있을 수 있다.193) 그러나 국가이익이라는 것이 정부나 언론의 이익에 직결되는 것이 아니라 국민의 이익이 됨을 인식한다면, 정부와 언론이 국민을 위한 협력은 지극히 당연한 처사일 것이다.

이러한 국민 통합적이고 화합적인 국운상승의 활로는 국민의 권력을 위임받은 정부가 국가가 하는 일을 국민에게 솔직하게 제시하고 필요하다면 국가이익을 위한 국가비밀의 비공개를 언론과 국민에게 호소하는 긴밀한 언론관계와 정보서비스 창출에 노력하여야

---

193) 박철언, 전게논문, 214－215면.

할 것이다.

국가보안시스템은 국민과 언론이 접근을 못하도록 강압하고 위축시키는 것이 아닌 국민을 편안하게 하면서 국민과 언론을 선도하는 첨단관리시스템으로 계속적인 전환을 시도해야 할 것이다.

안보와 언론의 상관관계는 크게 세 가지 측면에서 도출된다. 첫째는 언론이 안보정책과 관련된 보도를 함으로써 안보상황에 영향을 미치는 측면이고, 두 번째는 정부의 안보관련 부서에서 언론을 통해 여론을 조작함으로써 안보상황을 유리하게 이끌어나가는 측면이다. 세 번째는 언론과 정부의 매개인 여론이라는 단계를 거치지 않고 양자 사이의 상호작용을 통해서만 안보상황에 영향을 미치게 되는 경우이다.[194)

(1) 언론 – 안보상황 변화의 독립변수

언론의 보도는 정부의 공식입장과 방향이 다를 때 일종의 압력으로 정책결정자에게 다가오며 그러한 언론의 보도가 광범위한 여론의 지지를 받을 때 안보문제에 커다란 영향력을 행사하게 된다. 더구나 언론의 기본성격은 극적 요소의 투입을 통한 구독률이나 시청률의 향상을 지향하기 때문에 스포츠나 가십, 연예와 같은 흥미 위주 기사 외에 정치관련 기사가 나올 때면 최대한 극적 요소를 집어넣으려는 의도가 내재되어 있다. 따라서 어떤 사건이 터지면 언론인들은 그 사건과 관련된 사실들을 자의적으로, 대개는 흥미 위주로 배열해 추론해 내는 성향이 있다. 때로는 언론사 자체의 이익을 위해 보도하는 경향도 발견된다고 한 연구는 지적하고 있다. 특히 우리나라의 경우 안보와 관련된 언론보도의 기저에는 반북의식과 이

---

194) 박철언, 전게논문, 217면.

데올로기적 편견이 크게 작용하는 특수성도 내재돼 있다.[195]

언론은 여론형성과정에서 영향력을 행사함으로써 정부의 안보정책들을 조정할 수 있다. 다시 말하면 언론이 어떤 방향으로 안보관련 사안을 보도하는가에 따라 여론의 향배가 결정되고 여론에 민감한 행정부가 정책을 이에 맞추어 조율하게 되는 과정이 나타나는 것이다.

언론이 안보문제에 영향을 미치는 유형 중 가장 대표적인 경우는 정책결정자 개인에 대한 언론의 영향력을 통해서 가능하다.

언론의 보도방식은 정책결정자에게 직·간접적인 영향력을 행사한다. 이러한 과정은 먼저 내부적으로는 정책결정자가 어떤 행동을 취하면 이것이 언론에 보도되고 이 보도는 정책결정자에게 흡수되어 정책의 수정을 가하게 된다는 것이다. 외부적으로는 정부의 정책을 포함한 어떤 사건이 발생되면 이것이 언론에 보도되고 이를 접한 대중의 반응이 의원들과 선거직 공무원들을 통해 정책에 반영된다는 것이다. 즉 정책 결정자들이 주도권을 갖고 있지만 그는 과거의 언론에 대한 경험과 동화 정도에 의해 조건지어진다. 그들은 언론의 비난에 직면하거나 여론의 반응 때문에 정책을 바꾸지는 않겠지만 결국 언론에 의해 조건지어진다고 볼 수 있다.

(2) 정부 – 안보상황 변화의 독립변수

정부가 언론을 거친 여론조작을 통해 안보상황의 변화를 꾀하는 경우는 정부가 독립변수가 된다. 이 경우에는 아직까지 일반의 관심을 끌지 못하던 사안이 부각되거나 특정사안이 일반의 인식과 정반대의 방향으로 발전될 수 있다. 또는 아직 부각되지는 않았지만 추진

---

195) 김교만, "북한보도 무엇이 문제인가", 저널리즘, 1994년 봄호, 109면.

을 고려하고 있는 사안을 언론에 흘림으로써 여론의 반응을 떠본다든지 여론의 관심을 유도해 정책필요성을 제고시키는 경우도 있다.

이러한 유형에 있어 정부는 비록 메시지 전달 면에서는 언론에 의지하게 되지만 그들 자신의 목적을 위해 그 메시지의 방향을 일부 수정하고 각도를 고치게 된다. 특히 고의적인 정부사안의 누수는 어느 국가의 정책부서에서나 있는 일이다. 언론은 정부의 공식발표처럼 사전 동의나 일이 잘못되었을 경우 별도의 사과성명 없이도 이용될 수 있기 때문이다. 물론 그 파급효과는 더욱 크다. 어떤 경우에는 아무도 관심을 두지 않던 사안을 언론이 눈치를 채고 보도를 함으로써 문제가 되는 경우도 있다. 의회에서조차 행정부가 언론을 통해 여론조작에 나섬으로써 의회의 통제에서 벗어나려는 것을 염려하는 측면이 있다는 지적도 있다.

정부실책이 정보통신 특히 인터넷을 통한 폭발적인 확산이 가능한 정보화 시대에는 정부는 국민에게 당당한 정책을 치밀한 계획 속에서 정직하고 투명하게 공개하여 국민의 신뢰를 받아야 할 것이다.

(3) 언론과 정부와의 상호작용 – 매개변수 없는 독립변수

세 번째 유형은 안보정책 혹은 상황이 여론이라는 매개변수 없이 언론과 정부 사이에서 결정되는 경우이다. 이러한 경우는 방송보다는 신문보도의 경우에 더 많이 일어난다. 방송의 경우 뉴스 방영시간의 제약 때문에 일반의 관심을 끌지 않는 사안이나 보도시간 현재 뉴스거리가 되지 않는 사안은 보도될 만한 여건이 안 된다. 그러나 신문보도의 경우는 굳이 특종이 아니더라도 커다란 파장을 불러일으킬 수 있는 사안에 대한 보도가 상대적으로 용이하기 때문에 행정부와 신문사 간의 신경전이 오갈 경우가 종종 생기게 된다. 특히 현재 추진 중인 업무와 관련된 보도가 사실과 다르게 나오거나 왜곡될 경우, 혹은 업무에 부정적인 영향을 미치는 방향으로 게재된 경우 당연히 담당 부서에서는 해당 언론기관에 시정을 요구하게 된다.196)

안보와 언론의 상호관계는 '국민의 안전권'과 '국민의 알 권리' 간의 상충이라는 성격이 강하게 대두되는 것인 만큼 어떤 것이 국익에 부합되는 것인지의 판단이 선행되어야 한다. 언론은 안보에 무시할 수 없는 영향을 미칠 뿐 아니라 안보와 상호작용을 함으로써 안보상황의 변화를 유도하는 측면과 이에 의해 다시 언론보도의 내용이 변화되는 측면이 복잡하게 존재되어 있는 형태를 띤다. 안보문제를 다루는 데 있어 언론이라는 변수를 단순히 배제시키는 것보다는 언론과의 상호작용을 통해 안보문제를 보다 손쉽고 빠르게 해결할 수 있다는 점은 안보담당 정책결정자들에게 시사하는 바가 크다고 할 수 있다. 다만 적정선의 비밀유지와 정보의 공개가 정책결정자 및 언론에 공히 요구되며 적정선을 지키지 못할 경우 국민의 알 권리와 국민의 안전 사이의 불균형이 초래되기 쉽다. 이러한 불균형은 어떤 형태든지 국익에 저해요소가 될 것이며 따라서 정보공개법의 도입을 통해 안보관련 사안공개에 대한 적정기준을 마련함으로써 국민의 알 권리와 국민의 안전권 사이의 균형을 도모해야 할 것으로 사료된다.197)

특히 우리나라는 남북분단으로 안보에 각별한 주의를 기울여야 하는 상황에서 항상 언론의 자유라는 개념을 최상위의 가치에 두고, 국가의 안보를 하위 가치관인 개념 내지 언론의 자유를 침해하는 부정적인 가치개념으로 볼 수만은 없을 것이다. 민주주의 공동체인 우리 국가의 이념을 계속 실현하여 나가기 위해서는 이 양자의 가

---

196) 김용호, 전게논문, 589－590면.
197) 상게논문, 595－597면.

치개념을 적절하게 조화시킬 필요가 있다. 이러한 문제의식은 언론과 국가안보의 문제를 다루는 데 있어서 최소한도로 필요한 것이다.

우리나라의 현행법은 국가안보를 위하여 상당한 범위에서 언론자유에 대한 제약근거로 작용하고 있다. 그러나 그 제약은 세계 각국이 정도의 차이는 있지만 그 궤를 같이한다는 보편성과 함께 우리가 현재 처한 문제상황이라는 특수성의 면에 비추어 긍정적으로 받아들여질 수도 있다.

그 제약은 그 자체로서가 아니라 국가 및 민족의 자유스런 생존번영이라는 더 근원적인 이념으로 승화될 때에만 그 가치가 주어질 수 있다.198)

4. 국가비상사태 시의 언론자유의 제한

국가는 전쟁·내란이나 경제공황과 같은 비상사태가 발생한 경우 평상시의 통치방법과는 다른 특수한 방법으로 통치를 행하여 이 위기를 극복하고자 하는 것이 관례다. 이러한 비상사태를 극복하는 통치방법을 위기정부(krisenregierung, crisis government)라고 한다. 이러한 위기정부의 형태는 시대와 국가에 따라 다르나 언론의 자유를 포함한 기본적 인권의 보장이 일부 또는 전부 정지되고, 행정권의 담당기관이 입법권 내지 사법권까지 장악하는 등 국가권력의 집중 또는 확대가 그 공통적인 현상으로 나타난다.

우리나라의 헌법은 국가비상사태 시 대통령에게 긴급명령권과 계엄선포권 등의 국가긴급권을 인정하고 있다.

---

198) 박철언, 전게논문, 148면.

(1) 긴급명령권

대통령은 국가긴급권의 하나로서, 비상사태의 극복을 위한 입법기관으로서의 법률의 효력을 가지는 명령을 발할 수 있는데 이것이 긴급명령(Notverordnung, gesetzvertretende Notverordnung)이다. 헌법 제76조제2항은 "대통령은 국가의 안위에 관계되는 중대한 교전상태에 있어서 국가를 보위하기 위하여 긴급한 조치가 필요하고, 국회의 집회가 불가능한 때에 한하여 법률의 효력을 가지는 명령을 발할 수 있고......"라고 하여 긴급명령권에 관하여 규정하였다.

긴급명령은 법률로 정하여야 할 사항을 명령으로 규정하는 것이므로 국회의 입법권을 침해하고 국민의 기본권 보장에 중대한 위험을 가져오는 제도나 긴급한 처리를 요하는 심각한 위기의 존재임을 인정하여 권력분리주의의 사적 배제를 의미하는 이 제도를 헌법상 인정하고 있다.

적법하게 성립한 긴급명령은 국회가 직접 제정한 법률과 동일한 효력을 가진다. 따라서 긴급명령으로서 입법사항에 속하는 언론의 자유를 비롯한 국민의 권리를 제한하고 의무를 부과할 수 있을 뿐만 아니라 기존의 법률을 폐지, 개정 또는 적용 정지시킬 수 있다.

언론의 자유에 대한 가장 극단적인 제한형태인 사전검열제·허가제는 언론자유의 본질적인 내용을 침해한 것으로써 현행헌법은 "언론·출판에 대한 허가나 검열은 인정되지 아니한다."(헌법 제21조제2항)고 명문으로 규정하고 있으므로 법률의 효력밖에 없는 긴급명령에 의하여서는 위 헌법규정을 위반하여 사전검열 등에 관한 내용을 포함시킬 수 없음이 명백하다.

(2) 계엄선포권

헌법 제77조제1항은 "대통령은 전시·사변 또는 이에 준하는 국가비상사태에 있어서 병력으로써 군사상의 필요에 응하거나 공공의 안녕질서를 유지할 필요가 있을 때에는 법률이 정하는 바에 의하여 계엄을 선포할 수 있다."고 규정하였는데, 이 대통령의 계엄선포권은 헌법 제76조의 긴급명령권과 함께 대통령의 국가긴급권이며, 비상사태의 권한이라 할 수 있다.

계엄이란 전시·사변 또는 이에 준하는 국가비상사태에 있어서 병력으로써 군사상의 필요 또는 공공의 질서를 유지할 필요가 있는 경우에만 그 지역 내의 행정권 또는 사법권을 군대의 권력 밑으로 이관하고 헌법에 보장된 개인의 기본권의 일부에 대하여 예외조치를 할 수 있는 법제도를 말한다.

따라서 계엄에 있어서는 비상사태의 존재라는 전제요건이 있고, 그것을 극복하기 위한 안녕질서회복의 목적과 그것을 극복하기 위한 수단으로서 병력사용이 필수요건이다.[199]

헌법 제77조제3항은 "비상계엄이 선포된 때에는 법률이 정하는 바에 의하여 영상제도, 언론, 출판·집회·결사의 자유, 정부나 법원의 권한에 관하여 특별한 조치를 할 수 있다."라고 비상계엄의 효력에 관하여 규정하고 있는데, 이에 의거하여 계엄법은 "비상계엄지역 내에서는 계엄사령관은 군사상 필요한 때에는……언론·출판……에 관하여 특별한 조치를 할 수 있다."고 규정하고 있다.

그런데 계엄사령관의 언론·출판에 관한 특별조치로서 언론자유에 대한 극단적인 제한형태인 사전검열제, 허가제까지 시행할 수 있는가는 문제이다.

---

199) 김철수, 전게서, 781면.

계엄선포권은 군사상의 필요 또는 공공의 안녕질서를 유지하기 위하여 군에 의한 사실적 통치를 일시적으로나마 가능하게 함으로써 법률로서도 침해할 수 없는 헌법의 일부 규정을 배제할 수 있는 가장 강력한 비상사태하의 권한이라는[200] 점에서 부득이한 경우에는 사전검열제 등도 허용될 수 있을 것으로 판단된다.

다만 사회안녕질서의 회복이라는 목적만을 가진 경비계엄의 경우에는 국민의 자유에 대한 침해는 허용되지 아니한다고 할 것이므로, 사전검열제뿐만 아니라 전반적으로 언론자유에 대한 범위를 벗어난 제한침해는 인정되지 않을 것이다. 그러나 언론사 등에 일정한 사항의 협조요청 등을 할 수는 있을 것이다.[201]

---

200) 상게서, 781면.
201) 박철언, 전게논문, 182 - 184면.

제1절 정보화 사회에 있어서
경호안전의 개념과 유형

Ⅰ. 경호안전의 개념

오늘날 인류사회는 복지국가 실현을 위한 방향으로 급속하게 발전되어 가고 있다. 인간답고 행복한 삶을 누리는 일은 모든 국민의 권리이며, 국가는 이러한 국민의 권리를 보장해야 할 의무가 있다.

그러나 우리 사회에는 인간의 생명을 담보로 하는 반인륜적인 테러 행위, 폭력, 사회범죄가 사회발전과 더불어 급속하게 발전·확산되고 있으며, 그 형태 또한 발달된 첨단무기를 사용한 지능화·첨단화·조직화되고 있다. 또한 자연적·인위적 재난으로 인해 많은 피해가 확대되고 있는 실정이다.

경호의 종합적 개념은 "인위적이고 계획적인 위해요인을 예측, 인지, 조사하여 그 위해행위가 무력화되도록 위해시도를 회피, 제거, 예방, 대응하는 과학적이고 공학적인 제반 활동"이라고 할 수 있다. 안전은 여러 학자들의 견해를 종합해 보면 "인간의 잘못된 행동과 자연적 환경의 변화에 의해 발생될 수 있는 사고를 예방하고 위험의 가능성을 축소하는 물리적 환경을 조정하는 제반 활동"이라고 할 수 있다. 따라서 경호안전은 "테러나 폭력, 사회범죄, 질서파괴 등의 인위적 위해행위와 인간의 잘못된 악의적 행동으로 인한 화재, 건축물 파손 및 붕괴, 폭발, 교통사고, 화생방사고, 환경오염사고, 질병 등과 자연적 재난으로 인한 재해로부터 인간의 생명과 재산의 손실을 최소한으로 감소시키고, 이를 위한 종합 과학적인 방법을 동원하여 인간의 존엄과 가치가 최대한 보장되도록 하는 일련의 활동"인 것이다.

경호안전은 이같이 인간의 기본권을 위해하는 요소들을 사전 예방하거나 사후 관리하여 국민의 기본권을 보장하는 사회적 질서유지를 선행적으로 실행하는 국가적 차원의 치안활동이라고 할 수 있다.

Ⅱ. 경호안전의 유형

경호안전의 유형을 경호경비와 국가재난관리로 구분할 수 있다.

1. 경호경비

(1) 정 의

경호는 "경호대상자를 보호하기 위해 직·간접적으로 위해발생을 방지하고 제거하기 위해 취하는 제반활동"이라고 정의할 수 있다. 직접적인 위해란 상해 또는 살해 행위와 같이 경호대상자의 신체에 직접적으로 가해지는 위해를 말하며, 간접적인 위해란 품위나 명예를 실추시키기 위한 욕설이나 시위, 가족납치를 통한 정신적 압박, 업무나 개인 활동 등의 방해를 말한다.202) 여기서 경호대상자를 경

---

202) 정태황, 경호이론 및 실무, 도서출판 글힘, 2000, 20면.

호를 제공받는 대상으로 피경호인이라고도 표현한다. 우리나라의 경우 경호라는 용어는 공경호 기관에서 사용하기 시작하였으며, 따라서 경호라는 용어의 정의도 공경호 기관이 제정한 규정에서 그 근거를 찾아볼 수 있다.

'제거'란 신체에 직접적으로 가해지는 위해에 대하여 즉각 조치하는 대응 활동이며, 방지는 위해가 발생하지 않도록 사전에 조치하는 예방활동이라 할 수 있다. 궁극적으로 경호활동은 안전활동의 일부분으로 그 대상이 사람의 생명과 재산이다.

경호활동에 요구되는 인원이나 장비의 규모는 경호수준과 관계가 있는데, 경호수준은 경호행사의 성격이나 경호대상자의 지위나 요구사항 등과 같은 경호활동에 관계하는 직접적인 요인뿐 아니라 경호활동을 주관하는 기관의 법적 지위나 권한, 그리고 경호의 해석범위 등 다양한 요인에 의해 결정될 수 있다.

경비는 보호대상(인적, 물적, 지형적 대상 등)을 보호하기 위하여 특정지역을 방비하고 경계하며, 보호대상이 편안하게 생활하거나 보존되게 하는 일련의 활동이라 할 수 있다.

따라서 경호경비는 "위해요인을 사전에 예측, 인지, 조사하여 위해를 가하려는 주도면밀한 음모와 직접적인 위해행위를 무력화하고 그 피해를 최소화하도록 위해공격을 회피, 제거, 예방, 대응하는 체계적이고 과학적인 보호활동"이라고 할 수 있다.

각 나라의 경호형태를 보면 대개 정치적으로 불안정하고 쿠데타가 잦은 국가는 군대가 경호를 하고, 대통령제로 국가를 운영하는 국가는 독립된 경호실이, 내각제 국가는 경찰이 경호를 담당하고 있다. 그리고 다원화되고 공개된 민주국가일수록 경호시스템이 고도로 전문화되어 있고 경호기법도 이론적으로 체계화되어 있으며 경호원은 직업 공직자로 되어 있다.[203)

경호경비는 공세적인 것이 아니고 방어적인 개념이다. 부당하게 침해하는 각종의 위해로부터 정당하게 실현되는 것이다. 따라서 경호경비가 행해지는 과정 속에서 위해 당사자나 위해 관련된 일이 아닌 것에 대해서는 과잉방어나 불편을 초래하여서는 아니 된다.[204]

따라서 모든 경호경비의 기법개발의 중점은 국민을 편안한 방법으로 안전하게 보호하여야 하고 국민에게 불편을 주지 않는 봉사하는 경호경비가 되어야 할 것이다.

(2) 경호경비의 구분

경호의 주체에 따라 공경호와 민간경호로 구분할 수 있다.[205]

공경호는 경호주체가 국가기관으로 경호활동의 목적이 국가나 공공의 이익을 위해 행해진다. 일반적으로 공경호는 법에 근거하여 광범위한 경호활동의 보장은 물론 가능한 여러 경호관련요소들을 지원받을 수 있다. 우리나라의 경우 대표적인 공경호기관으로 대통령경호실과 경찰을 들 수 있다.

민간경호는 경호활동의 주체가 개인, 민간단체 또는 법인이며, 이윤추구가 경호활동의 주목적이 된다. 다시 말해 경호용역을 제공하는 대가로 그에 상응한 비용을 요구하게 된다.

민간경호의 경우, 경호요원에게 경호업무 수행을 위한 특별한 법적 권한이 없기 때문에 경호활동 시 많은 제약이 있으며, 경호활동으로 인해 다른 사람의 활동을 방해하거나 피해를 주지 못한다. 따라서 민간경호활동 시 이 제약성을 극복하기 위하여 숙련되고 원숙한 경호기법을 요구하게 된다.

---

203) 주철현, "요인테러의 경호적 대응방안에 관한 연구", 동국대 행정대학원 석사학위논문, 1999, 67 - 68면.
204) 상게논문.
205) 정태황, 전게서, 31 - 32면.

경호활동을 국가기관이 주관하는 공경호의 경우, 경호기관의 법적 지위에 따라 경호수준이 결정되고 경호수준에 상당한 범위의 경호활동보장과 많은 인원과 장비를 운용할 수 있다. 그러나 민간경호의 경우, 법적 권한이나 비용 등의 이유로 경호수준이 낮아지거나 인원과 장비의 운용에 제한을 받을 수 있다.206)

공경비(Public Law Enforcement)207)란 그들의 관할구역 내에서 법집행에 관한 모든 권한을 가지고 교통통제, 공공의 질서유지, 개인의 생명 및 재산보호, 범인의 체포 및 수사, 범죄예방과 같은 공공의 이익을 위해 또는 공공의 안전과 보호의 일반적인 업무를 일반국민들을 위해 행하는 제반활동을 말한다.208)

그리고 민간경비(Private Security)란 여러 가지 위해로부터 개인의 이익이나 생명 및 재산을 보호하기 위하여 특정한 의뢰자에게 경비 및 안전에 관련된 서비스를 이들로부터 받은 보수만큼 행하는 개인 및 단체 그리고 영리기업을 말한다.209)

민간경비와 공경비의 개념과 성격은 다음과 같이 구분된다.

---

206) 정태황, "경호업무의 경비영역과 기계경비의 적용방안", 경호경비연구 4, 한국경호경비학회, 2001, 321면.
207) 이윤근, "각국 민간경비산업의 발전과정과 향후전망", 경호경비연구, 한국경호경비학회, 1997, 210－212면.
208) National Advisory Commission on Criminal Justice Standards and Goals. Report on the Police(Washington, D. C.: Government Printing Office, 1973), S.12.
209) Private Security Task Force to the National Committee on Criminal Justice Standards and Goals, American Society for Industrial Security Survey Result, Report of the Task Force on Private Security(Oct. 1977), p.4.

1) 민간경비(private security)

① 업무대상: 고객(client), 특정대상(specific)
② 업무우선순위: 범죄예방(crime prevention)
③ 업무기관: 영리기업(profit-oriented enterprise)
④ 업무목적: 손실감소 및 재산보호(loss reduction/asset protection)

2) 공경비(public security)

① 업무대상: 시민(citizen), 일반대상(general)
② 업무우선순위: 범죄대응(crime response)
③ 업무기관: 정부(government)
④ 업무목적: 법집행 및 범인체포(enforcement/apprehension)

(3) 경호활동영역

대부분 경호활동은 현장에서 발생하는 위해행위를 제거하는 것에 많은 비중을 두지만 여러 가지 사항을 고려해 볼 때, 예방활동으로 위해의 발생 가능성을 최소화할 수 있는 방법과 함께 진행될 수 있어야 한다.

그리고 위해상황에 직면하며 "위해자의 위해행위를 얼마나 신속하게 제압하느냐?" 하는 것도 중요하지만 이미 발생한 위해를 빨리 그리고 효과적으로 조치하는 것도 중요하다.[210]

예방경호와 위해요인 제거에 실패했다 하더라도 발생한 사건에 대해 신속한 후속조치로 피해를 최소화시킬 수 있다. 이러한 예는 레이건 미국 전 대통령 저격사건 발생 시 경호요원이 보여준 대응활동에서 그 효과를 알 수 있다.[211]

---

210) 정태황, 전게서, 320면.

예방활동의 범위나 영역 역시 경호활동의 주관부서나 조직, 경호행사의 성격에 따라 달리할 수 있는데, 행사장 방문을 통한 안전점검 및 안전확보를 통해 위해요소를 사전에 차단하는 정보활동이나 보안활동 등과 같은 적극적인 활동에서부터 경호대상자가 위치하게 되는 장소의 확인이나 근거리 내의 잠재적인 위험요소를 정리하는 소극적인 활동에 이르기까지 경호업무 주관부서의 여건에 맞게 예방활동의 영역을 설정하는 것이 필요하다.212)

(4) 경호대상자

경호대상자는 경호업무를 제공받는 사람으로 피경호인이라고도 한다. 공경호의 경우는 경호대상자가 공적으로 지정되지만, 민간경호의 경우 경호대상자 측에서 경호를 요청하는 경우가 대부분으로 그 대상이 다양하다.213)

1) 정치적 경호대상자

국민에 의해 선출되거나 국가가 임명한 자로서 그의 공적인 직무수행을 위해 신변보호가 필요하다고 인정된 자를 말한다. 주로 국가의 주요인사가 그 대상일 경우가 많다.

---

211) 1989년 미국 워싱턴 D.C. 힐튼호텔 앞에서 당시 레이건 대통령이 차량에 탑승하기 직전 헝클리라는 범인에 의해 22권총으로 가슴 부위에 총격을 받았으나 신속하게 병원으로 이송되어 수술치료로 경호대상자가 희생을 모면한 사건이다. 이 사건은 성공적인 후속조치의 효과를 보여주는 사건이며, 후속조치가 얼마나 정확하고 신속하게 이루어지느냐에 따라 그 효과를 달리할 수 있다.
212) 정태황, 상게논문, 323 – 325면.
213) 정태황, 전게서, 37 – 39면.

2) 상황적 경호대상자

주로 공경호의 대상으로 특별히 사회의 이목이나 여론을 집중시키는 사건과 관계되어 단기간 또는 일정 기간 동안 보호가 요구되는 사람을 말한다. 주로 외국의 공식적인 귀빈이나 대형사건 연루 피해자, 법정증인 보호대상자가 이에 해당된다.

3) 저명인사 경호대상자

주로 민간경호 대상자로서 각 분야에서 특별한 재능을 발휘하여 대중의 인기를 얻고 있는 자로서 활동 시 야기될 수 있는 위해로부터 보호받기 위해 경호를 필요로 한다. 연예인 또는 운동선수, 과학자 등을 생각할 수 있다.

4) 경제적 경호대상자

경제적 능력을 바탕으로 자신의 경제활동이나 개인 안전을 보장받기 위해 경호를 필요로 하는 자로서 경호활동에 소요되는 비용을 지급할 수 있는 가장 광범위한 경호대상자를 포함한다. 이는 이윤추구가 목적인 민간경호의 목적에 가장 부합된다.

이러한 경호대상자는 계약에 의한 경호수준과 비용을 결정하는데, 산정기준에 대한 객관성이 요구된다.

2. 국가재난관리

재난관리란 "재난발생의 위험성을 제거하고, 재난발생 시 피해의 수습과 복구를 행하는 모든 활동"을 말한다.

정부는 재난의 위해요인을 예측하고 그 피해를 최소화하기 위해 최선의 노력을 하고, 재난에 당면하였을 때는 신속하고 안전하게 인명과 재산의 손실을 최소화하는 적극적인 대응과 자세로 임해야 한다.

재난은 자연적 재난과 인위적 재난으로 구분할 수 있는데, 자연적 재난에는 회오리바람, 태풍, 홍수, 폭설, 지진 등이 있고, 인위적 재난에는 인간이 만든 인화성, 부식성, 반응성 또는 폭발성, 독성과 같은 화학성 위험물질의 부적당한 처리로 인한 사고, 위험물질의 운송, 폐기물 방치, 차량사고 등이 있다.

자연적 재난과 인위적 재난의 차이점은 다음과 같다.

(1) 자연적 재난

① 통제가 거의 불가능
② 지진의 발생, 태풍과 장마시기 조절 불가
③ 상대적으로 친숙한 위험
④ 경험을 통해 예방, 대비, 대응, 복구가 체계화

(2) 인위적 재난

① 재난의 예방에 중점을 두고 재난관리체제 운영
② 재난관리의 각 단계별로 충실한 재난관리 전략 수립 요망
③ 낯설고 경험이 부족한 위험
④ 돌발적이며 예측하기 어려운 위험
⑤ 관련기관이 분산적으로 예방하고 대비하는 것이 효과적임

정보화 시대를 맞아 국가는 첨단 기술과 각종 장비를 최대한 활용하여 자연적·인위적 재해를 예방하고, 그 위험으로부터 국민을 보호하기 위하여 노력해야 한다. 또한 국민생활의 안전을 도모하기 위

하여 국민의 생명과 재산에 많은 피해를 줄 수 있는 대형사고 등 재난의 예방과 수습에 필요한 국가 및 지방자치단체의 재난관리체제의 구축과 재난 발생 시의 긴급구조구난체계를 확립하여야 할 것이다.

Ⅲ. 경호안전의 필요성 및 중요성

21세기 정보화 사회에 있어서 인간은 과거 그 어느 때보다도 더 문명의 혜택을 쉽고 빠르게 체험하는 행복을 최고의 수준으로 누리는 듯하다. 그것은 좀 더 나은 거주지, 빠른 교통수단, 시공을 초월한 인터넷 문화, 인간을 변형할 수 있는 유전공학 등 첨단과학기술의 발전일 것이다.

반면에 이러한 과학문명의 발전은 자칫 인간의 존엄과 가치를 붕괴시키고 인간의 진정한 행복과 괴리가 있는 환경을 조성하고 있다. 개발이란 명분 아래 자연환경은 파괴되고 수없이 양산되는 소비품은 환경을 오염시키고 말초적 쾌락에 쉽게 접하게 하는 주변여건은 인간을 정신적, 육체적 질병에 빠지게 하며 극단적인 이기주의는 자신의 행복을 위해 타인의 행복을 침범하는 테러를 자행하는 등 일련의 상황들은 인류의 미래를 암울하게 한다.

극단적인 이기적 행위와 쾌락추구, 무의식적으로 행한 자연파괴와 오염은 스스로에게 불행을 주는 재앙을 자초하고 있다. 즉 21세기 정보화 사회의 일탈현상들이 테러와 폭력, 마약복용, 경제사범 등의 작위적인 범죄와 홍수, 태풍, 지진, 붕괴, 질병, 사고, 폭발 등으로 나타나고 있는 것이다.

인간은 누구나 이 세상에 태어나서 문명의 이기들을 잘 사용하여

건강하고 즐겁고 행복하게 살기를 원한다. 또한 인간은 기본적으로 안전한 생활을 하기를 원하다. 그러나 개인의 힘으로는 외부로부터 오는 강력한 집단에 의한 주도면밀한 위협과 위험을 스스로 대응하는 것은 불가능하다. 그래서 원시시대에서도 자력구제의 방편으로 부족에게 안전을 의탁한 것이다. 더욱이 고도화된 첨단무기의 발전과 이해관계가 복잡해진 현실에 있어서 인류는 인간의 고귀한 생명과 중요한 재산을 노리는 위협 및 위험의 강도와 수법이 고도로 지능화되고 사악해진 환경에 처해 있는 것이다.

헌법 제10조에는 모든 국민이 인간으로서 존엄과 가치를 갖고 행복을 추구할 수가 있으며, 제37조에는 그 자유와 권리의 본질적 내용을 침해할 수 없다고 규정하고 있다.

따라서 국가는 국가의 주인인 국민의 기본적 요구에 부응하는 국민의 생명과 재산 나아가 국가공동체의 안전과 번영을 위해 이를 위협하는 모든 요인을 제거하고 위협요소에 대응하는 방안을 실질적으로 강구하여 국민에게 직접 다가가는 안전서비스를 시행하여야 할 것이다.

아무리 급속하게 변화된 정보화 사회에서도 인간의 존엄과 가치 및 행복추구를 위한 기본권보장은 불변인 것이다. 그 변할 수 없는 진리와 그 유지를 위해서는 경호안전이 새로운 질서유지의 근간이 되어야 하고 21세기 정보화 사회에 부응하는 국가안전보장의 일환으로 그 역할을 다해야 한다.

특히 정보화 사회 이후 더욱 인위적인 위해와 자연적인 환경변화가 매우 극심해질 것이 예상되므로 경호안전의 선행적 조치가 중요하다.

Ⅳ. 경호안전의 강화와 기본권보장

21세기에 접어들면서 국민을 위협하는 경호환경과 국민의 안전에 커다란 위험이 되고 있는 자연환경 및 도시환경은 정보화 사회의 부산물인 첨단과학기술의 영향으로 더욱더 악화되고 있다. 그러나 작금의 정보화 사회에 있어서도 인간의 기본적 인권이 최고의 가치임은 변할 수 없는 것이므로 국민의 기본권보장을 위한 국가의 노력은 변함없이 지속되고 더욱 기법과 강도를 강화하여야 할 것이다. 그 노력은 국민이 동의하고 성원하는 방법이어야 하는데, 그렇지 않을 경우에 정보화 사회에서는 정보를 공유한 국민에 의해 비판과 배척을 면하기 어렵다.

정보화 사회 이전 기존의 경호안전에 대한 정책수립과 시행방법은 종종 국민이 위임한 국가권력을 남용하거나 오용하여 그 권력이 오히려 국민을 위협하고 감시하는 역효과를 내는 경우가 있었다. 이것은 행사하는 정부와 위임받은 기관이 그 본질적인 의미를 망각하였기 때문이다.

정보통신의 발달로 국민 개개인도 국가권력에 대한 정보공유가 가능해졌고 국가보안 및 국민의 안전을 위한 정보통신에 대한 국가적 감시와 21세기의 새로운 전쟁인 정보전과 예측불허로 자행되는 각종 테러에 대응하는 가운데 국민과 국가가 서로를 불신하는 경우가 발생하게 된다. 그러나 국가가 경호안전을 위한 정책수립과 시행을 함에 있어서 국민이 납득할 수 있는 정당하고 세련된 기법으로 봉사한다면 그 불신은 사라지고 국민이 더욱더 지지하고 동참하는 선진 경호안전의 표본이 될 것이다.

국가는 어떠한 경우라도 입수된 정보를 사사로이 활용하거나 특정집단에게 유리한 정보를 제공하지 못하는 법제 마련과 제도를 정착하여 경호안전기관이 권력집단이나 특정인을 위한 것이 아닌 국민 모두를 위한 봉사기관임을 깊이 인식하여야 한다. 미국의 정보기관 및 안보기관과 수사기관 등의 업무집행과 국민을 위한 노력은 좋은 사례가 될 것이다.

국민은 개개인의 자유와 권리를 보장받기 위해서 국가라는 공동체에 기본적 의무를 다하면서 국가의 기본적 봉사를 요구하게 된다. 이것은 민주시민으로서 국가의 주인인 국민이 당연히 요구할 수가 있으며, 기본적 요구는 국민으로서 책임과 의무를 다할 때 가능한 것이다.

이 국가에 대한 국민의 기본적 요구는 헌법에 열거되어 있는 모든 것이 해당되겠지만, 무엇보다도 국민이 국가에 의지하고 바라는 것은 아마도 인간으로 태어나 자유스럽고 평화스럽게 활동을 하고 개인의 능력을 최대한 발휘하여, 자신이 갖고 있는 가치가 추구되고 행복한 생활을 영위하는 것이라 볼 때에, 이러한 활동과 가치추구 및 행복한 생활을 영위하도록 하는 데에 걸림돌이 되는 각종 위험으로부터 보호를 받고 그 위험을 최소한으로 느낄 수 있는 환경을 원할 것이다.

국가는 이러한 국민들의 기본권을 최대한 충족시키기 위해 경호안전에 꾸준한 노력을 기울여야 할 것이다.

경호안전이 지속적으로 노력을 경주할 방향은 다음과 같다.

첫째, 국민의 불편을 최소화하고 봉사하는 기법과 자세를 늘 견지하여야 한다. 이것이 바로 실질적 질서유지고 국가안전보장의 실현이다.

둘째, 국가와 국민은 서로의 자유와 권리에 따르는 책임과 의무를 다하여야 한다. 즉 국민과 함께 하는 총력 경호안전의 실천으로 국가는 국민에게 자율적인 기초질서의식, 투철한 신고정신 등 협조를 유도하고 국민은 이에 적극적으로 동참하여야 한다.

제2절 경호경비와 인간의 존엄과
가치 및 행복추구권

헌법은 '모든 국민은 인간으로서의 존엄과 가치를 가지며, 행복을 추구할 권리가 있다'(제10조)라고 하여, 국민의 기본권 보장의 대원칙을 선언하고 있으며, 제37조에서는 국민의 자유와 권리의 본질적 내용은 침해할 수 없다고 규정하고 있다.

인간은 기본적으로 안전한 생활을 추구하길 원하며, 특히 1차적인 욕구가 어느 정도 성취되고 나면 자신의 안전에 대하여 관심을 가지게 된다. 이렇듯 자신의 처지와 환경에 맞게 안전을 취하려는 것은 아주 당연한 일이라 할 수 있을 것이다.

따라서 국가는 국가의 주인인 국민의 기본적 요구에 부응하는 국민의 생명과 재산 나아가 국가공동체의 안전과 번영을 위해 이를 위협하는 모든 요인을 제거하고 위협요소에 대응하기 위해서 국가권력을 형성하고 다양한 방법으로 국민을 위하여 행사하고 있다.

국민의 안전과 국가의 존립을 위해서 실시되는 그 어떠한 국가적 차원의 권력도, 또 그 권력의 효율성을 높이기 위해 위임받은 집단은 국민에게 안전을 서비스하는 기본적 자세와 방법을 견지하여야 한다. 그렇지 않은 때에 권력행사의 내막을 상세히 알 수 없는 국민은 국가권력의 비정상적 행위에 대해 불만과 지탄의 대상으로 국가를 인식하게 되고 그 인식의 증가는 곧 국가와 국민이 서로 불신으로 쌓이는 불씨가 되는 것이다.

또한 국가안전보장이라는 거창한 용어에 힘입어, 국가가 실익이 없는 외교적 전략과 국제적 지원에 연연한다면 국민은 그를 어느 정도 수긍하면서도 한편 의심을 하게 된다. 아무리 국제사회에서 자국의 위상과 국가의 가치를 높이는 일이라 하더라도 국민은 그것이 곧 국가의 이익으로 즉 국민의 이익으로 돌아올 때, 그 정책에 동조하고 지지할 것이다.

이제 과학기술의 발전과 신장된 인권의식은 더 이상 국민을 왜곡시키는 정책을 용납하지 않는다. 사소한 것이라도 국민의 동의를 받고 그 정책을 투명하게 볼 수 있고 국민이 서비스를 받는 것이라고 충분히 느낄 수 있는 방법으로 전환하여야 한다.

국민안전을 위한 경호경비의 실체는 실제로 국민의 피부에 와 닿는 안전 서비스인 것이다. 이제 이 일을 하는 사람, 경호와 경비의 모든 형태가 국민에게 친근해지게 느끼게 하는 것은 국가의 당연한 의무인 것이다.

이렇게 진정으로 민주화된 경호경비의 실체는 국민의 사랑과 신뢰를 받을 것이다. 또한 그 방법은 정보화 사회에 걸맞게 변모되어야 한다.

Ⅰ. 경호경비와 인간의 존엄과 가치 및 행복추구권의 조화

1. 정보화 사회의 민주적 경호경비의 방향

지난 세기 기계문명의 발달에 의한 물질만능주의 시대에서는 정신적, 도덕적 갈등이 심한 시대였지만, 그래도 인간의 존엄과 가치는 가장 고귀한 진리였다. 그러나 정보통신이 확산적으로 발전된 작금의 정보화 시대에서는 인간의 존엄과 가치에 대한 혼돈이 복잡하게 전개되는 특이한 환경에 처해 있다. 따라서 이러한 정보화 사회에서 인간의 행복추구가 보장되려면 경호경비가 정보환경의 변화에 선행적이고 다양하게 대비하는 대책을 강구하여야 할 것이다.

정보통신의 발전으로 정보화, 세계화의 추세는 경호경비가 종래의 질서유지로서의 기초질서유지, 혼잡방지, 범죄예방에서 나아가 국가 안전보장의 일환으로 전환이 필요하다.

미국 9·11 테러사태에서 알 수 있듯이 테러가 새로운 전쟁의 개념으로 확대되고 정보전, 정규전 등 복합적인 양상을 띠고 있다. 또한 이러한 테러의 수단과 방법이 인간의 숭고한 생명을 경시하는 반인륜적인 형태로 변질되는 최악의 인간존엄 말살의 증상이 나타나고 있다.

9·11 테러사건을 예언한 듯 미국 학자 제시카 스턴은 "한시라도 전쟁의 위협에서 자유로울 수 없는 환경에서 과학기술과 현실의 관계를 생각하게 되고 냉전이 끝나면서 세계가 직면할 새로운 위협이 바로 테러이다. 테러의 핵심에는 인간의 극도의 박탈감과 모멸감이 놓여 있다. 이 문제를 고려하지 않고는 테러문제를 해결할 수 없다."고 주장하였다.214)

이제 경호경비는 기본적 인권의 으뜸인 인간의 존엄과 가치가 절대적으로 수호될 수 있도록 기존의 질서유지 차원의 소극적인 경호경비에서 테러의 예방 및 차단, 공세적으로 대응하는 적극적인 경호경비로 대비하면서도 그 정책과 전술 즉 방안과 기법이 인간의 행복추구를 적극 보장하는 방향을 설정하고 그러한 방향에서 실천적인 실행이 구체화되어야 한다. 이러한 구체적 실현은 정보화 사회에 맞는 경호경비 첨단장비 및 첨단시스템과 인간공학적 경호경비 기법이 잘 접목되었을 때 가능할 것이다.

인간의 존엄과 가치 및 행복추구를 위한 경호경비가 되기 위해서는 국민적 합의에 의한 법제를 개선하고 집행하는 기관의 직무책임

---

214) 동아일보, 2001. 12. 21.

과 도덕적 양심을 공고히 하면서 봉사하는 실천이 중요하다.

민주란 국민이 주관자라는 뜻이다. 그리고 주권이란 국가의사를 결정하는 최고의 독립적이고 불가분적이며 불가양적인 권력을 뜻한다. 따라서 민주국가란 최고의 국가권력인 주권의 주체가 하나의 이념적 통일 체제로서의 국민에게 있는 국가를 말한다.215)

민주국가에서는 국민이 주인이고 국가권력은 그것이 입법권이든 행정권이든 사법권이든 국민을 섬기는 하인의 지위에 놓여 있는 것이다. 국민은 목적이고 국가권력은 그 수단이 되어야 하며, 법률은 국민에 대한 지배와 통치수단이 아니라 국가 공권력에 대한 지배와 통제수단이어야 한다. 그리고 법은 국민의 자유와 권리를 최대한 보장하는 것이므로 그 집행을 위임받은 공권력은 엄격히 제한받아야 한다. 또한 사회생활의 갖가지 규범과 생활규칙에 의해서도 규율될 수 있는 곳에 공권력이 개입해서는 안 된다. 한 사람의 자유영역이라도 억울하고 부당하게 침해하거나 박탈해서는 공권력의 정당성을 인정받을 수 없다. 가능한 최대한의 자유를 위해 최소한의 강제를 행사하는 공권력만이 법과 질서의 이상을 실현하는 것이다. 이렇게 국민의 자유와 권리를 최대로 보장하는 정의로운 내용과 정당한 목적을 지닌 법률에 의해서 지배되는 이른바 '실질적 법치주의'가 민주국가가 지향하는 법치주의인 것이다.216)

헌법 제30조에서 "타인의 범죄행위로 인하여 생명·신체에 대한 피해를 받은 국민은 법률이 정하는 바에 의하여 국가로부터 구조를 받을 수 있다." 하여 국가의 의무를 강조하고 있다. 국가는 국민의 자율적인 참여와 협조를 구한 민주적 질서유지에 최선을 다하는 안전서비스를 행하여야 할 것이다.

---

215) 손동권, "민주법치질서의 확립과 국민의 역할", 통일로 152, 안보문제연구원, 6, 2001. 4, 28면.
216) 손동권, 상게논문, 29－30면.

또한 국민도 자유민주주의 국민임을 표방하고 그 국민의 한 사람으로서 자유와 권리를 누리기 위해서는 먼저 국민의 한 사람으로서 책임과 의무를 다하여야 할 것이다.

2. 인간의 존엄과 가치를 위한 경호경비의 실태

(1) 경호경비의 문제점

우리나라는 최근 경제규모의 팽창, 인구의 도시집중, 전통적 가치관의 혼란 등 사회의 다양한 변화로 인하여 범죄의 흉포화, 지능화, 전문화 현상으로 나타나고 있다. 특히 테러는 1960년대 이후부터 전 세계적으로 유행병처럼 번지기 시작하여 현대에 있어서 암살과 테러의 대상은 정치가, 경제인, 사회지도자들에 국한되지 않으며, 모든 국민들이 항상 테러의 대상이 될 가능성을 가지고 있는 시점에서 살아가고 있는 실정이다.

그간의 경호경비는 주로 주요요인에 대한 신변보호를 위하거나 공공의 행사에 대한 질서유지와 각종 시위에 대한 진압 및 차단을 위해서 주로 공적인 경호경비 위주로 발전되고 강화되었다. 공공 경호경비는 그 기법과 업무추진 면에서는 선진얼마 상응하는 수준임을 자타가 인정하는 바이다.

그러나 국가의 실질적 주인인 일반 국민의 안전을 위한 대한 경호경비는 소홀한 실정이다. 오히려 주요요인의 안전과 각종 행사를 위해서 일반 국민을 통제의 대상으로 여겼고 각종 시위에 대한 부적절한 대응으로 인해 많은 일반 국민들이 고통과 불편을 감수하는 경우가 수없이 많았다.

이런 불균형적인 경호경비의 환경과 문화는 책임져야 할 국가기관이 관료적 사고에서 벗어나지 못하고 민주주의 근본진리인 인간의 존엄과 가치 및 행복추구에 대한 기본적 인식이 부족하였기 때문이라 본다. 이러한 실정을 감안하여 국가적 차원에서 많은 노력을 하고 있으나 아직은 미흡한 편이다.

최근 국가기관에서 실시하는 특히 대통령경호실에서 주관하는 주요요인에 대한 경호행위는 과거 그 어느 때보다 민주적이고 국민 불편의 최소화를 강조하면서 그 기법을 발전시키고 있다.

이런 추세임에도 불구하고 아직도 일부 몰지각한 국가권력기관 근무자가 국민의 공복으로서가 아닌 절대적 권력의 상징인 것처럼 과잉경호를 하는 사례를 볼 수 있다. 국민의 공복인 주요인사가 대다수의 이익 즉 국익이 아닌 사적인 일로 과잉경호를 실시한다면 이는 국민을 속이는 행위가 되는 것이다. 또한 공공의 행사 시 과다하게 통제하여 국민생활을 불편하게 하는 일이 많다. 이러한 경우에는 행사 자체를 국민의 불편을 최소화하는 방안으로 전환하고 불가피할 경우 국민이 납득할 만한 근거제시와 국민적 양해와 합의가 있어야 하는데 그렇지 못한 실정이다.

정보화 사회에서 정보의 확산과 고양된 민주시민의식으로 인해 이러한 경호경비 행위는 용납되지 못할 것이다.

이처럼 고양된 정보화 사회의 민주시민의식은 국민 개개인의 생명과 재산에 대한 안전의 욕구가 증가되고 국민생활치안에 대한 각종 사회 불안심리가 급증하고 있는 분위기 속에서 국가기관인 안보기관, 치안기관 및 특수 기관 등이 모든 국민의 생명과 재산을 보호하고 있지만 흉폭한 테러와 고도화된 계획범죄가 날이 갈수록 증가함에 따라 자기 스스로 신변보호책을 강구해야 한다는 요구가 높아짐에 따라 한국체육대학교, 용인대학교, 한서대학교 등에 안전관리학과(신변보호), 경호학과, 경호비서학과가 신설되었고, 최근에는 민간경호기관까지 운영되고 있는 추세에 이르렀다.[217]

산업사회에 있어 경찰작용에 의한 경찰 수요의 급증에 따라 행정기관이 경찰작용이 미치지 못하는 사회 각 계층의 경호수요를 보완하기 위하여 민간신변보호업에 의한 신변보호 활동이 상당 부분에 걸쳐 이루어지고 있는 실정이 오늘날 현대 산업사회의 현상이다. 문제는 이러한 민간 신변보호 조직과 작용에 대한 법적 제지를 상업적 성격의 일반 사업차원에서 해결하려는 업체에 의해 국민의 자유와 권리에 대한 충분한 규제가 이루어질 수 없을 뿐만 아니라 폭력조직이나 우범자에 대한 일정부분의 조직결정 동기부여와 함께 폭력조직을 양성화시키는 결과를 초래할 수도 있는 것이다.

첫째, 새로 개정된 법에 의한 허가업체가 저조하다. 1996년 7월 1일 용역경비업법이 개정 공포된 이후의 상황을 살펴볼 때, 민간신변보호에관한법률이 제정되기 오래전부터 민간신변보호업을 운영해 오던 많은 업체들 중 등록업체는 많지 않다. 대부분 개인자격으로 운영을 해 용역경비업법에 의하여 법인등록은 물론, 경비지도사 채용, 자본금 1억 원 이상의 법인등록, 관할 경찰청장의 허가, 경비지도사의 채용 등, 행정적인 절차와 운영상의 여러 문제를 충분히 파악하고 용역경비업법에 준해서 민간신변보호업을 계속 운영해 나갈 것인지에 대한 결정을 내려야 할 상황에 이르렀다.

둘째, 경찰의 신변보호업에 대한 지도감독이 미흡하다. 민간신변보호업의 본연의 업무인 신변보호가 아니라 선량한 국민들 상대로 협박, 공갈 및 폭력을 행사해서 사회적인 물의를 일으키는 업체가 있어 언론 매체를 통해 국민들에게 알려지면서 민간신변보호업의 이미지가 조직폭력배, 해결사 등으로 인식되어 민간신변보호업의 전체적 이미지를 손상시키는 경우도 가끔 일어나고 있는 실정이다.

셋째, 민간신변보호요원 교육의 질이 떨어진다는 지적이다. 용역

---

217) 박주현, "우리나라 경호업의 현황 및 발전방안", 경호경비연구, 1997, 123 - 124면.

경비업법상의 민간신변보호업체들 간의 부분적인 갈등도 민간신변
보호업 발전에 상당한 영향을 미칠 것이다. 소규모의 신규 신변보호
업체가 발전을 하기 위해서는 기존 시설 경비업체들의 협조가 필요
할 것이다. 한정된 신변보호 시장 속에서 업체들 간의 덤핑행위도
문제가 되겠지만 신변보호업의 전문성을 고려할 때, 시설경비에 종
사하던 경비원이 신변보호업무로 갑작스레 전환하는 것은 신변보호
요원의 질을 저하시키는 원인제공과 함께, 국민들의 신변보호업에
대한 인식에도 영향을 끼칠 것이다.[218]

(2) 우리나라의 경호경비기구

1) 경호기구[219]

우리나라의 경호기관으로 대통령과 국무총리 등 국가주요요인에
대한 경호를 담당하는 기구들은 다음과 같이 구성되어 있다.

우리나라 대통령의 경호기관은 대통령 직속기관으로 설치된 대통
령경호실(presidential Security Service)이다.[220] 대통령 관저경비를
위하여 여러 기관이 배치되어 있고, 그 하부조직으로는 차장(Deputy
Director General)1인과[221] 기획관리실(Planning & Management Office),
경호1처(protection 1 Bureau), 경호2처(Protection 2 Bureau), 경호3처
(Protection 3 Bureau), 경호5처(Protection 5 Bureau) 종합상황실
(Operation Room), 감사관(Audit & Inspection Officer)이 있다.[222]
경호유관기관으로는 외교통상부·법무부·대검찰청·문화관광부·건설교

---

218) 박주현, 상게논문, 125 - 126면.
219) 김두현, 경호학개론, 백산출판사, 2001, 212면.
220) 대통령경호실법 제1조
221) 동법 시행령 제4조
222) 동법 시행령 제5조.

통부·국가정보원·경찰청·관세청·합동참모본부·국군기무사령부·육군본부 및 수도방위사령부 등이 있다.[223]

2) 경비기구

한국에서 현재의 제도적 경찰은 지방자치단체의 자치사무의 하나로 인정되고 있는 소방권[224]을 제외하고는, 국가경찰로 일원화되어 있어 중앙집권적인 국가행정조직이며, 자치체경찰을 인정하지 않고 있다.

우리나라 국무총리 등 주요요인에 대한 경호는 경찰청 경비국에서 담당하고 있다. 경비국은 경비과, 경호과, 대테러센터를 두고 있는데 경호과는 경호계획의 수립 및 지도, 요인의 보호에 관한 사항, 국무총리 등 경호에 대한 주 임무를 수행하고 있다.[225]

아울러 서울특별시지방경찰청에 경비부, 101경비단, 기동단, 22특별경호대, 국회경비대, 정부세종로청사경비대, 경찰특공대, 202경비대대 등 경호관련기관[226]을 두고 있는데, 경비부는 다시 경비1과 및 경비2과를 설치하고 있다. 경비1과는 주로 경호경비에 관한 사항, 일반경비·다중경비·혼잡경비 및 재해경비에 관한 사항 등의 기능을 수행하며, 경비2과는 경찰작전과 비상계획의 수립 및 운영지도 등에 관한 기능을 수행한다.[227] 또한 광역시 및 도의 지방경찰청에도 경비과 또는 경비교통과를 설치하여 경호 및 경비계획의 수립과 운영지도, 청원경찰의 운영지도 등 임무를 수행하고 있다.[228]

경찰은 국무총리 이외에도 국회의장, 대법원장, 헌법재판소장 등

---

223) 대통령경호안전대책위원회규정 제2조.
224) 지방자치법 제9조제2항 제6호.
225) 경찰청과 그 소속기관 등 직제 제13조.
226) 동 직제 제50조, 동 직제시행규칙 제22조.
227) 동 직제시행규칙 제30조
228) 동 직제시행규칙 제34조.

에게 경찰청장이 필요하다고 인정한 인사(7년이 지난 전직대통령 등)에 대한 경호를 실시한다.

3) 경호경비에 대한 법적 근거

경호경비법의 존재형식을 가리켜 경호의 법원(source of law)이라 한다. 경호경비의 법원도 다른 행정과 크게 다를 것이 없다. 경호경비의 법원은 여러 가지가 있다. 다른 법의 분야에 있어서와 같이 성문의 형식으로 된 성문법과 불문의 형식으로 된 불문법으로 크게 나눌 수 있다.

경호경비의 성문법으로는 헌법·법률·조약·명령 등을 들 수 있다. 그리고 불문법원으로는 경호경비관습법·판례법 및 조리법이 있다. 본문에서는 성문법원을 중심으로 경호경비와 관련된 규정을 살펴보기로 한다.[229]

① 경찰관 직무집행법

경찰관 직무집행법은 국민의 자유와 권리의 보호 및 사회공공의 질서유지를 위한 경찰관의 직무수행에 필요한 사항을 규정하기 위하여 1981년 4월 13일 법률 제3427호로 제정 공포되었다가 이후 2차에 걸쳐서 개정된 법으로 동법 제2조제2항에 경찰관의 직무범위에서 경비·요인경호 및 대간첩작전 수행을 규정하여, 요인경호를 포괄적으로 경찰관의 직무로 규정하고 있다.

헌법 제37조에서 "국민의 모든 자유와 권리는 국가안전보장, 질서유지, 또는 공공복리를 위하여 필요한 경우에 한하여 법률로서 제한할 수 있으며, 제한하는 경우에는 자유와 권리의 본질적인 내용을 침해할 수 없다."고 규정하여 국민의 자유와 권리를 제한하는 명령·

---

229) 주철현, 전게논문, 37면.

강제작용인 경찰권의 근거는 원칙적으로 국민의 대표기관인 국회에서 제정하는 법률이어야 함을 명시하고 있어 대개의 경찰관련법이 법률로 규정되어 있다.

동법 이외에도 경찰경비제도의 직접 관련된 법률로는 청원경찰법과 용역경비업법이 있으나 최근 용역경비업법과 청원경찰법과의 중복성으로 인해 청원경찰법은 용역경비업법에 흡수되어 정비될 것으로 보이며, 기타 주요 법률로는 집회및시위에관한법률, 수난구호법, 용역조사업법, 총포·도검·화약류 단속법, 전당포영업법, 도로교통법, 사격 및 사격장단속법, 소방법, 복표발행, 윤락행위 등 방지법, 유선 및 무선업법, 숙박업법, 식품위생법 등이 있다.

② 명령

명령이란 행정권에 의하여 제정되는 법률을 말한다. 근대 법치국가에 있어서의 개인의 권리·의무에 관한 사항의 규율은 형식적 법률로 함을 원칙으로 하고, 법률의 제정권, 즉 입법권은 국회에 전속된다. 다만 경제구조가 복잡하고 국제관계가 긴밀하여진 현대국가에서는 행정의 능률성이 요청될 뿐만 아니라, 행정은 고도의 기술성과 전문성을 요하는 경우가 많기 때문에 일정한 범위 내에서의 행정입법이 인정되고 있다. 행정입법은 행정권의 확대에 따라 각국에서 다 같이 중요성을 더하여 가고 있는 것이 사실인데, 행정법의 법원으로서의 명령의 비중은 날로 높아가고 있다.

명령 중 경호법규는 경호조직의 내부관계를 규율하는 데 그치고 법규적 성질을 가지지 않는 것이라는 이유로 법원성을 부정하는 견해와 경호규칙도 경호작용의 준칙이 된다는 점에서 법원성을 긍정하는 견해가 있다.[230]

---

[230] 주철현, 전게논문, 40 - 42면.

경호안전대책 관련규정의 연혁을 보면, 1974년에 대통령 경호·경비대책위원회 규정의 제정, 1975년에는 대통령경호·경비안전대책통제단설치에 관한 규정과 안전대책사범처리협의회규정이 제정되어 시행되어 오다가 1979년에 발생한 10·26사건을 계기로 1979년 12월 27일에 모두 폐지되었다.

그러나 1981년 3월 2일 대통령령 제10233호로 전문 6개조와 부칙으로 구성된 대통령경호안전대책위원회규정이 새로이 제정된 후 제3차 개정되어 현재까지 시행되고 있는데 그 주요골자를 보면 다음과 같다.

첫째, 대통령경호실장 소속하에 위원회를 두며, 위원장은 대통령경호실장이 되며 부위원장은 대통령경호실 차장으로 한다. 위원은 외교통상부재외국민 영사국장, 경찰청 보안국장, 법무부 출입국관리국장, 대검찰청 공안기획관, 문화관광부 관광국장, 건설교통부 수송심의관, 국가정보원 제6국장, 관세청 감시국장, 합동참모본부 작전참모본부 작전처장, 국군기무사령부 1처장, 육군본부 헌병감, 수도방위사령부 작전처장 및 위원장이 임명 또는 위촉하는 공무원으로 구성한다.

둘째, 위원회는 대통령의 경호에 필요한 안전대책업무, 경호에 유관한 첩보 및 정보의 상호교환·분석, 기타 경호상 필요하다고 인정되는 제반사항을 관장하도록 한다.

셋째, 대통령경호안전대책작용에 관하여는 위원회구성원 전원과 그 구성원이 속하는 기관장이 공동으로 책임을 지도록 하고, 각 구성원의 책임사항을 구체적으로 정하고 있다.231)

---

231) 김두현, 전게서, 42-43면.

3. 인간의 행복추구를 보장하는 경호경비의 발전방안

(1) 공 경호경비의 민주적 제도 정착

정보화 사회가 본격적으로 우리 사회에 정착되면서부터 경호경비 환경은 더욱 악화되는 듯하다. 테러의 대상이 특정한 대상에서 모든 국민으로 확대되는 현상을 보이고 누구나 테러대상이 될 가능성이 있다는 불안감을 안고 이 시대를 살아야 하는 시점에 이른 듯하다.

최근 인간의 존엄과 가치에 대한 위기를 절감하게 한 사상 초유의 참혹한 테러사건은 미국 국민의 불안, 불편, 고통 등의 압박감과 인종적, 종교적 편견 등 불평등을 갖게 하여 인간의 행복추구권이 박탈되게 하는 지경에 이르게 하였다.

미국을 비롯한 전 세계가 테러와의 전쟁을 선언하고 나선바, 우리나라도 이제 본격적으로 테러에 대한 포괄적이고 체계적인 대응체제를 갖추어야 할 것이다. 이러한 대응체제의 주관은 당연히 국가기관이 되어야 하고 그 구성은 각 부서 고유의 업무성격을 고려하여 임무를 부여하되 특정기관에 전담하는 것보다는 가칭 '국가안전보장 협의체'에서 총괄 지휘하는 것이 업무의 효율성을 극대화하고 부작용을 최소화하는 방안이 될 것이다.

테러 및 폭력과 각종 사회범죄에 대응하는 공 경호경비에 있어서 그 주관을 하는 집행자는 국민이 최대 수혜자임을 깊이 인식하여야 한다. 인간의 존엄과 가치의 진정한 실현을 위해 실시되는 경호경비로 인해 또 다른 불편과 고통을 초래해서는 안 된다. 경호경비는 인간의 행복추구가 극대화할 수 있도록 모든 제도 및 법제와 전략과 기법은 인간의 기본권이 보장되는 인간 중심의 입장에서 창안되고 실시되어야 한다.

각종 경호경비는 국가기관만의 노력으로는 불가능하다. 경호경비가 국민을 위해 최대한 봉사하도록 국가기관에 적극 협조하여야 할 것이다. 이러한 협조는 주로 군중을 통제대상으로 하는 행사장 경호경비와 국제행사 경호경비에서는 절대적으로 필요하다.

행사장 경비는 경비의 분류 중 혼잡경비라고도 하며, 기념행사, 경기대회, 제례행사, 기타 요인으로 모인 군중에 의하여 발생되는 자연적, 인위적 혼잡상태를 사전에 예방하거나 경계하고, 위험한 사태가 발생할 경우에는 신속히 진압하여 확대되는 것을 방지하는 예비활동이다.232)

대표적인 행사장 경호로써 대규모 국제행사 개최 시 주최 측에서는 요인경호문제에 정신적으로 상당한 부담을 가지게 된다. 이는 테러기도분자의 입장에서는 효과 면에서 더 이상의 호기가 없기 때문이며 테러대상 또한 특정인으로 한정하지 않아도 되고 정상들이 집중적으로 모이는 회의장은 대부분 언론매체 등을 통해 정확히 알려지기 때문에 보다 용이하게 테러를 기도할 수 있기 때문이다.233)

대규모 국제정상회의234)에서는 참석요인에 대한 완벽한 신변안전을 도모해야 하고 직접적인 경호 안전문제를 담당하는 경호기관을 포함한 공안기관들과 어떤 형태로든 테러 및 위해기도를 통해 자신의 영향력 확대 및 입지강화를 노리는 테러조직들 간의 끊임없는 신경전 속에 행사를 진행하므로 행사 종료 시까지 한시도 방심할

---

232) 경찰경비론, 경기용인: 경찰대학, 1991, 77면.

233) 박용석, "대규모 국제행사 시 요인경호에 관한 연구", 연세대학교 행정대학원 석사학위논문, 2000, 35면.

234) 관광진흥법 제21조와 동시행령 제8조에서는 국제회의에 관하여 다음과 같이 규정하고 있다. 관광진흥법 제21조에서는 "대통령령이 정하는 국제회의 또는 외국인 관광객을 유치하고자 하는 자(국가 또는 지방자치단체가 주관하거나 지원하는 국제회의를 제외한다)는 미리 유치시기, 수용시설 등 유치계획을 작성하여 문화관광부장관에게 제출하여야 한다."고 규정하고 있다.

수 없는 긴장의 연속이라 할 수 있다.[235]

행사지역 내·외부에 산재한 인적, 물적, 지리적 취약요소에 대한 안전대책 강구, 행사장 내외곽 시설물에 대한 폭발물 탐지 및 제거, 안전점검, 경호대상자에게 제공되는 각종 음식물에 대한 검식활동 등 통합적 안전조치를 안전대책 활동이라 한다. 즉 신변보호상의 위해요소를 미연에 제거하기 위하여 순찰, 출입통제, 검측장비 등을 활용한 안전검색을 경호대상자의 행동반경 전역에 걸쳐 안전성을 검사하고 지속적인 안전을 유지하는 것이다.

국제행사 개최에 앞서 행사장에 인접한 숙박 및 회의장 시설은 참가자의 요구에 맞추어 다양한 종류의 시설을 구비해야 하는 것은 기본적 과제이며, 또한 행사장 주변의 도로망, 환경 등의 개선에도 관심을 가져야 한다. 각종 안내표지판 제작 등 세계공통어인 영문표기에 있어서 국제적 표기법에 충실해야 하며, 쾌적한 거리의 환경, 질서유지 등 기본적인 생활환경의 개선도 병행되어야 한다. 그 지역의 생활여건은 결국 그 국가전체를 판단할 수 있는 척도가 된다.

깨끗한 주변환경은 경호를 위해 중요한 요소이다. 양호한 도로망과 교통망은 교통사고 유발을 최소화하여 요인들의 이동 시에도 편의를 도모할 수 있기 때문이다. 결국 경호도 국민생활 속에 있으며 특별한 경우를 제외하고는 국민들과 같이 호흡하는 것이 세계적 추세이다. 즉 깨끗한 생활여건 조성은 경호적·홍보적 측면 양측을 동시에 만족시킬 수 있는 중요한 요소라고 볼 수 있다.[236]

행사에 참여하는 민간조직을 포함한 국민들 또한 폭력 및 테러방지를 위한 정부기관들의 노력에 적극 부응하여 정부기관이 보지 못하는 부분에 대한 감시활동으로 동참해야 한다. 즉 행사 방해를 위한 폭력조직 혹은 반사회단체들에 대해서는 끊임없는 계도와 계몽

---

235) 박용석, 상게논문, 36면.
236) 박용석, 전게논문, 83－84면.

활동을 전개해야 할 것이다.

이러한 역사적 과업완수를 위해서는 국민 모두가 주인의식을 바탕으로 세계인류가 직면하고 있는 환경, 빈곤, 에너지 등의 문제에 대한 폭넓은 지식과 관심을 가지고 정부가 유치하는 국제행사의 형태에 따라 조언하고 그 관심유발을 이끌어내야 할 것이다. 그러나 가장 중요한 문제는 역시 행사참석요인에 대한 안전문제일 것이다.237)

경호경비는 옥내·외 집회, 각종행사, 스포츠대회를 할 때 많은 인파가 모여 있을 때 질서를 확립하고 사람과 시설에 대한 보호대책을 강구하며 돌발사태가 발생될 것에 대비하여 사전에 예방하는 업무를 그 주요내용으로 한다. 경호경비는 그 성격을 따지지 않고 무조건 경찰이 책임을 지고 업무를 수행하였으나, 이제는 수익자부담의 원칙에 의하여 행사를 주관한 사람 또는 단체가 경비에 대한 책임을 지는 공조적인 추세로 전환되어야 한다.

(2) 민간 경호경비의 정착에 의한 인간의 행복추구 보장

민간 경호경비업은 원칙적으로 국민의 생명과 재산을 지키고, 경찰과의 협력도모를 통해, 사회질서에 이바지한다는 사회적 공익성을 인식함으로써 건전한 발전을 이룰 수 있을 것이다. 범죄예방이라는 기본적 책임감을 인식하고 국민들의 안전에 최선의 노력을 다하는, 민간 신변보호업의 효율성을 위한 지속적인 노력이 없다면 민간 신변보호업의 발전은 기대하기 어렵다.

우리나라 현실에 맞는 민간 경호경비의 문제점에 대한 해결방안을 요약하면 다음과 같다.

---

237) 박용석, 상게논문, 86면.

212

첫째, 국민들의 민간 신변보호에 대한 인식전환을 위한 지속적인 홍보활동과 헌신적인 봉사 자세를 갖추어 나아가야 할 것이다.

둘째, 기존의 사설경비업자들과 경비협회는 민간 신변보호업에 대한 지원이 있어야 할 것이다.

셋째, 관계기관은 민간 신변보호업 경영자나 신변보호요원들의 자질향상을 위한 허가조건을 강화하고 자격증 제도의 신설 및 전문교육기관의 설립이 요구된다.

넷째, 민간 신변보호업의 지속적인 발전과 건전한 육성을 위한 경찰청 내 민간 신변보호업 전담기구를 신설하여야 할 것이다.

다섯째, 민간 신변보호 분야의 이론적, 학문적, 그리고 기술적인 연구와 효과증대를 위해 연구소 설립과 우수한 민간 신변보호요원 배출을 위한 대학의 기능과 역할 그리고 민간 신변보호업체의 국가적인 차원에서의 법적인 지위 향상과 신변보호전문학과에 대한 지원방안 등의 민간 신변보호업 활성화 방안이 모색되어야 할 것으로 보인다.[238]

또한 민간경비와 경찰과의 상호관계 역시 중요하다고 할 수 있는데 현재 한국의 경찰과 민간경비의 관계는 더 많은 노력과 협력관계가 요구되고 있는 실정이다. 1995년 용역경비업법의 개정으로 경비지도사제도가 실시됨에 따라 경비협회의 역할이 한층 더 중요하게 되었고, 특히 경찰청으로부터 위임받은 경비지도사 강습과정의 교육훈련과 자격시험에 대한 관리 및 감독 권한을 가지게 되어 앞으로 많은 발전이 있을 것으로 기대된다. 따라서 민간경비와 경찰의 긴밀한 상호협력체제 구축을 통해 범죄예방 활동의 효율화를 꾀할 수 있을 것이다.

양 조직의 상호협력관계에 관한 몇 가지 사항은 다음과 같다.

---

238) 박주현, 상계논문, 130면.

첫째, 경찰이 민간경비를 2000년대의 진정한 범죄예방의 동반자라 생각한다면 경비원들의 전문화를 위한 교육훈련부문의 정책적 배려를 강구하여야 한다. 왜냐하면 경찰이 할 수 없는 수많은 분야의 업무를 민간경비가 담당하고 있기 때문이다. 예를 들어 원자핵연료운송이나 공항의 검색기능 및 경비기능을 경찰인력이 계속적으로 해야 할 업무인지 생각해볼 문제이다. 이와 같은 전문성을 요하는 업무의 민간경비산업으로의 이관을 위해 민간경비원들의 전문과 교육훈련 프로그램의 개발이나 지원을 위한 상호협력 방안이 강구되어야 할 것이다.

둘째, 민간경비의 인적·물적 자원의 효율적인 감독지도와 건전한 육성을 위하여 경찰청에 민간경비를 전담하는 '과'정도의 기구 및 인력이 필요하다. 경찰의 민간경비에 대한 엄격한 지도감독과 노력 없이는 건전한 민간경비 발전을 기대하기 어렵다. 왜냐하면 국민의 생명과 신체, 그리고 재산을 담보로 하고 있기 때문에 철저한 지도감독 없이 내버려두면 범죄조직과 연계되어 대형사고를 유발할 가능성을 다분히 내포하고 있기 때문이다.

셋째, 민간경비와 경찰조직 간의 협력강화를 위해서는 평소에 양 조직의 폭넓은 이해와 협조가 필요하다. 따라서 양 조직 상호간의 정보교환이나 동일지역 내에서의 범죄예방활동을 위한 책임자간담회, 합동순찰, 범죄자문 서비스센터 공동운영 등이 상호협력 강화방안으로 강구될 수 있을 것이다.

넷째, 민간경비회사와 경찰의 효율적인 방범예방활동을 위해서는 범죄 발생 시에 대비한 상호역할 기준설정이나 비상연락 그리고 경보대처체제 등이 평소에 확립되어 있어야 할 것이다.[239]

---

239) 이윤근, 전게논문, 260－261면.

(3) 인간의 존엄과 가치 및 행복추구를 보장하는 정보화 경호경비

정보화 시대를 맞이하여 국내 최첨단 경호경비의 실례를 들면 인천국제공항을 들 수 있다.

최근 항공기 납치와 각종 테러사건으로 인해 시민들의 안전의식이 강화되고 있고, 인천국제공항의 안전에 대한 경비책임이 막중해졌다. 한국은 국가적으로 분단국가이며, 특히 인천공항은 휴전선과 얼마 떨어지지 않은 위치에 있기 때문에 공항 보안이 매우 중요한 실정이다. 따라서 개항 전 설계 단계에서부터 보안 관련 기관과 협의하고 해외 선진공항의 벤치마킹을 통해 최신, 최고의 보안 시스템을 갖추는 데 주력을 다하고 있다.

인천국제공항의 경비는 군과 공항공사 책임하에 수행되고 있으며, 공항 경찰대가 치안 및 기동타격 임무를 맡고 있다. 공항 이용객들과 그 수하물에 대한 검색은 공항공사의 관리감독 아래 보안검색업체가 대행한다. 인적·물적 자원을 총동원한 대표적인 공항 경비시설이라고 볼 수 있다.

그중 가장 대표적인 주요 보안시설인 관계로 자체 교육과 특수경비자격을 취득한 특수경비원들이 이중 삼중으로 경비 업무를 수행하고 있으며, 각종 첨단 보안 울타리와 초소 그리고 이를 원격으로 감시하는 보안감시소가 운영되고 있다. 이를 효율적으로 운영하기 위한 시스템도 구축되어 있는데 외곽침입감지 시스템, 출입증 발급 및 통제 시스템, CCTV 등을 가동하고 있다. 또한 입출국 승객과 수하물뿐만 아니라 상주직원의 보안 검색을 위한 엑스-레이 검색장비, 휴대용 및 문형(門形) 금속탐지기, 폭약탐지기 등도 기본 장비로 갖춰져 있다.

이처럼 인천국제공항은 인력 및 기계경비의 다양한 유형의 경호경비가 이루어지고 있으며, 경찰과 민간경비의 협력하에 전문인력과 장비를 갖춘 복합적인 경비서비스가 수행되고 있다.

우리나라에서도 민생치안을 위해서는 경찰 위주의 치안서비스를 민간경비를 포함하는 국가적인 정책으로 전환시킬 필요가 있다. 경찰인력과 업무량의 과중으로 인해 급증하고 있는 치안 수요에 부응하지 못하고 있는 현실에서 한정된 경찰력을 유효하고 적절하게 활용해야 한다.

정보화 사회에서 보다 효율적으로 국민의 기본권을 보장하기 위해서는 대테러 전담기관, 경찰, 민간경비 등의 인적 요소와 각종 시설물, 기계경비시설 등의 물적 요소가 잘 결합하여 행사장 안전유지, 신변보호 등과 같은 범죄예방 목적의 다양한 분야에서 활발한 활동이 있어야 할 것이다.

첨단 기계경비장비로 무장된 정보화 경호경비도 그 기법이 인간의 존엄과 가치 및 행복추구권을 보장하는 것을 원칙으로 하여야 할 것이다.

Ⅱ. 민주적 경호경비에 의한 테러의 예방과 폭력의 방지

1. 정보화 사회의 테러와 폭력으로부터 보장하는 대책

자유민주주의 국가에서 국민은 누구나 평등하게 국가로부터 신변안전을 보호받아야 할 터이지만 현실은 그렇지 못하다.

국가의 주요인사(VIP)나 개인적 재력가는 상대적으로 다가오는 위험으로부터 보호를 체계적으로 받을 수 있다. 국가의 주요한 인사는 국가전문기관으로부터, 재력가는 사설경호회사에 계약에 의한 의뢰로부터 보호받지만 일반서민은 그렇지 못한 실정이다.

현대국가에서 자력구제는 원시시대의 유물이다. 국가공권력이 확립되지 않았던 원시시대에는 억울함을 당한 피해자가 자신의 실력으로 피해구제를 할 수밖에 없었다. 이것은 자유민주국가에서 법을 부정하는 행위이므로 또 다른 폭력을 막기 위해서 또한 국가의 당연한 의무이므로 언제 어느 때나 국민의 안전을 위해서 존재하여야 한다.

그러나 현실은 경찰 등 국가공권력은 시민이 절실할 때 다가오지 않는다는 것이다. 국가가 시민을 보호해 주지 못할 때 시민은 그 국가에 세금을 내며 살 이유가 없는 것이다. 법이 시민으로부터 멀리 있고 공권력이 억울한 사람을 구제해 주지 못한다면 시민은 자기 스스로 문제를 해결할 수밖에 없는데, 이는 또 다른 폭력을 양산하게 되는 것이다.[240]

경호경비는 그것이 비록 수동적인 입장이지만 피의자에 대한 인권보호는 많이 향상된 현 시점에서 피해자의 권리구제에 즉각 도움이 되어 다가서는 체제로 발전되어야 한다. 테러와 폭력의 양상은 사회전반에 걸쳐 법망의 테두리에서 자행되는 경우가 많다. 힘없고 어린아이, 부녀자, 노인 등이 어쩔 수 없는 불가항력적인 상황에서 인권을 유린당하는 경우가 많다는 것을 매스컴에 오를 정도로 많은데, 그것을 수수방관하는 상태이다. 가정에서의 폭력, 학교에서의 "왕따 현상", 노인에 대한 "부적절한 언행" 등 아직도 무수히 많은 폭력이 존재하고 있는 실정이다.[241]

헌법 제30조에 "타인의 범죄행위로 인하여 생명·신체에 대한 피해를 받은 국민은 법률이 정하는 바에 의하여 국가로부터 구조를 받을 수 있다."고 하여 국민 누구나 어떠한 경우에라도 타인으로부터 불법으로 생명·신체에 대해서 위협이나 불안을 받을 수 없다고 하는

---

240) 동아일보, 로섹션, 2000. 11. 3., 18면 참조.
241) 동아일보, 전게문.

것을 분명히 규정하고 있다. 여기서 헌법에 명시되어 있는 생명·신체에 대한 피해를 어떻게 해석하여야 하는 것인데, 테러나 폭력은 피해까지 포함시켜야 한다.

현대사회의 파괴적 폭력에 대한 커다란 취약성은 테러사건을 관리하기 위한 대책이 필요하다는 것을 시사한다. 현대의 전력, 교통, 통신, 그리고 수도권의 취약성과 그것들의 불통 또는 파괴로 인하여 일어날 수 있는 손실이 크기 때문에, 다른 종류의 재난의 경우와 마찬가지로 테러리즘의 가능성에 대해서도 대응하기 위한 준비를 필요로 한다.

테러리즘에 관련된 재난의 가능성에 대하여 심사숙고하지 않더라도 누구나 주요 건물, 댐, 발전소 등의 폭파로 인한 결과를 쉽게 상상할 수 있다. 우리는 그러한 종류의 시설들에 손상을 입히는 재난들을 경험해 왔고, 또 이러한 재난으로 인하여 일어날 수 있는 손상과 이러한 재난에 대응하고 이를 극복하기 위하여 필요한 자원들에 대해서 적절한 예측을 하였고 심지어는 지진, 구조물의 붕괴, 일상적인 사고 혹은 테러분자의 폭탄테러나 항공기 납치에 의한 위해행위, 또는 주요 핵시설물의 사고가 불러올 수 있는 피해를 예측할 수도 있다.

테러리즘이 잠재적으로 파괴, 재산손실, 인명살상 등의 결과를 가져올 수 있으며 이것은 그 규모에 있어서 자연적 大재난과 다른 인재들이 불러올 수 있는 피해규모에 비하여 결코 적지 않을 것이기 때문이다.242)

2005년 영국 7·7테러 등 알카에다에 의한 국제테러의 양상은 그들의 의사에 반하는 안보정책을 실시하는 국가에 대해서 예고하고 보란 듯이 지역을 옮겨가며 공격하기 용이한 민간다중이용시설을 파괴하여 무고한 인명을 앗아 가고 있다.

---

242) 이황우, 한상암 공저, 대테러 정책론, 진명출판사, 1996, 17-19면.

국민은 어떠한 폭력이나 테러에 대한 실제적 의사표시를 포함해서 간접적인 불안조성에까지, 늘 벗어날 수 있도록 국가에 보호요구를 하여야 한다.

국가는 국민의 이러한 보호요구에 즉각 부응할 수 있는 법적 제도와 시설, 감시시스템을 완벽하게 이룰 수 있도록 대비하여야 한다. 그래서 테러와 폭력이 발을 내디딜 수 없는 강력한 통제로 국민을 적극 보호하여야 한다. 또한 이 제도는 일반 국민이 쉽게 활용할 수 있어야 한다. 즉 국민에게 다가서고 편리한 경호경비 체제로 전환되어야 할 것이다.

2. 테러의 예방

미국 플로리다 주에서 시작된 탄저균 테러 공포가 전 세계로 확산되고 있다. 미국, 독일, 영국 당 유럽 각국에서도 연일 '흰색가루 우편물 소동'이 벌어지고 있다.[243]는 9·11 테러사건에 연이은 2001년의 보도부터 2005년 영국 7·7테러에 이르기까지 알카에다에 의한 국제테러는 지속적으로 진행되고 있다. 이러한 국제테러는 거의 그들의 의도에 반하는 국가들에게 자행하였다. 세계는 지금 세균테러, 고층건물테러, 항공기테러 등 민간다중이용시설테러에 대해 불안해하면서도 테러에 사실상 무방비 상태이며, 특히 민간다중이용시설에 대한 테러대비는 전무한 실정이다.

반테러 대열 동참을 선언하고 이라크에 자이툰 부대를 파병하고 있는 우리나라는 금년 11월 18일, 19일 2일간 개최되는 제13차 아시아태평양경제협력체경제회의를 앞두고 있고 작금의 국제테러 추세로 볼 때 각종 테러목표에서 예외일 수 없을 것이다.

---

243) 동아일보 2001년 10월 17일자.

한시적이고 즉응적인 대응으로는 본질적인 테러 대비책이 되기 어렵다. 지금까지 대테러 업무는 국가정보원이 기획 및 총괄하고 관계부처가 임시 위원회를 만들어 운영하는 식이었지만 이 같은 형태로는 책임소재 불분명, 부처이기주의 등 한계가 있을 수밖에 없었다.

따라서 정부는 테러를 전담하는 기구를 새로 창설하거나 비상기획위원회 등 기존 기구에 대테러 기능을 총괄토록 하는 방안이 필요하다고 본다. 국가안보 개념이 군사적 차원에만 국한되는 게 아니라 테러, 국제범죄, 환경, 자원, 등 전방위적으로 확대되고 있는 현 상황에서 이 같은 전담기구는 오히려 뒤늦은 감이 있다.

이번 사태에서도 볼 수 있듯이 테러범들의 목표는 시민사회에 극심한 공포감을 조성하는 것이다. 그런 점에서 시민들은 테러 발생 시 행동요령 및 대응방안을 숙지하면서 일상생활을 유지하는 것이 세계적인 테러 노이로제에 대비하는 최선의 방책일 것이다.

(1) 테러의 개념

'테러'244)란 한마디로 말하면 '정치적(이념적) 폭력'으로 정의되나 이념대립, 종교·민족갈등, 이해관계에 따라 논란이 많은 개념이라고 볼 수 있다. 그 이유는 '테러'란 용어 자체가 내포하고 있는 '정치적 목적'과 '폭력'의 범위에 대한 한계를 명확히 구분하기 어렵고, 테러행위를 보는 시각에 따라 규탄받을 범죄행위임과 동시에 자유전사들의 영웅적 행위로 칭송되는 상반된 견해가 제시될 수 있기 때문이다.

따라서 국제적으로 확립된 '테러'의 개념정의는 없으나 학자들의

---

244) 정치적 목적을 달성하기 위하여 폭력을 행사하고자 하는 주의 또는 주장이 내포된 의미를 지닌 '테러리즘'이란 말은 1789년 프랑스대혁명 기간 중 '공포정치(Regime of Terror)'시대에 처음 사용되었다.

주장과 우방국 관계기관 등이 정의한 내용을 보면 대체로 아래와
같은 공통되는 요소를 발견할 수 있다.

첫째, 정치적 목적이나 동기가 있다.

둘째, 폭력의 사용이나 위협이 따른다.

셋째, 심리적인 충격이나 공포심을 불러일으킨다.

넷째, 소기의 목표나 요구사항을 관철시키려고 한다.

다섯째, '자유 민주주의'라는 보편적 가치와 '자국의 국익'을 고려
한다.

국가정보원은 이상의 여러 가지 개념적 요소와 다양한 정의를 종
합하여 '테러'를 "정치적·사회적 목적을 가진 개인이나 집단이 그
목적을 달성하거나 상징적 효과를 얻기 위하여 계획적으로 행하는
불법적 폭력행위"라고 정의하고 있다.[245]

우리나라 연구가들의 견해를 고찰하면 "테러는 무고한 사람 또는
재산에 대해 해악을 가함으로써 상대방을 굴복시키고 자기 의지를
관철시키려는 비인도적인 범죄"라고 정의하고 있다.[246]

테러의 전략적 목표는 정부가 그들의 국민을 보호할 능력이 없다
는 것을 분명하고 확실하게 밝히자는 것이다. 즉 특정 주요인물 목
표에 계산된 폭력을 행사함으로 해서 국가가 중요인물조차도 보호
할 능력이 없다는 것을 폭로하여 국민의 신뢰와 지지기반을 약화시
키는 것이 현 정권을 무너뜨리기 위한 첫 단계다.

즉 정부로 하여금 어쩔 수 없이 통제가 심한 대테러 대책을 수립
하도록 하여 그 결과 일반시민의 기본권을 상당히 제한시켜 국민들
의 불만을 초래케 하는 것이다. 이는 민주주의 발전을 저해하는 독
재정권으로 유도한다.

국제적으로 볼 때 국가요인에 대한 테러는 정형화된 틀이 없이

---

245) 이황우, 전게논문, 20면.
246) 구광모, 테러와 국제사회, 서울: 고려원, 1982, 13면.

상시 발생 가능성을 내재하고 있다. 특히 현대사회에 있어 테러분자들의 범행동기는 과거처럼 단순하지 않고, 정치적·이념적·종교적·개인적·소영웅주의적 동기 등 예측불허의 상태에 있으며 최근의 극우민족주의, 소영웅주의, 개인원한, 정신 이상 테러가 증가추세에 있다.

1990년대 들어 국제테러사건의 변화추세를 보면 첫째, 테러단체들이 사용하는 무기의 수단이 과거의 총포류로부터 폭발물로 바뀌었는데, 이는 발생지역의 확산과 불특정 다수인을 대상으로 한 무차별 테러로 변화되어 인명피해가 커지고 있다는 점과 둘째, 국경의 개념이 무색해질 정도로 테러단체들 간 국제적 연계가 점증하고 있다. 셋째, 서남아 및 중남미 일부 테러단체들은 마약거래를 통한 자금을 조달하는 등 범죄집단과의 상호 연계가 증가되고 있고, 넷째, 테러는 반대자들을 협박하기 위한 수단으로 간주되었으나 냉전이 끝난 지금 범죄적 테러, 종교적 테러, 인종적 테러 등 이념과는 상관없는 비정치적 테러가 부상하고 있으며, 테러수법도 고도화되어 사전 테러징후 포착이 곤란한 실정이다.[247]

따라서 금후 국제테러는 종교·문화적 원인과 민족갈등에서 비롯됨으로써 지구 곳곳에서 지속적으로 발생할 것으로 전망된다. 또한 소수민족이나 일부 과격종교집단이 테러를 그들의 목적달성을 위한 수단으로 계속 간주하는 한 테러 예방활동을 위한 국제적인 협조체제 강화는 더욱 시급한 과제이다.

한편 21세기를 맞이하여 정보통신망의 비약적 발전과 함께 각종 해킹 및 전산망 파괴 등 범죄수법이 테러집단으로 유입될 경우 이른바 "사이버 테러"를 통해 가공할 파괴력을 낼 가능성도 예상된다.[248]

또한 테러수법이 점점 단순하고 단일적인 방법이 아닌 복잡한 방

---

247) 구광모, 상게서, 14면.
248) 박용석, 전게논문, 22-23면.

법으로 다양한 사람을 알게 모르게 이용하여 시설이나 장비, 항공수단 등을 연계한 복합적인 무기로 특수한 지형과 지역, 여러 상황을 교묘하게 이용할 것이 예측된다. 이러한 방법은 약소국이 강대국을 향한 비대칭적 전쟁의 개념으로 가시화될 수 있다.

(2) 테러대상

테러대상은 실제적인 것과 상징적인 것으로 대별되나 동시에 테러목적을 달성할 수 있는 대상을 선정하여 테러효과를 극대화시키는 경우도 있는바, 실제적인 대상은 테러집단이 비교적 약세이거나 대외선전이 필요한 경우 구체적인 목표에 대해 정해지며 테러집단은 이러한 대상에게 파괴, 강탈, 암살 등 치명적인 공격을 자행한다. 또한 상징적인 대상은 테러집단이 강세일 때 위협이나 폭력을 통해 일반대중, 매스컴, 정부당국의 주의를 끌어들여 영향력을 발휘하고 집단의 명분을 주장하기 위해 선정되며, 그 예로서는 주요인사, 발전소, 통신시설, 국가중요시설, 국제행사장, 국제회의장 등 세계인의 이목을 끄는 장소와 지역을 들 수 있다.

테러는 특정인물, 중요시설 등 목표 그 자체에 대한 직접적인 공격을 통하여 소기의 목적을 달성하기도 하고 불특정 다수인 일반대중을 희생양으로 테러리스트의 요구를 관철하기 위한 간접적인 공격이 있다.[249]

(3) 테러의 공격형태

테러의 종류[250]에는 가장 많이 이용되고 가장 쉬운 공격법인 폭

---

249) 박용석, 상게논문, 17면

파와 가장 오래된 테러방법인 암살을 비롯하여 항공기 납치, 유괴납치, 방화, 매복공격, 습격, 시가지 시위 및 폭도, 인질 및 봉쇄, 강탈 및 몰수 등이 있다. 상황에 따라서 점점 비인도적인 생·화학전에 사용되는 물질 나아가서는 핵무기까지 사용할 가능성이 있다.

다음은 테러의 공격 형태를 구분한 것이다.[251]

1) 폭파(Blasting)

폭파란 폭발물을 이용하여 인명을 살상하거나 시설물을 파괴하는 공격방법을 말하는바, 테러공격에 가장 많이 이용되고 있으며, 테러리스트에 있어 증거인멸 및 도주가 용이하다.

2) 무장공격(Arms attack)

테러대상에 대하여 총기난사, 로켓포 등을 발사하고 수류탄을 투척함으로써 피해를 입히는 공격형태로서 공격방법의 잔인성과 대담성으로 인해 사회혼란을 최대로 야기할 목적으로 이루어지는 경우가 많다.

3) 암살(Assassination)

정적이나 저명인사 등을 제거하기 위하여 취하는 공격방법으로 역사적으로 보아 개인적 동기의 암살은 주로 총기류를 사용하는 반면 전문테러조직은 기동수단이나 유숙건물에 폭발물 설치, 저격 등 다양한 방법으로 공격을 시도한다.

---

250) 이상철, 경호운용론, 도서출판 홍경, 1997, 235－236면.
251) 민병설, "테러규제를 위한 국제협력에 관한 연구", 경희대 행정대학원 석사학위논문, 1986, 19－23면.

4) 인질납치(Kidnapping, Hostage)

테러공격의 대상인물을 비밀리에 강제적, 물리적 수단에 의거, 유괴 등 비합법적, 반인륜적인 방법으로 잡아두는 것을 말하며 테러조직의 자금모집, 구속 중인 동료석방, 정치적 배려 획득 등을 목적으로 치밀한 준비하에 진행된다. 인질납치는 가장 비인륜적인 행위임에도 불구하고 테러범들은 수단과 방법을 가리지 않고 그들의 목적을 달성하려 한다.

5) 교통수단 납치(Hijacking)

비행기, 선박, 열차, 자동차 등 교통수단을 탑승하고 이동 중인 상태에서 교통수단 그 자체를 납치함으로써 탑승객 전원을 인질로 삼는다. 이 방법은 다른 공격방법보다 체포될 위험성이 적고 도피가 용이하기 때문에 국제사회에서 빈번히 자행되고 있다.

그러나 인질납치에 그치지 않고 교통수단 자체가 무기나 폭발물이 되게 하는 자살테러용이나 자살충돌테러용으로 사용하게 되면 그 피해는 엄청나게 크다.

6) 시설물 점거[252]

사용 중인 대사관, 호텔, 주거지 등 시설물 자체를 점거하고 내부인원을 인질로 확보, 억류시켜 놓는 공격방법을 말하며 교통수단을 납치하는 방법과 유사하고 시설 자체의 고정성으로 테러리스트에 있어 이동이 곤란하여 시간이 경과할수록 제압이 용이하다.

---

[252] 1996년 12월 페루주재 일본 대사관저 점거사건과 1979년 11월 4일 이란주재 미국대사관 인질사건이 유명하다.

7) 방화 및 약탈(Arson and plunder)

사람들이 많이 운집하는 장소에 불을 놓는 공격방법으로 방화 시 혼란한 틈을 이용, 필요로 하는 무기나 활동자금을 탈취하는 공격방법을 말한다. 가장 큰 효과를 볼 수 있는 소이탄 등은 테러리스트들이 쉽게 만들 수 있고 재료를 손쉽게 구할 수 있어 범죄자들이 많이 이용하고 있다. 주로 건물이나 자동차를 대상으로 하며, 그 자체보다는 구조물에 있는 대상자를 제거하기 위해 사용한다.

8) 저격(Sniping)

가장 손쉽게 상대를 제압할 수 있는 수단이 바로 권총 및 소총에 의한 저격 방법이다. 저격이란 총기류를 이용하여 상대를 공격하는 것으로 비노출이 용이하고 사건현장의 증거인멸이 손쉬우면서도 목적달성이 쉬워 가장 많이 이용되는 요인 테러행위로서 그 방법과 수법이 워낙 많고 교묘하여 이루 헤아릴 수 없을 정도로 다양하다. 또한 발달된 무기로 인해 원거리에서도 정확히 명중하며, 목표물에 대한 접근 또한 다양하게 선택할 수 있는 등 활용수단에 비해 효과가 높아 요인테러의 공격수단으로서의 저격은 앞으로도 계속될 것이다.[253]

이 외에도 교통수단자체를 무기 삼아 대중이 운집하는 공공장소(고층빌딩, 국제경기장 등)나 중요한 시설물(재산성이 높은 것, 문화적 가치가 높은 것. 핵을 비롯한 폭약류의 저장소 등)에 자살 테러를 자행할 수도 있다. 또한 유해한 생화학 물질을 교묘하게 사용하는 비인도적 행위를 감행할 가능성이 있다.

이러한 사태의 도래는 인간의 존엄과 가치를 최고의 이상으로 하여야 하는 인류에게 비극적이고 암울한 현상이므로 인류의 사랑과

---

253) 염장호, 세계경호학개론, 서울: 오성출판사, 1985, 80면.

화합으로 악행에 대한 근본원인을 치유해야 할 것이다.

(4) 테러의 발생원인

1) 사회적 원인

① 파괴충동

현대사회의 고도산업사회화, 도시화, 관료화, 대조직화 과정에서의 인간가치 하락, 급속한 기술개발에 따른 인간 미래의 불안, 불확실성, 부도덕성 및 인간 소외의식과 허점에서 초래되는 파괴충동으로 테러가 발생한다.

② 급진적 이상주의 논리

인간의지로 현존하는 불균형과 비리를 즉시 해결할 수 있다는 급진적인 이상주의 논리가 테러요인으로 작용하며 주로 젊은 층에 인식되어 있다.

③ 사회의 발달과 대테러 제도 미흡

현대의 교통, 통신의 발달은 테러범들 간 정보, 전술, 무기, 훈련 등의 협력을 강화해주는 요인이 된다.

인터넷 등 정보통신에 의한 범죄음모가 용이하다.

2) 심리적 원인

심리학적, 정신의학적으로는 어린 시절의 강렬한 증오심, 울분, 또는 복수심을 경험한 자, 성격상 지배욕이나 명령복종 정신이 강하거나 공격성, 침략성 등 동물 심리적 요소가 강한 자, 어린 시절에 과도한 희망, 약속 또는 자신감이 좌절되어 자기도취나 편집증에 빠져 있는 자, 정치적 목적이 불분명한 테러범, 정신불안정 성향이 강하게 나타나는 자 등이 테러를 일으킬 소지가 많다.

(5) 우리나라 테러정세

우리나라의 경우 지속적인 테러예방활동에 힘입어 국내에서는 단한 건의 국제테러사건도 발생하지 않았으나 국내의 외국인 관련시설 및 다중이용시설에 대한 폭파위협이 있었으며 해외에서는 타지키스탄 공화국 두샨베시 소재 한인 교회에서 발생한 폭파테러(10·1) 등 우리 국민을 대상으로 하는 테러·범죄피해도 지속 발생하여 관계기관이 대응활동을 강화하기도 하였다.

한편 북한은 테러를 한반도 적화통일을 위한 혁명적 행위로 미화하면서 1968년 청와대 습격사건과 울진·삼척 무장공비 침투사건, 1983년 미얀마 아웅산 묘소 요인암살 폭파테러,[254] 1987년 대한항공 858기 폭파사건,[255] 1995년 중국 연길 안승운 목사 납치사건 등 총 550여 건의 각종 대남 테러를 자행하였다.[256]

1996년 동해안 무장공비 침투사건 이후 발생한 블라디보스토크 주재 최덕근 영사 피살사건(96. 10.)도 사건정황관련자 증언·러시아 당국의 수사결과 등에 비추어 북한 공작원이 자행한 테러로 추정되

---

254) 1983년 10월 9일 전두환 대통령의 서남아, 대양주 6개국 공식 순방 중 첫 방문국인 미얀마의 랭곤 시내 아웅산 묘소 참배 직전 북한 공작원 3명이 묘소건물 천정에 설치한 원격조종 폭탄이 폭발하여 대통령 도착 전 도열해 있던 서석준 당시 부총리 등 31명의 사상자가 발생한 사건이다.
255) 1987년 11월 29일 미얀마 해역 상공에서 대한항공 858기가 해외에서 임무수행 중인 북한 노동당 소속 부녀를 가장한 공작원이 설치한 폭탄에 의해 공중폭파되어 승무원 및 탑승객 115명 전원이 사망한 사건이다.
256) 이상철, 전게서, 235면.

며, 방송과 언론을 통해 북한체제와 김정일의 사생활을 비난해온 귀
순자 이한영 권총 피살사건(97. 2.)도 북한 공작원의 소행으로 확인
된 바 있다.

또한 북한은 1970년 일본 국내선 여객기 요도호를 납치하였던 일
본 적군파 요원 4명에 대해 아직도 은신처를 제공하고 있으며, 중동
의 과격 이슬람 테러조직과의 연계도 지속해 왔다.

그러나 북한은 1995년 이후 여러 차례에 걸쳐「테러 반대」입장을
표명한 바 있고, 최근 남북정상회담 개최(2000. 6. 13.~15.)와 2005
년 광복 60주년기념행사를 계기로 상호 화해조치 및 제반분야의 교
류협력이 가시화되고 있어 공개적인 테러개입 및 지원활동은 자제하
고 있는 것으로 보이나 아직은 예측불허의 상태라 할 수 있다.

(6) 우리나라의 테러대응 활동

우리정부는 '86 아시안게임 및 '88 올림픽을 앞두고 북한 및 국
제테러에 효율적으로 대처하기 위해 1982년 1월에「국가 대테러 활
동지침」(대통령훈령 제47호)을 제정, 범정부적인 테러대응체제를 구
축하였다. 이에 따라 군경 및 유관부처가 고유기능에 따라 대테러
활동을 수행 중에 있으며 특히, 공항 및 항만에서 국제테러분자 입
국 저지와 테러물품 유입차단을 위해 여행자 및 반입물품에 대한
검색활동을 철저히 수행하고 있다.

또한 인질납치 등 테러사건 발생에 대비하여 최정예 특공요원으
로 구성된 군경 대테러 부대를 운영하고 있으며, 실전과 같은 훈련
으로 전술전기를 연마하여 사건 발생 시에는 신속히 출동하여 국민
의 생명을 구하고 재산을 보호할 태세를 갖추고 있다.

국가정보원은 전 세계에서 발생하는 테러사건과 테러정보를 면밀
히 분석하여 우리국민과 재산에 대한 테러징후를 조기에 포착, 유관

부서에 지원하는 대책을 강구함은 물론 외국 관계기관과도 협력체제를 구축하여 테러관련 정보수집을 강화하고 있다.

우리나라는 2000년 서울 ASEM 회의와 2002년 월드컵 축구대회를 성공적으로 치룬 바 있으나 2005년 11월 부산에서 개최되는 제13차 아시아태평양 경제협력체 정상회의를 앞두고 있고 계속적인 국내외 불순세력에 의한 테러위협이 계속 증가되므로 정부는 회의의 성공적 진행뿐만 아니라 민간다중 이용시설에 대한 종합적 안전진단에 의한 안전조치로 국민의 생명과 재산의 보호를 위한 대테러 대응책을 실질적이고 세심하게 마련해야 할 것이다.

이러한 대테러 활동을 하는 국가기관은 항상 국익을 우선하고 그를 실천하는 힘의 원천은 국민의 사랑과 신뢰 속에서 나온다는 것을 깊이 인식하고 국민에게 봉사하는 자세와 절제된 행동을 견지하여야 한다. 또한 국민도 불철주야 애쓰는 국가기관과 그 요원들에게 신뢰와 성원을 할 때 국가와 국민의 안전은 더욱더 보장될 것이다.

작금에 자행되고 있는 국제적 테러사태는 테러가 약소국이 강대국을 향한 비대칭적 전쟁으로 변질되고 있는데, 이를 미국 전직 대통령 클린턴은 "개발도상국의 '증오'와 부국의 '이기심'에 매여 있는 상호 의존적인 세계의 어두운 이면"이라고 말하였다.

이를 해결하고 예방하는 방법은 서로 끊임없는 보복적 테러를 반복하는 강력한 응징보다 세계의 온 인류가 인간의 존엄과 가치를 새삼 인식하여 상호이해를 통해 관용과 용서를 하고 세계평화를 위해 화해와 화합을 하여 인권과 실질적 민주주의를 신장하는 것이 더 효과적일 것이다.

악을 악으로 갚지 않고 악을 선으로 대응하는 숭고한 인간정신의 발현과 실천이 절실하다.

230

3. 폭력의 방지

(1) 조직폭력

폭력조직에 있어서 폭력은 조직이 경제적 이익을 취득하여 조직을 유지·보호하는 주된 수단이 된다. 이들의 폭력은 직업성·전문성·상습성을 띠고 있으며 사전에 치밀한 계획을 세워놓고 이러한 계획에 따라 일사불란하게 폭력을 행사하고 있다.[257]

폭력조직은 그들의 활동이 불법이라는 치명적인 약점을 가지고 있기 때문에 항시 수사기관의 단속에 비상한 관심을 갖게 되고, 또한 평소 수사기관과 접촉하여 긴밀한 유대관계를 형성하고자 부단한 노력을 한다. 뿐만 아니라 이들은 권력자나 정치인 주변에까지 몰려들어 이들에 대한 접대와 향응, 금전의 제공을 서슴지 않는다. 폭력조직에 의한 부패의 형태로는 폭력조직의 활동과 관련된 인허가나 행정처분의 권한이 있는 공무원들의 부패를 예상할 수 있고, 또한 이들의 범죄활동을 수사하는 수사기관 종사자에 대한 뇌물제공 등을 예상할 수 있다.[258]

폭력조직이 자금을 조달하고 이를 관리하는 방법을 보면, 통상 두목급인 경우에는 오락실이나 건설업체 갈취 등 큰 이권에 개입하고 있고, 유흥업소나 합법을 가장한 기업체를 직접 경영하기도 한다.[259]

폭력조직을 근절하기 위해서는 우선 폭력조직과 연계를 맺고 있는 각계각층의 비호세력과 관련공무원에 대한 철저한 단속이 요망된다. 수사기관에서는 이러한 자들을 엄단해야 할 것이며 특히 공무

---

257) 허은도, "조직폭력의 실태와 대책", 한국형사정책연구원, 1993. 4., 16면.
258) 상계논문, 17면.
259) 상계논문, 21면.

원이 폭력조직과 결탁하는 사례가 없도록 철저히 단속해야 한다. 또한 폭력조직의 구성원들을 사회로 복귀시키려는 노력이 필요하다. 그들이 출소 후에도 정상적인 직업을 가지고 생업에 종사할 수 있도록 제반조건을 마련해 주어야 할 것이다. 검찰·경찰 등 수사기관에서는 조직폭력 전담수사요원을 양성하여 이들로 하여금 전문적으로 수사토록 할 필요가 있다.

(2) 노인폭력피해

과학기술의 발전에 따라 우리사회는 점차 고령화 사회로 변화하고 있는 추세에 있다. 한국의 노인인구는 현재 전체 인구의 약 7.1%이며 앞으로 2020년에는 13.2%로 증가할 전망이다. 고령화 사회는 지금보다 다양한 사회문제점을 야기할 것이다. 현실적으로 당면하고 있는 노인문제는 도시화, 산업화, 핵가족화의 영향으로 인한 인구의 도시집중은 전통적인 사회에 있어서의 이웃과 친구를 멀리하게 되었고, 자식의 도시이주로 노인의 고독과 소외감이 증가하고 노인에 대한 공경과 윤리의식이 희박해지는 사회현상을 우리 주변에서 흔히 볼 수 있다.

노인문제에서 간과할 수 없는 현상이 바로 범죄피해이고, 매스컴에서 노인의 범죄피해사건보도를 심심찮게 접하고 있다. 노인은 일반적으로 신체의 반응속도가 느리고 힘이 약하기 때문에 범인과 대항하여 싸울 수 있는 독자적인 범죄제지 능력이 약하기 때문에 범죄피해에 상당히 취약하다.[260]

현재 상당수의 노인들이 범죄피해에 노출되어 있고, 소매치기나

---

260) 김상균, "노인의 범죄피해특성에 관한 연구", 경호경비연구, 2000년 제3호, 61－62면.

절도 등 일상적인 생활주변에서 일어나는 피해유형이 많다는 것이
이를 반증한다.

노인을 범죄피해로부터 예방하기 위해서는 독거노인의 거주지에
방범창이나 신고전화의 벨 설치 등의 대비를 하고, 피해 노인들을
대상으로 법률 서비스 지원이 필요할 것이다. 또한 민간경비업체를
이용하여 국가가 노인복지차원에서 경제적 지원을 하는 것도 고려
할 만한 대안이라고 판단된다.[261]

노인폭력피해 등 노인문제에 대한 국민의 적극적인 관심과 다각
적인 국가의 지원이 있어야 한다. 인간의 존엄과 가치를 실현하는
인권보장의 최고의 방법은 바로 힘없고 병들고 소외되어 가는 노인
들이 황혼에 기쁨과 행복을 만끽할 수 있는 방안을 강구하는 일이
라 본다. 그 일은 타인들을 위한 것이 아닌 바로 자신들을 위한 것
임을 깨닫고 노력할 때 최선의 방안이 창출되고 잘 실행될 수 있을
것이다.

Ⅲ. 정보화 경호경비에 의한 사회범죄의 근절

1. 정보화 사회의 사회범죄 단속을 위한 시스템 구축

한 국가의 기강을 문란하게 하고 혼란하게 하는 것은 테러와 폭
력보다 해이해진 사회질서에서 더 찾아볼 수가 있다.

사회질서를 문란하게 하는 요인으로는 여러 가지로 많겠지만, 발
전된 경호경비의 기법으로 퇴치가 가능한 것과 주요 원인을 대상으
로 접근을 해 보겠다. 특히 마약은 최근 들어 사회 저명인사, 연예

---

261) 김상균, 상게논문, 78면.

인, 기업인 등에까지 무분별하게 오·남용되어 이들의 정신건강을 위협한다는 것은 묵과할 수 없는 일이다.[262] 이에 대한 대비를 위해서는 약물에 대한 유통질서를 확립도록 약사들이 법을 엄격히 준수하도록 하고, 주무관청에서 지도단속을 철저히 하도록 촉구하여야 한다. 또한 요인경호는 물론 사설경비원들에게도 약물범죄를 차단할 수 있도록 현장에서 마약 오·남용자의 행동과 표정을 식별할 수 있는 방법 등의 특수교육이 실시되어야 하고[263] 오·남용자들에게 마약을 공급하는 밀매자를 색출하여 예방적 경호경비가 될 수 있도록 법적, 제도적 마련이 시급하다.

위조지폐의 유통은 국가경제의 혼란을 초래하고 결국은 국민을 불안하게 하며 국민상호간 신뢰할 수 없는 사회를 만드는 원인이 되고 있다. 따라서 국가는 국민의 안전한 생존권적 보장을 위해서 그 불온유통이 근절되도록 하는 경호경비를 강화하여야 할 것이다. 경호경비는 개인의 생명에 간접적으로 영향을 미치는 즉 재산권에 피해가 되는 것을 적극적으로 보호하여야 하는 것이다.

또한 국민의 건전한 생활과 사고에 불건전한 영향을 미치는 행위에 대해서도 적극적인 선도적 방비가 있어야 할 것이다. 국민 누구나 건강하고 쾌적한 환경에서 살 권리가 있으며 국가는 이를 위하여 봉사할 의무가 있는 것이다. 그러한 취지하에서 실행되는 선도적 경호는 어디까지나 국민에게 사전 약속된 법과 규정에 의해 실시하되, 그 당사자에게 인권의 손상이 없는 한도에서 행해지는 친절과 봉사하는 개념의 경호경비여야 할 것이다. 또한 국민 역시 사회의 건전한 정신과 환경을 저해하는 행위에 대해서는 법과 규정이 요구하는 범위에서 엄정히 처리되도록 하는 신고정신과 이의 선도적 역

---

262) 전경수, "환각성 약물범죄와 경호안전상의 대응방안", 경호경비연구 (제2호), 1999, 223면.
263) 전경수, 상계논문, 223면.

할이 요구되고 있다.

이 외에도 사기, 협박, 매춘 등 무수히 많은 불건전한 일들이 이 사회에 자리를 잡을 수 없도록 국가기관의 해당관청과 연계된 민·관 합동의 단속체제와 주민신고제 등의 적극적인 경호경비가 이루어져야 한다.

국민의 건전한 사회질서의 유지를 위해 또 사회범죄 근절을 위해서는 국가의 적극적이고 공세적인 경호경비 제도의 정착이 선행되어야 한다. 이의 시급한 정착을 위해서는 국민의 적극적인 참여와 지원이 필요하다. 이것이 주민참여 범죄예방의 첩경인 것이다.

이러한 단속 위주의 경호경비에 앞서 사회범죄가 단속에 밀려 잠시 휴면상태가 되는 것이 아니고 근본적으로 치유되는 사회안전망이 있어야 한다.

2. 마약사범의 피해와 대책

(1) 마약류의 개념

마약류는 인체의 중추신경계에 작용하는 약물로 장기간 사용하면 사용자가 의존성이나 금단증상을 체험하게 되는 약물 또는 물질로서 마약류 관리에 관한 법률상 마약과 향정신성의약품 대마류를 뜻한다. 또한 마약류는 아니지만 이와 유사한 환각작용을 일으키는 유해화학물질인 접착제(본드)와 부탄가스 등도 있다.[264]

세계보건기구(WHO)에 따르면 마약류는 약물사용에 대한 욕구가 강제적일 정도로 강하고, 사용약물의 양이 증가하는 경향이 있으며, 금단현상 등이 나타나고, 개인에 한정되지 아니하고 사회에도 해를

---

264) 이상철, 전게서, 253면.

끼치는 약물로 정의되어 있다.

마약중독이란 약물 사용에 대한 강박적 집착, 일단 사용하면 끝장을 보고야 마는 조절 불능, 해로운 결과가 있으리라는 것을 알면서도 강박적으로 사용하는 상태를 말하며 심한 심리적·육체적 의존상태라 말할 수 있다.

예로부터 아편, 헤로인, 메스암페타민(필로폰), 마리화나(대마초), 코카인 등 마약류 밀매는 국제범죄조직의 주요한 수입원이 되어 왔으며, 이로 얻어지는 막대한 수익은 그들의 세력을 키우는 데 큰 몫을 하였을 뿐 아니라 다른 범죄에 개입하는 기반이 되었다.

마약중독자들은 황홀감, 행복감, 도취감, 안녕감에 빠지기를 원하거나 감정과 행동인식을 바꿔놓기 위해 즉 즐거움을 누리기 위해 마약류를 비의학적으로 남용함으로써 의존성과 중독성이 생겼을 때는 계속 사용하지 않으면 금단증상을 해소하지 않을 수 없기 때문에 자꾸 사용하게 되는 것이다.

이러한 마약류를 남용하는 자들은 만성적으로 스트레스를 받는 직업인이 주종을 이루고 있다. 밤샘하는 유흥업소 종사자들은 피로회복제로서 농어촌 주민의 신경통약, 운전자는 졸음을 쫓는 약으로, 쾌락추구자는 최음제를 목적으로 사용하며, 이 밖에 정치인, 과학자, 의사, 작가와 같은 전문인이나 기타 윤락여성 등이 사용한다.265)

일반적으로 남용되고 있는 약물 및 마약의 종류는 다음과 같다.

1) 카페인

카페인은 차 커피, 콜라, 초콜릿, 아스피린에서 발견되는 흥분제이다. 암페타민과 같은 흥분제의 사용이 금지됨에 따라 카페인을 함유한 음료의 사용이 확대되고, 사실상 커피는 생활의 일부가 되었

---

265) 상게서, 254면.

다. 최근에는 불면증, 불안, 고혈압과 같은 역효과가 사회적 문제가
되고 있다.

2) 알코올(술)

가장 흔히 남용되는 약물인데 불안과 긴장을 해소하기도 한다.
술을 이용하는 1억 인구 중 약 천만 명 정도는 알코올중독자로 분
류된다.

3) 니코틴(담배)

최근 담배를 이용하는 성인의 수는 줄고 있지만, 놀랄 만한 사실
은 청소년들 특히 10대 소녀들 사이에서 계속적으로 증가되고 있다
는 것이다. 미국의 경우 30~35%의 성인 인구가 담배를 피우고, 폐
암으로 11,700명이 죽고, 60,000명이 심장발작을 일으키고, 많은 사
람이 호흡기에 불쾌감을 느낀다.

담배는 미국에서 두 번째 문제약물로 부각되면서 흡연인구를 줄
이기 위하여 여러 대안이 강조되고 있는데, 중독치료자를 위한 교육
프로그램들이 실제적으로 효과를 거두고 있다.

4) 흥분제와 진정제

흥분제와 진정제의 사용은 합법적인 면과 비합법적인 면을 모두
가지고 있는 복잡한 약물로 우리사회에 널리 만연되고 있다.

① 흥분제는 많은 사람들이 일의 능률을 올리고 피곤을 줄이고
   행복감을 느끼기 위해서는 암페타민과 카페인과 같은 흥분제
   를 사용한다. 많은 흥분제는 건강을 해칠 수도 있으며 반복적
   인 사용은 중독으로 이끌 수 있다. 강도 있는 흥분제의 생산

이 문제이다. 이용 가능한 흥분제 중 가장 강력하면서도 오락적 약물로서 사용되는 가장 비싼 코카인은 심리적인 의존을 야기한다.

② 진정제는 잠을 유발하는 특성을 가진 것으로 낮 동안의 진정을 위하여, 또 불안의 제거를 위해 소량을 처방하기도 한다.

5) 대마

대마를 사용하는 것은 그 이용가치와 상대적으로 손쉬운 구입 때문에 최근에 널리 사용되고 있다. 대마는 대부분의 사람들에게 있어 완화감을 주면서 중앙신경조직을 느슨하게 한다. 경우에 따라 어지러움과 혼돈감을 초래함에도 불구하고 대마는 보통 사람을 정적이 되게 하여 순한 진정제로서 오락적으로 사용되기도 한다.

6) 아편류(아편, 몰핀, 헤로인)

헤로인이 가장 많이 사용되는 아편류인데 그 사용자에 대한 파악이 어렵다. 어떤 조사에 의하면 약 10%의 헤로인 사용자는 약이나 코로 흡입하는 것에 의존하고 있으나 나머지 90%는 정상인으로 오락적인 흡연을 하거나 피부에 주사하는 식으로 사용하고 있다. 헤로인 사용자는 모든 직업과 다양한 계층과 조직에서 볼 수 있다.

7) 흡입제(휘발성 물질)

휘발유, 접착제, 수정액과 같은 휘발성 물질의 사용은 초등학생, 중학생 때부터 발견되고 있다. 사용자의 나이와 상관없이 그와 같은 물질들의 오용은 치명적이다. 그러나 사망이 발생할 때 그것이 코와 입을 통한 가스의 흡입에 의한 것인지 아니면 플라스틱백 같은 흡입도구를 사용하는 것으로부터 오는 질식에 의한 것인지는 결정하기 어렵다.

8) 엑스터시(Ecstasy)

한국에서는 '도리도리'로, 미국에서는 '아담', '엑스터시' 또는 '엑스터시'로 불리는 MDMA는 환각성과 암페타민과 같은 특성을 지닌 합성 향정신성 물질이다. 화학적 구조(3-4 메틸렌디옥시메스암페타민)는 두 개의 다른 합성 약물인 MDA와 메스암페타민과 비슷하다. 한국에서는 메스암페타민보다 가격이 싸면서 환각작용은 3배나 강한 것으로 알려졌다. 한국에서는 1정당 4~5만 원 정도로 시중에 유통시킨다.

9) Rohypnol and GHB

lunitrazepam의 상품명인 Rohypnol은 'date rape' 약물 남용으로 지난 몇 년 동안 주 관심대상이 되었다. 술과 혼합될 때, 사람들은 그 약물이 마약인지를 알지 못해, 성적 학대로부터 저항할 수 없도록 한다. 1990년 이래, GHB(gamma-hydroxybutyrate)는 미국에서 쾌감증, 진정효과와 근육강화 효과로 미국에서 남용되고 있다. Rohypnol은 clonazepam과 함께 GHB는 성학대와 관련되어 있다.

(2) 마약사범의 실태

마약범죄를 방치하게 되면 중독자가 증가하여 인간성 상실로 인한 개인의 파멸은 물론 질병(AIDS, 성병 등), 실업, 기형아 출산 등으로 가정과 사회가 돌이킬 수 없는 파멸에 빠지게 된다.

국제 마약조직은 숙련된 마약제조기술과 각종 첨단장비와 이동수단을 확보하여 교묘히 단속망을 피하면서 전 세계 범죄조직과 연계하는 등 세력을 계속 확장하고 있다. 일부 지역의 국제마약조직들은 정부의 단속에 대해 요인암살 및 폭탄테러 등으로 대응하면서 그들의 세력을 인접국가로 계속 확장하고 있다.

최근에는 국내에서 동남아 등 국제적으로 연계된 마약 밀매조직이 적발되고 LSD·엑스터시 등 신종마약이 급속히 확산 남용되고 있어 차단대책이 절실한 실정이다.

마약류 범죄의 수요자는 범죄의 특성상 마약류에 중독되어 스스로의 의지로는 중단하기 매우 어렵다는 점에서 다른 일반범죄와는 차이를 보이며, 마약류를 중단한다 하더라도 일시적 또는 장기적인 금단증상을 보인다. 따라서 이러한 점 때문에 마약류를 남용하는 자들을 범죄자가 아닌 환자로 보아야 한다는 의견이 대두되고 있는 것이다.

반면에 마약류의 공급자들은 스스로가 공급자이면서 수요자인 경우도 있지만, 대부분이 경제적 이익을 위하여 마약류를 지속적으로 수요자에게 공급함으로써 이득을 취하고 있다. 또한 마약류를 중단하고자 하는 남용자들을 계속적으로 유혹함으로써 마약류를 중단하기 더욱 힘든 상황에까지 몰고 있으며, 그들을 범죄자로까지 전락시키고 있다. 따라서 마약류의 공급자들을 엄격히 차단한다면 마약류 수요자들은 자연스럽게 감소할 것이다. 단 마약류의 공급을 엄격히 차단할 경우 마약류 범죄가 사회 지하로 숨어버려 수사기관조차도 손을 쓸 수 없는 상황이 벌어질지도 모른다는 우려가 제기될 수 있다. 하지만 엄격한 공급의 차단과 더불어 수요적 측면에서 지속적인 치료재활이 병행되면 실현 가능성이 있다고 본다.

(3) 근절대책

마약사범을 근절하기 위해서는 마약류 및 약물 범죄자에 대한 철저한 동태를 관찰하고 병원, 의원이나 약국에서 치료용 마약 또는 향정신성 의약품 불법유통 및 취급자, 본드, 가스 등 유해화학물질 관련자 등의 동태를 잘 살피는 일이 중요하다.[266]

또한 마약규제의 효율성을 높이기 위해서는 마약류 공급자와 수요자를 처벌함에 있어서 차이를 보여야 한다. 즉 마약류의 공급자는 기존의 원칙대로 엄벌하는 반면, 수요자는 보다 환자라는 관점에서 치료재활을 도와 재범을 막는 처벌의 차별화 정책으로서 마약류 범죄를 효율적으로 규제할 수 있을 것이다. 이는 마약류 남용자의 인권보장의 차원에서도 필요시되는 조치이며, 수사기관의 업무 효율성을 높이는 등 마약류 범죄의 규제 전반에 걸쳐 가장 근본이 되며 선결해야만 하는 문제라 할 수 있다.[267]

1) 진압적인 치안 측면

조직적이고 전문적인 수사체제를 확립하여 전문수사관을 육성하고 새로운 수사기법을 개발한다. 수사관의 해외연수를 확대하며 수사능력을 강화하고 국제정보수집 및 협조체제의 기초를 마련하고, 최신 통신 및 기동장비 등 수사장비를 확보하여 수사의 경제성 및 기동성을 극대화하도록 행정적인 예산이 지원되어야 한다.

---

266) 이상철, 전게서, 262－263면.
267) 최재형, "우리나라 마약류 범죄의 실태와 규제방안에 관한 연구", 건국대 대학원, 1999, 121－122면.

2) 홍보 및 예방

가장 일반적인 마약류인 메스암페타민(필로폰)을 거부하는 사회환경을 조성한다. 매스컴이나 강연을 통해 히로뽕의 해독성을 인식시키고, 청소년들을 대상으로 교과과정에 이를 포함시켜 교육할 수 있으며, 마약류 사범이 기생하는 퇴폐, 환락, 윤락가를 대상으로 지속적이고 철저히 단속한다.

3. 위조지폐 및 금융사범의 실태와 대책

(1) 위조지폐

전 세계에서 유통되고 있는 미화 5,600억 불 중 매년 약 2억 불 가량의 위폐가 적발되고 있는 가운데 국내에도 세계 곳곳에서 유입된 위조미화가 상당량 유통되고 있어 그 심각성이 한층 높아지고 있는 실정이다. 인쇄기술의 발달에 따라 지폐와 동일한 용지·인쇄기법 등으로 제조되어 위폐감별기로도 식별하기 어려운 위폐가 상당량 유통되고 있어 피해가 가중되고 있다.

최근 진짜 지폐와 동일 기법으로 제조되어 육안으로 식별할 수 없는 초정밀 위조미화(슈퍼노트)가 국내에서 발견되어 국제 위폐단들이 우리나라를 새로운 위폐 세탁기지로 활용하려는 움직임마저 보이고 있어 관심과 주의가 필요하다.

따라서 우리는 초정밀 위폐 유통이 증가될 경우 국내 금융질서 문란은 물론 국가안보마저 위협받을 수 있다는 점을 인식하고 항상 미화를 확인해 보는 습관을 생활화하는 한편 외환 취급요원의 식별능력 배양과 최신 위폐감별기 보급 등 대책을 서둘러 강구해야 할 것이다.

국내에서는 아직 5000원 지폐의 소규모 정도의 위폐가 발견되고 있는 정도이나 선진국처럼 최신 위폐방지 대책을 선행적으로 준비해야 할 것이다.

(2) 신용카드

신용사회가 도래함에 따라 해외여행자들은 국경을 초월하여 신용카드를 사용하고 있으며 그 사용량이 매년 급격히 증가하고 있다.

국제범죄조직은 이에 편승하여 범죄착수 비용이 저렴하고 수익률이 매우 높으며 마약 등 기존범죄에 비해 범죄은닉이 쉬운 신용카드 위조범죄에 적극 개입하고 있다.

또한 도난·분실카드뿐만 아니라 카드소지자의 개인 신용정보를 위조하여 새로운 신용카드를 제작한 후 세계 곳곳을 여행하며 고가물품 구입 및 현금인출 등 신용범죄를 자행한다.

이들 조직들은 범죄 임무별 분업화 및 점 조직화되어 있으며 위조수법도 지능화 추세인바 이에 대처하기 위해 각국 법집행기관의 국제적인 협력이 필요한 실정이다.

(3) 자금세탁

1) 자금세탁의 개념

자금세탁(돈세탁, 자금세정 등)이라 함은 범죄 등 불법적으로 조성한 자금을 금융기관 등을 통해 합법적인 자금으로 전환하는 행위로 수입원, 자금출처 및 사용과정을 은닉하고 그 수입을 합법적인 것으로 위장하는 일련의 과정을 의미한다.268) 이는 한국사회의 심각한

---

268) 국제적으로 돈세탁규제에 대한 문제는 1980년 6월 27일의 유럽 공동

부패구조를 떠받치고 온 범죄현상이다. 뇌물이나 마약, 범죄조직 등 반사회적인 범죄나 정경유착을 통한 검은 돈들은 돈세탁의 과정을 통하여 과거와 단절, 합법적인 자금으로 탈바꿈하여 이를 통해 부정부패의 양산에 악용되고 있다. 범죄자들이 범죄를 행하는 주된 동기 중 하나는 불법적인 수단인 범죄행위를 통하여 경제적인 이익을 취득하는 데에 있다. 그 가운데에서도 범죄자들은 마약을 비롯한 약물이나 음란물, 무기 등 금제품을 제조·판매하거나 인신매매, 불법도박 및 또 다른 범죄조직의 방패막이로 이용하게 된다.[269] 돈세탁은 조직범죄에 필수불가결한 행위로서, 범죄조직을 운영하고 자금을 공급하는 것에 대한 수사나 처벌을 방지해주고 조직의 상층부에 있는 사람과 실제 활동과는 격리되게 하여 기소는 물론 수사도 어렵게 한다.

국제범죄조직들은 자금세탁을 통해 범죄를 비롯한 각종 불법행위(마약거래, 부정부패, 밀수, 탈세, 유괴, 도박, 고리대금업 등) 흔적을 없애고 이를 통해 취득한 수익이나 자금의 출처, 성질, 소재, 기타 재산관계를 합법적 제도권 내로 흡수하려고 기도하고 있다.

매년 미국 내에서 출처가 위장되는 불법자금의 규모가 천억 달러를 상회하고 있고 전 세계적으로는 매년 1조 달러 이상에 달하는 불법자금이 세탁되고 있는 것으로 추정하고 있다. 또한 조세피난처로 알려진 케이만 군도와 티히텐슈타인에서 매년 3~5억 달러의 돈세탁이 이뤄지고 있다.

범죄조직이 전 세계를 무대로 활동범위를 확대할 수 있는 것은 이처럼 막대한 자금을 확보하고 있기 때문이며 기존의 조직과 영향력을 계속 유지할 수 있는 이유 또한 거액의 자금을 보유하고 있기

체 이사회 각료회의에서 처음 논의되었으며, 그 이후 여러 국제회의에서 협약이 체결되었다.
269) 이승섭, "독일의 돈세탁 방지를 위한 법적 규제 개관", 법조 491, 1997, 9면.

때문이다.[270]

우리나라도 최근 금융시장 개방, 외국인 투자 자유화 등 각종 규제완화로 인해 더 이상 자금세탁의 안전지대가 아니라는 우려가 확산되고 있다.

2) 자금세탁의 유형

자금세탁의 유형은 금융거래의 새로운 기법과 기술이 개발됨에 따라 다양한 형태로 나타나고 있다. 종전에는 현금의 출처를 바꾸는 형태의 단순한 방법에서, 온라인 금융거래, 전자화폐, 전자카드 등을 이용하는 새로운 돈세탁 유형이 등장하고 있다.[271]

① 현금거래

돈세탁에 이용되는 가장 전통적인 방법은 현금으로 거래하는 것이다. 이와 같이 거액의 현금거래를 위해서는 은행직원들로부터 의심을 받지 않기 위해서 이를 다수의 소액으로 나누는 것이 필요하다. 그러나 이러한 방법을 사용하기 위해서는 다수의 협력자를 필요로 할 뿐만 아니라 상대적으로 많은 시간이 소요되며, 다수의 국가에서 일정한 금액 이상의 현금거래행위에 대하여 여러 가지 제한을 가하고 있기 때문에 이러한 행위를 곤란하게 하고 있다.[272] 그러나 이러한 제한 한도 내에서 반복적으로 현금분할거래를 통한 돈세탁을 할 경우에 법적으로 제재를 가할 방법이 없다.[273]

---

270) 이승섭, 상게논문, 10면.
271) 원혜욱, "돈세탁의 유형과 대처방안", 한국형사정책연구원, 2001, 28면.
272) 이승섭, 전게논문, 17면
273) 장준오, "90년대 돈세탁: 국제적 추세와 국내 실태", 한국형사정책연구원, 1999, 85면.

② 일정한 가격이 형성되지 않은 시장에서의 거래

예술품, 골동품, 부동산 등은 그 가격을 평가하기가 매우 어렵기 때문에 이와 같은 재산대상물의 거래행위를 통하여 돈세탁이 이루어지고 있다. 이러한 경우 외관상 합법적으로 설립된 기업이 돈세탁 목적에 악용되기도 하며, 그와 같은 기업이 돈세탁자들에 의하여 검은 돈으로 설립되거나 매입되기도 한다.[274]

③ 금융기관을 통한 거래

일반적으로 가장 단순하고 자주 이용되는 수법은 금융기관의 구좌에 현금을 입금하는 방법이다. 이때 돈세탁자들은 거액의 현금을 새로운 거래행위 시마다 달라지는 다수의 소액으로 분할하여 예금한다. 금융기관에서 이루어지고 있는 과다한 현금 거래행위를 분석한 결과 금융기관의 신분확인 및 신고의무와 관련하여 이것이 돈세탁자들을 발견하고 그러한 돈세탁 과정을 추적하는 데 도움이 되는 것이 입증되었다. 금융기관에 대한 규제와 관련하여 돈세탁자들은 한 국가의 규제가 강화되면 될수록 그리고 다른 국가의 금융기관에 대한 규제가 약하면 약할수록 돈세탁자들은 위험을 무릅쓰고서라고 외국으로의 밀수출행위를 감행하게 된다. 불법자금은 국제중개인을 통하여 외국으로 밀수출되고, 외국금융기관에 투자되거나 환전소에서 해당국가의 통화로 교환된다. 이러한 불법자금은 계속적으로 분산예치되고 중소도시나 한적한 시골지역에 소액으로 예치되는 과정을 반복함으로써 수사기관의 추적을 회피할 수 있다. 전산장치의 발달은 전 세계에서 신속히 이와 같은 거래행위를 가능하게 하고 있다. 외환시장에서만 21시간 내에 1조 달러나 되는 돈이 단추 하나로 움직이게 된다. 또한 서로 다른 법체계, 규제수단, 사법제도 등

---

274) 이승섭, 전게논문, 18면.

이 돈세탁 목적을 위한 국제적 거래행위의 추적을 더욱더 어렵고 많은 시간이 소요되게 하고 있다.[275]

④ 전자화폐(사이버머니)를 통한 거래

최근에는 인터넷을 기반으로 하는 전자거래가 활발하게 이용되면서 거래에 수반되는 결제를 전자적으로 처리할 필요성이 커지고 있다.[276] 이에 대응하여 거래실무에서는 신용카드의 재무정보를 전송해서 결제하는 방법, E-Cash-Cyber Check 등의 전자화폐를 이용하는 방법, 전자자금 이체 등이 이용되고 있다. 현재 전자결제제도의 새로운 수단으로 대두되고 있는 전자화폐는 유통성, 양도가능성, 범용성, 익명성 등 현금의 기능을 갖추고 있을 뿐만 아니라 원격송금성, 수송상의 비용절감, 금액의 분할 및 통합의 유연성 등 현금을 보완하는 기능도 가지고 있다.[277] 전자화폐[278]가 점차적으로 실제의 지불수단으로 사용됨에 따라 그 중요성이 증가하고 있다. 그러나 전자화폐는 그 효용성과 더불어 여러 가지 문제를 유발시키고 있다. 그중에서도 특히 범죄조직이 불법자금을 합법적인 자금으로 변환시키는 소위 '돈세탁'에 전자화폐를 이용하고 있다는 것은 이미 세계 각국에서 심각한 문제로 제기되고 있다.[279] 이러한 전자화폐를 이용

---

275) 이승섭, 상계논문, 18면.
276) 유럽중앙은행은 1998년 "전자화폐에 대한 보고서"에서 전자화폐의 발행기관도 은행감독원과 유사한 기관의 감독을 받아야 한다고 주장하였다.
277) 정진명, "전자화폐의 법적 문제", 인터넷법률, 2001년 4월호, 109면.
278) 여기서 전자화폐란 전자적 방식의 지불수단으로 마그네틱 테이프 또는 마이크로 칩 등을 부착한 플라스틱 지불수단을 의미하는 것으로 사이버 돈에 포함되는 개념으로 파악할 수 있다.
279) 돈세탁에 있어서 특히 전자화폐를 이용하는 경우 전자화폐의 발행과 유통을 규제하고 있지 않은 국가를 이용하게 되면 돈세탁 행위를 규제할 수 없는 결과가 된다. 따라서 이러한 유형의 국제적인 거래에

한 거래는 일반적으로 인적인 접촉 없이 이루어지기 때문에 은행원에 의해 불법거래 혐의가 포착될 수 없다는 특징을 지닌다.[280]

⑤ 역외금융권(Offshore)에서 전개되는 거래행위

실제로 가장 선호되는 돈세탁 방법은 역외금융권을 통해서 이루어진다. 이는 역외금융권 국가는 은행비밀이 비교적 철저하게 지켜져 돈세탁이 용이한 국가로서 은행비밀보호법을 이유로 돈세탁에 대한 법적 제재장치의 마련에 소극적인 자세를 보이고 있기 때문이다. 일반적으로 이러한 국가에서는 회사설립이 아주 적은 자본과 공시의무 없이 가능하다. 돈세탁자들은 법인 형태의 회사설립을 통하여 경제적으로 법인의 배후에 숨어 있으면서 이러한 법인을 이용함으로써 자신의 익명성을 보장할 수 있다. 이러한 법인 형태의 남용은 국제적인 경제사범 및 조세법에 있어서 전형적인 수법에 속한다. 역외 지역의 또 다른 특징은 대부분 고액의 금융거래에 있어서도 법적 신고의무가 결여되어 있다는 것이다. 금융거래 시 신고의무가 부과된 국가에서 신고의무가 없는 국가로 자금이 이전된다면, 그 거래행위는 어느 정도까지는 추적될 수 있다. 그러나 검은 돈이 직접 이러한 역외 지역의 금융기관에 입금된다면 자금추적이 전혀 불가능하게 된다. 돈세탁을 목적으로 하여 발전된 방법 중의 하나는 이러한 세금천국과 역외 지역에서 주식의 가장매입 또는 그와 유사한 주식거래형태로 이루어진다.[281]

대응하기 위해서는 국경을 초월하는 실효성 있는 기준의 확립이 요구된다.
280) 원혜욱, 전게논문, 33면.
281) 이승섭, 전게논문, 19면.

(4) 국제금융사기

세계화·국제화 추세가 본격적인 궤도에 진입하면서 국경을 초월한 조직적인 사기범죄도 세계 각국을 대상으로 확산되고 있다.

특히 나이지리아 금융사기단은 무역업자·중소기업인·일반인은 물론 공공기관까지 사기대상을 확대하고 있으며 중국이나 미국동포가 사기행위에 가담하거나 내국인 중에도 외국인 사기조직과 공모하여 범죄를 자행하는 등 국민들의 피해가 우려되고 있다.

국제사기단은 피해자들에게 자금세탁 등에 이용할 계좌를 개설해 주면 거액의 커미션을 제공하겠다고 유혹한 후 사업 진행 수수료를 요청하는 선불사기 수법을 주로 사용하는데 해마다 전 세계적으로 1억 불 상당의 사기 피해가 발생 중이나 피해자들은 수치심과 횡령죄 등의 위험으로 신고하지 않는 경우가 많다.

또한 최근에는 국제사기조직이 가짜 미국채권, 모조미화 및 통화가치가 급락한 이라크 디나르화 등을 국내로 대량 반입하여 내국인 범죄조직 등과 연계하여 무역업자·중소기업인은 물론 일반인을 상대로 사기행각을 자행하고 있어 세심한 주의가 요망된다.

정보화 사회에 있어서 인간의 존엄과 가치 및 행복추구를 보장하기 위해서는 전쟁과 테러와 폭력 등과 같은 직접적인 위해보다 위조지폐와 금융사범과 같은 간접적인 위해가 더 성행할 가능성이 높다.

이러한 간접적인 위해행위는 직접적인 위해행위의 원인이 되는 인간의 존엄과 가치를 손상하고 행복추구를 저해하는 지능적인 범죄이다.

제3절 국가재난관리와 국민의 안전

지구의 모든 환경은 인간이 평화스럽고 행복한 삶을 추구하는데, 중요하고 필요하기에 그 존재의 가치가 있는 것이라 할 수 있다. 그런데 그 환경은 인간의 잘못된 관리로 인해 스스로 재앙을 자초하는 인간에게 해가 되는 환경으로 변질되고 있는 실정이다.

인간의 삶을 좀 더 편리하고 안락하게 하려고 만든 고층건물과 다리 등 건축물과 에너지의 근원이 되는 석유, 가스, 핵 등이 관리의 미흡과 악의적인 테러의 대상이 되어 경계하고 두려워하는 이율배반적인 대상으로 여기게 되었다. 또한 인간의 근시안적 발상에 의한 무분별한 개발과 비도덕적 행위는 환경파괴와 환경오염을 초래하여 그것이 인간의 고귀한 생명과 재산을 잃게 하는 가장 큰 원인으로 다가오게 되었다.

이러한 국가적 피해를 최소화하고 국민의 생명과 재산을 보호하기 위하여 국가통치의 근본인 헌법 제34조에서 재난에 대한 예방과 국민을 보호할 국가의 의무, 제35조에서 쾌적한 환경에서 생활할 권리와 이를 위한 국가와 국민의 공동의 의무, 제36조에서 보건에 관한 국가의 의무 등을 규정하여 국가적 차원의 재난관리를 요구하고 있다.

그러나 오늘날 정보의 공유와 전파가 잘되는 정보화 사회에서도 국가의 재난에 대한 대비책과 국민의 대응자세와 노력 및 협조가 부족한 실정이다.

정보화 사회에서는 국가재난관리체제 및 대책이 특정계층에게 한정되지 않고 국민 모두에게 그 혜택이 돌아가도록 하여야 한다. 국가를 구성하는 국민은 농어촌에 살든, 도시에 살든 간에 그 피해를 공동으로 부담하고 대처해야 하는 것이다.

정보화 사회의 국가재난관리는 "재난에 대한 예측을 위해 국민과 국가가 상호 정보를 주고받아 그 위험을 공동으로 예방하고 제거하고 재난발생 시 피해의 수습과 복구를 국가와 국민이 합의하여 사전 계획되고 준비된 대책에 의해 순조롭고 빠르게 대응하는 것"이어야 할 것이다. 그리고 국민의 안전을 위한 국가재난관리는 국가가 주도적 역할을 하여야 한다.

Ⅰ. 정보화 사회에 있어서 국가재난관리

1. 재난의 새로운 개념과 유형

재난(disaster)은 우선 사전적 정의를 보면, "뜻밖의 불행한 일, 액화(厄禍), 화해(禍害)" 재해는 "재앙으로 말미암은 피해"로 되어 있다.[282] 또한 재난관리법에서 규정하고 있는 용어의 정의를 살펴보면, 제2조에서 재난이란 "화재·붕괴·폭발·교통사고·화생방사고·환경오염사고 등 국민의 생명과 재산에 피해를 줄 수 있는 사고"를 말한다.[283]

넓은 지역과 많은 사람들에게 영향을 미치는 재난과 위험은 급류, 홍수나 회오리바람 등의 경우로서 급속도로 진행되는 것과, 방어수

---

282) 권봉안 외 1명, 안전교육, 서울: 금광, 1994, 69면

283) 재해는 영문으로 disater, hazard, emergency, catastrophe, crisis, risk 등의 용어로 표현되며, 우리말로는 재해, 재난위기, 위험, 위난 등의 용어가 혼용되고 있다. 우리나라의 법령에서 자연재해는 '재해', 인위적 재해는 '재난'으로 표현되나 본 연구에서는 용어의 구분 없이 '재난'으로 통일하여 사용하기로 한다.

단을 갖추어서 미리 재난에 앞서 대비하도록 하는 것이 있다. 그 예로 태풍의 진로는 수일 동안 머물러 있기 때문에 잠재적 위험 지구의 사람들에게 전반적인 일기상황을 미리 통고할 수 있게 한다.

비록 자연적인 재난의 빈도가 해가 갈수록 증가되는 것은 아니지만, 인구의 증가와 이러한 재난이 발생하는 지역의 개발은 공중에 대한 위험성(공공의 취약성)을 증가시켜 오고 있다.

자연적 재난과 인위적 재난은 국민의 생명과 재산에 피해를 끼치는 재난 상황을 발생시킨다는 점에서는 동일하나 몇 가지 점에서 다른 특성을 가지고 있으므로 재난관리체제는 이러한 점을 고려하여 운영되어야 한다.

(1) 자연적 재난

1) 회오리바람

지구표면을 휩쓰는 모든 바람들 중에서 가장 강력한 바람으로서, 보통 시계 반대방향으로 회전하는 고속의 강풍을 가지는 수명이 짧은 폭풍이다. 폭풍구름에 달라붙어 있는 것처럼 보이는 갈대모양의 부가물이 있다.284)

2) 태풍

태풍은 강력한 지속성, 크기, 파괴성을 가지며, 휘몰아치는 바람(driving wind), 맹렬한 폭우(torrential rains), 폭풍의 소용돌이(storm surge)요소를 가지며 허리케인은 수많은 사람을 살상하고 엄청난 재산피해를 내는 잠재력을 가졌다. 태풍은 모든 폭풍 중에서도 가장 위험스러운 것이다.

---

284) 권봉안, 상게서, 77-96면.

3) 홍수

개천, 강의 범람 또는 피해를 일으키거나 위협하는 바다의 수면 상승을 말한다. 대개 비로 인한 강의 범람과 예측하지 못했던 바다 수면의 상승으로 인한 바다의 범람이다. 또 호우에 의한 홍수로는 하수구가 범람하여 물이 이웃집과 거리에 넘쳐흘러 생명보다는 재산피해가 많이 발생한다.

4) 겨울의 눈보라

겨울의 눈보라는 여러 방면으로 살상을 초래한다. 예를 들어 자동차 사고, 불, 폭발, 동사, 일산화탄소 중독, 무리한 작업, 추락 등이다.

5) 지진(Earthquakes)

지진의 파도로 알려진 지구표면의 진동에 의해 발생한다. 이 진동은 단층과 지구표면으로 구성된 밑바닥의 갑작스런 위치변동에 의해 일어난다.

(2) 인위적 재난(Man-Man Disasters)

1) 위험물질

인류가 만든 화학생산품은 인류에게 편의와 이익을 가져다 준 반면에 위험으로 존재하게 되었고 장차 인류와 지구환경을 위협하고 있는 것이다.

위험물질은 인화성(ignitability), 부식성(corrosivity), 반응성 또는 폭발성(reactivity and explosiveness), 독성(toxicity)이 있어, 이것의 부적당한 처리는 인간의 건강과 환경을 모두 위태롭게 한다. 부산물의 잘못된 처리는 여러 분야에서 인류에게 심각하게 작용할 수 있는 잠재성을 갖는다.

2) 위험물질의 운송

위험물질의 운반차들의 사고는 치명적인 인명피해와 재산의 손실을 초래하므로, 여기에 대한 특별한 안전조치가 필요하다.

3) 폐기물 방치

폐기물에 대한 근시안적이고 무사안일한 대책은 궁극적으로 인류에게 엄청난 재앙으로 다가온다. 폐기물 처리에 대한 "요람에서 무덤까지"라는 통제체제의 이행이 중요하다.

4) 차량사고

산업화 도시화된 사회에서는 교통량이 폭발적으로 늘어나고 좁은 공간에 인구가 밀접하게 살고 있기 때문에 그에 뒤따른 많은 교통사고가 일어나고 있다. 교통사고의 예방을 위해서 시민에게 교통안전교육, 질서의식과 준법정신의 고양을 통해 사고를 방지하여야 한다.[285]

그 사고의 원인으로는 인간의 실수가 대부분인데 운전자가 음주를 하였거나, 약물복용일 경우는 치명적인 사고가 예고된다.

5) 기타 사고

이 외 각종 인공 건축물, 엘리베이터, 교량, 공기, 열차, 지하철 등에 인간의 잘못된 습성과 관리미흡으로 인해 발생하는 사고가 많다

---

285) 권봉안, 상게서, 71면.

2. 새로운 재난관리의 필요성 및 중요성

인간은 누구나 자연적인 쾌적한 환경에 태어나서 물질문명이 낳은 풍요로운 재화를 획득하고, 과학기술이 만들어 놓은 이기들을 사용하여 편안하고 행복한 삶을 누리기를 바라고 있을 것이다. 그러나 아무리 행복한 삶을 위해서 온갖 노력을 다해서 경제적인 안정과 단란한 가정을 이루고 살더라도 갑자기 닥치는 감당할 수 없는 재난으로 인해 모든 꿈을 잃고 좌절하는 무수히 많은 사고를 직·간접으로 경험하고, 전해 듣는다. 이 불행한 재난은 자신에게는 먼 이야기 정도로 생각하고 안이한 자세로 대처할 때, 어느 사이 불행은 자신에게 다가올 확률이 높아질 것이다.

재난은 인간 개인의 힘으로는 대항할 수 없는 불가항력인 재난에서 개인의 사소한 부주의에서 오는 사고에 이르기까지 사고의 형태는 무수히 다양하게 다가오고 있다. 이러한 위해한 재난에 대해서 미리 예측하고 대비하며 공동으로 대응하는 협동은 그 위험의 강도를 약화시킬 것이며 그 위험을 피해갈 수 있는 방법을 찾게 될 것이다.

이렇게 인간에게 불행한 재난을 겪게 하는 위험은 이 지구상의 자연적인 생태계의 이상변화에서 오는 자연적 재난과 인간 스스로의 욕망과 갈등에서 빚어지는 인위적 재난으로 크게 대별하여 볼 수 있다. 자연적 재난이라도 본질적으로는 인간 스스로가 만들어 놓은 자연환경의 훼손에 의해 당하는 인위적 재난이라 할 수 있다. 인위적 재난은 인간이 인위적으로 만들어 놓은 건축물, 시설물 등의 인공적인 가공물의 관리부재나 성실하지 못한 시공으로 인해 발생하는 사고를 의미한다.

우리나라에서 과거 20년을 돌이켜 보면 얼마나 많은 자연적, 인위적 재난이 많았던지, 우리의 기억에 생생할 것이다. 해마다 반복되는 장마, 태풍 등의 자연적 재난, 각종 다리의 붕괴, 기차충돌, 차량전복, 가스폭발, 도로붕괴 등 수없는 사고가 반복되고 있는 실정이다.

이 모든 사고의 결과는 모두가 예고된 사고로서 미리 예방할 수 있는 방안이 있는데도 책임져야 하는 정부, 관련기관, 악덕 기업, 사악한 범죄자의 관리부재와 대응능력에 문제가 있고 무관심의 산물이다.

국민은 국가의 주인으로서 행복한 삶을 추구할 수 있으며, 각종 위험으로부터 보호받을 권리를 갖고 있는 것이다. 그리고 국민은 재난관리에 대해 책임을 갖는 국가에 대해 기본적인 의무를 다해야 한다.

헌법 제35조제1항에 "모든 국민은 건강하고 쾌적한 환경에서 생활할 권리를 가지며, 국가의 국민은 환경보전을 위해 노력하여야 한다."고 하여 자연적 재난에 대응해서는 당연히 국가의 책임과 의무를 요구하고 동시에 국민 개개인에게도 국가의 노력에 동참할 것을 권하고 있다. 또 헌법 제30조에 "타인의 범죄행위로 인하여 생명·신체에 대한 피해를 받은 국민은 법률이 정하는 바에 의하여 국가로부터 구조를 받을 수 있다." 하여 재난이 발생할 경우에 그로 인해서 국민이 위험에 처하였을 때 구조를 요청할 수 있는 권한을 명시하고 있다.

헌법 제34조에도 "국가는 재난을 예방하고, 그 위험으로부터 국민을 보호하기 위하여 노력하여야 한다."고 명시함으로써 재난을 예방하고, 재난으로부터 국민을 보호해야 할 의무가 국가에 있음을 분명히 하고 있다. 국가는 재난이 발생하기 전에는 재난발생의 가능성을 줄이고 그 정도를 완화시키는 모든 조치를 취하여야 하며, 재난이 발생한 후에는 신속하게 대응하여 재난으로부터 오는 피해를 최소화시키도록 노력해야 한다. 또한 위기상황이 지난 후에는 국민들이 정상적인 생활을 할 수 있도록 빠른 시일 안에 이를 복구하여야 한다.

재난은 개인에 대한 소규모의 범죄에 비해 개인이 감당하기에는 가공할 힘이고, 또한 재난을 피하는 데 엄청난 비용과 부담인 것이다. 따라서 국민은 국가의 힘에 의존할 수밖에 없다. 이러한 재난으로부터 국민을 구제하여야 하는 것은 당연히 국민을 보호하는 중요한 의무의 이행으로서 실질적인 질서유지와 국가안전보장일 것이다.

또한 헌법 제36조에 "모든 국민은 보건에 관하여 국가의 보호를 받는다." 하여 질병으로부터, 즉 자연적, 인위적 재난으로부터 국민은 보호받아야 하고 국가는 국민을 보호하여야 할 의무를 규정하고 있다.

그런데 최근 발생한 대형사고들에 대한 정부의 대응을 살펴보면, 과연 정부가 이러한 헌법상의 임무를 충실히 수행하고 있는지 의구심이 간다. 오히려 재난이 발생하면 철저한 원인분석과 적절한 사후수습책, 재발방지책을 강구하기보다는 우선 관련자 문책에 그쳤으며, 졸속대응으로 고비를 넘기고, '인명재천'이라는 국민적 무감각과 너그러움 속으로 사라졌다. 특히 집중호우로 인한 엄청난 수해의 경우에서 경험한 바와 같이, 유사한 재난이 반복적으로 발생한다는 것은 효과적인 재난관리체제의 부재를 의미하는 것이다.[286] 뿐만 아니라 이미 발생한 사고로부터 사회적 학습을 통하여 재난관리의 오류를 수정(error correction)할 수 있는 메커니즘이 작동하지 않는다는, 보다 근원적인 문제점이 나타나고 있다.[287]

그러므로 재난관리체제에 대한 총체적 점검이 필요하며, 또한 앞으로 언제, 어디서, 얼마나 큰 규모의 재난이 발생할지 모르는 상황에서 이에 대한 심층적인 연구가 필요하다.

---

286) 동아일보, 1999년 8월 6일자.
287) 박동균, "우리나라의 효과적인 재난관리체제구축방안에 관한 연구", 경호경비연구, 2000년 3월호, 84면.

개인은 혼자만의 힘으로 거대한 재난에 대응할 수 없으므로 국민은 국가가 그 재난의 위기를 최대한으로 감소하고, 대처할 수 있도록 하는 국가적 재난관리 시스템을 마련하는 데 동참하고 국가는 국민의 행복한 삶이 추구될 수 있는 최대한의 안전을 보장해야 할 것이다. 그것은 국가는 국민이 있기에 존재하는 국민주권의 실질적 실현이기 때문이다.

3. 정보화 사회에 부응하는 재난관리

(1) 재난관리의 개념

재난관리(disaster management)는 크게 '광의의 재난관리'와 '협의의 재난관리'로 구분할 수 있다. 광의의 재난관리는 재난대책의 전 단계를 대상으로 하는 것이다. 이는 재난의 예방·예측경보·긴급사태 대처·응급복구·본격복구·부흥·예방·이라는 각 단계를 거치는 일련의 순환과정이다. 반면에 협의의 재난관리는 재난발생 후 관계 각 기관을 어떻게 유기적으로 조직화하고, 효율적으로 운영하여 피해를 최소화하는가의 문제에 관한 조직의 업무수행방법을 의미한다.

또한 재난관리란 "재난발생의 위험성을 제거하고, 재난발생 시 피해의 수습과 복구를 행하는 모든 활동"을 말한다. 한편 민방위기본법 제1조는 "적의 침공이나 전국 또는 일부 지방의 안녕, 질서를 위태롭게 할 재난으로부터 주민의 생명과 재산을 보호하기 위하여 민방위에 관한 기본적인 사항과 민방위대의 설치·조직·편성과 동원 등에 관한 사항을 규정함"을 기본법의 목적으로 삼고 있다. 즉 민방위기본법은 방재의 개념을 "자연 및 전쟁을 포함한 인위적 재난의 방지"로서 포괄적인 정의를 하고 있다. 즉 재난관리는 "사전·사후의

258

재난활동 및 재난에 대처하기 위해 계획하고, 대응하는 모든 측면을 포함한 총체적 관리"를 지칭하고 있다.288)

미국 재난관리청(FEMA, Federal Emergency Management Agency)제임스 리 위트 장관은 행정자치부와 연세대학교 방재안전센터 주최로 열린 강연회에서 "홍수, 태풍, 지진과 같은 천재지변은 어차피 일어나기 마련이지만 과도한 국토개발은 그에 따른 재해를 가중시키는 가장 큰 요인이다. 얼마 전 용인의 개발지역 수해와 같은 경우도 이미 미국이 경험했던 일이고 물을 흡수하는 스펀지 역할을 해야 하는 녹지와 습지를 콘크리트로 덮다 보니 강물이 불어나 홍수피해가 늘고 산사태도 심해졌다. 자연은 파괴할수록 재해는 늘어난다. 자연과 더불어 살 생각을 하는 것이 최상의 예방책이다. 지구 온난화로 인해 해수면이 높아지면서 해일 피해지역이 점점 늘어난다면 재난 극복도 전 지구적 차원에서 길게 보아야 한다. 사고예방은 세 가지 점에서 유익하다. 첫째, 인명을 잃지 않도록 한다는 점, 둘째 사후 복구보다 적은 돈이 든다는 점, 마지막으로 중요한 것은 삶의 질을 높인다는 점이다."289)라고 재난에 대한 경고를 하였는데 이는 인간의 존엄과 가치를 지키는 중요한 일임을 말해준다. "그래서 미국은 FEMA는 '홍수지도(Flood Map)'를 만드는 일에 착수했고 홍수 위험지역을 예측하고 환경영향을 조사한 후 문제가 있는 지역의 건축개발을 제한하고 재해방지 시설을 집중적으로 설치했다."고 하면서 국가가 국민의 안전을 위해서 얼마나 실제적으로 정책을 입안하고 실현하는가를 보여주고 있다. 그는 또한 "이러한 정책에 주민들의 적극적인 참여에 힘입어 가능했는데, 이것은 최초에 플로리다주 디어필드 마을은 애초 자원봉사자들이 나서 학교건물에 방재시설을 설치하면서 시작됐다. 허리케인이 닥치자 마을 사람들이 이 학

---

288) 박동균, 상게논문, 85 - 86면.
289) 동아일보, 2000년 7월 25일자.

교를 대피장소로 이용했고 재해예방의 효과를 실감한 주민들은 적극적으로 마을 정비에 참여했다. 그 후 FEMA 에너지부 단체 및 지역 경제인 협회가 함께 재해대비 지역공동체를 만들고 있으며, 기업가들도 궁극적으로 안전한 마을이 이익을 가져온다는 것을 깨달아 자금지원도 아끼지 않고, 위험을 무릅쓴 개발을 고집하지도 않는다. 또한 FEMA는 절망을 다루기보다 희망을 만드는 곳이다."라고 하면서 재난에 대해 국민의 협조와 국가의 정책방향의 중요성을 말해주고 있다.

따라서 재난관리는 온 국민이 합심하여 정부의 정책에 부응할 수 있도록 정부가 재난의 위해요인을 예측, 인지, 조사하여 그 피해를 무력화시키고 최소화할 수 있는 최선의 방안을 국민에게 제시하고 국민의 동의와 협조를 요청하고 재난에 당면하였을 때 신속하고 안전하게 인명과 재산의 손실을 최소화하는 적극적인 대응과 자세로 임해야 한다. 그 대응방법은 재난을 우선 회피하거나 제거하는 예방적 방법에서 1차적으로 차단하고 2차적으로 재난에 직면하였을 때에는 인명과 재산의 피해를 최소화하는 단계와 방법을 선택하여 실시하는 것이다.

(2) 재난관리단계

재난관리는 재난의 시간대별 진행과정을 중심으로 네 단계로 나눌 수 있다. 재난발생을 중심으로 재난발생이전(pre-disaster)과 재난발생 이후(post-disaster)로 나누고, 재난발생 이전 국면은 예방과 완화(prevention and mitigation)와 대비(preparedness)단계로, 재난발생 이후 국면은 대응(response)과 복구(recovery)단계로 분류한다. 이 과정들은 서로 독립적이라기보다는 상호 유기적이며, 순환적인 관계를 갖고 있다(McLouglin, 1985: 166, Petak, 1985: 3).

1) 재난예방과 완화단계(disaster prevention and mitigation phase)

　재난예방과 완화는 사회의 건강, 안전 및 복지에 대한 위험이 존재하는 영역에서 무엇을 해야 할 것인지를 결정하고 위험감소를 위한 노력을 하는 단계이다. 대체로 장기적인 관점에서 사회가 직면하게 될 장래의 재난을 극복할 수 있는 능력을 증진시키는 데 중점을 두며, 재난의 종류에 따라 재난예방과 완화의 목표가 변화될 수 있다(Godschalk and Brower, 1985). 즉 잠재적 위험성을 지닌 물질이나 방사능의 누출현상을 포함하는 인위적 재난의 경우에는 발생기회를 감소시키거나 원인을 제거하는 조치에 중점을 두는 반면, 지진이나 태풍과 같은 자연재난의 경우에는 대비나 구조활동 등을 통해 노출지역에서의 재난을 감소시키는 데 중점을 둔다.

　이러한 완화단계는 복구단계에서 개발된 정책이나 사업계획들에 의해 개선될 수 있으며, 따라서 준비, 대응, 복구단계와 직·간접적인 관련성이 있다고 볼 수 있다. 완화단계에서 사용되는 기법으로는 계획(plan), 개발규제(development regulation), 조세제도, 자금지출계획, 보험, 그리고 재난정보체계 등이 있으며, 이들 접근법들을 활용하는 과정에서의 기술적·정치적 과정 모두를 포함한다(David R. Godschalk, 1991: 131－160).

2) 재난 대비단계(disaster preparedness phase)

　재난에 대비하여 필요한 비상계획을 수립하고, 훈련을 통해 재난대응조직의 운영능력을 개발시키려는 단계이다. 비상계획에는 재난의 피해를 최소화하기 위한 조기경보체제의 구축과 효과적인 비상대응 활동의 확립이 포함된다(Clary, 1985: 20). 또한 재난발생 시 투입될 자원과 관련하여 신속하게 자원이 배분될 수 있도록 자원배분의 우선순위가 이 단계에서 설정되어야 하며, 재난발생 시 정상적으로 사용할 수 있는 자원 외에 예측하지 못한 재난에 대해서도 자원이 투입될 수 있는 특별자원의 확보방안도 마련되어야 한다(Zimmerman, 1985: 35－36). 재난발생 시 대응단계에서 일어날 수 있는 조직 간, 지역 간의 갈등을 조정하는 문제도 이 단계에서 주의깊게 다루어져야 한다. 특히 응급의료체계에 있어 병원들과 재난관리기관들과의 긴밀한 협조는 재난의 인명피해를 줄이는 데 있어 중요한 문제이다(Tierney, 1985: 77－78). 따라서 재난관리가 정상상태로의 신속한 복귀를 목표로 한다면 지속적·연속적 과정으로서의 준비과정은 대응과정과 연계되어야만 하며, 과학적 지식과 계획에 의해 합리적으로 이루어져야 한다(Kreps, 1991: 33－36).

3) 비상대응단계(emergency response phase)

일단 재난이 발생하면 일련의 대응조치를 통해 재난의 심각성을 줄여가고 확산을 방지하기 위한 활동이 전개된다. 인명을 구조하고 재산피해를 최소화하며, 재난복구가 순조롭게 될 수 있도록 한다(Petak, 1985: 3－6). 이 단계에서는 이전에 수립했던 비상계획이 실행되며, 응급의료체계가 가동되고, 재난대책본부와 같은 비상기구가 작동된다. 구체적인 비상대응 활동으로는 재난과 현장에서의 수색구조, 피해지역의 안전확보, 필요한 경우 응급의료, 구호품의 보급, 비상대피소의 설치 등을 들 수 있다.

이 외에 재난에 대해 보다 효과적으로 대응하기 위해서는 재난준비과정에서 집중화되고 공식적인 의사결정보다는 유연한 결정구조(flexible decision making structures)를 유지하는 것이 바람직하며, 조직 구성원들의 재난관리 역할을 구체화시키는 것이 필요하다(Mileti and Sorensen, 1987: 13－21). 이와 같은 대응은 완화나 준비와 독립되어 있는 것이 아니라 상호 밀접하게 연계되어 있다. 그러므로 재난에 대한 대응은 인위적 재난, 대규모 자연적 재난을 막론하고, 대응단계에서 전체적 차원에서 재난을 파악·대응하기 위한 통합 재난관리체제의 확립이 필요하다(Drabek, 1985: 85-92).

4) 재난복구단계(recovery phase)

재난상황이 안정되고 긴급한 인명구조와 재산보호가 수행되고 난 후에는 재난지역이 재난 전의 정상적인 상태로 회복시키는 데 초점을 맞추어야 한다. 단기적으로는 이재민들이 최소한의 생활을 영위해 나갈 수 있도록 하는 데 중점을 두어야 하며, 장기적으로는 재개발계획과 도시계획 등의 과정을 거쳐 원상을 회복시켜야 한다. 이러한 계획들은 미래에 닥쳐올 재난의 영향을 줄이거나 재발을 방지할 수 있는 좋은 기회가 되며, 재난관리의 첫 단계인 재난예방과 완화단계에 순환적으로 연결된다(McLouglin, 1985: 169-170).

이상에서 살펴본 바와 같이 완화와 대비활동은 일반적으로 재난발생 이전에 기능하는 것이며, 대응과 복구활동은 재난발생 이후의 조치로 볼 수 있다. 이들 단계 중 재난발생 자체를 억제하거나 예방, 준비하는 완화·대비 과정이 중시되어야 함에도 불구하고, 현실적으로는 정치적 성격에 의해 재난관리에 소요되는 대부분의 자금과 각종 자원들이 복구과정에 집중되어 있다(Perry, 1985: 72-76). 따라서 재난관리의 각 과정에 대해 균형 있게 자원을 배분해 주는 노력이 필요하며 완화와 대비단계에 대하여 관심을 기울이는 것이 보다 중요하다.290)

---

290) 박동균, 상게논문, 88-90면.

(3) 우리나라의 재난관리체제

우리나라의 재난관리정책은 자연적 재난, 인위적 재난, 그리고 민방위관련 재난 등 재난유형에 따라 독자적으로 전개되었다.[291]

자연적 재난관리 분야에서 정부의 정책은 1961년 8월 21일 각령 제104호로 국토건설청 소속 영주수해복구사무소가 설치되어 수해복구와 재건공사를 관장한 것으로 시작된다. 그 후 1967년 2월 28일 풍수해대책법이 제정되면서 방재기본계획제도가 확립되어 각 중앙행정기관과 공공단체별로 방재업무계획 및 지역방재계획을 작성하여 실시하게 되었다. 1968년에는 중앙을 비롯하여 각 지역별로 재해대책위원회와 읍·면·동의 수방단편성이 완료됨으로써 전국적인 방재체제가 확립되었다.

1967년 풍수해대책법 제정 이후 자연재난의 관리는 건설부가 주무부처였으나, 1991년 4월 23일 풍수해대책업무가 내무부로 이관되어 현행의 관리체계를 갖추게 되었다.[292] 그러므로 역사래 반복적으로 자연재해의 피해를 입은 것에 비추어 자연재난관리를 위한 제도적 틀이 확정된 역사는 비교적 짧다. 이러한 현실은 우리나라뿐 아니라 필리핀, 인도네시아, 말레이시아 등 대부분의 개발도상국에서 공통된 것으로 1970년대 이후 자연적 재해의 관리체제를 갖추기 시작하였다.[293]

---

291) 남궁근, "재해관리행정체제의 국가 간 비교연구, 미국과 한국의 사례를 중심으로", 한국행정학보 29,3, 1995, 968－969면.

292) 건설부로부터 내무부로 재난관리기능의 이관을 촉발시킨 것은 1990년 중부지방 집중호우로 일산부근의 한강이 범람하여 서울이 물바다가 된 사건으로, 이는 현재까지는 사상 최악의 재해로 기록되고 있다. 이 사건을 겪은 후 1990년 건설부에서 내무부로 중앙재해대책본부의 기능이 정식으로 이관되었다.

293) 필리핀은 화산분출, 지진, 태풍 및 호우를 포함한 자연재난의 피해를

264

자연적 재난에 대비한 정책노력이 1960년대부터 본격화된 것과는 대조적으로 인위적 재난의 경우, 개별법의 규정 이외에는 최근에 이르기까지 체계적이고 종합적인 관리정책을 갖추지 못한 상태였다. 인위적 재난은 소방법(화재), 산림법(산불), 고압가스관리법(가스폭발), 도로법(교량붕괴) 등 50여 개의 개별법에 규정하고 있으나 사고발생 시 응급대응을 위한 규정이 없다. 삼풍백화점 붕괴사고 이후 1995년 7월 18일 공포된 '재난관리법'은 이러한 규정의 내용을 포함하여 인위적 재난의 예방, 대응 및 복구활동에 관한 기본법이라고 볼 수 있다.294)

빈번하게 당하고 있음에도 불구하고 1978년에 이르러야 대통령령 1566호에 따라 전국적 수준의 재난관리조정체제인 국가재해조정회의(National Disaster Coordinating Council: NDCC)가 창설되었다 (GOP, 1993: Clavejo, 1993). 한편 몬순기후의 영향으로 대홍수를 포함한 자연재난을 겪고 있는 말레이시아에서도 전국적인 수준에서 자연재난대책은 1972년 홍수통제위원회(Permanent Flood Control Commission)를 설치한 것으로 시작되었다(NCS of Malaysia, 1993, Rasappan, 1993). 인도네시아는 지진과 화산분출로 인한 지질재난뿐 아니라 홍수와 한해 등의 기상재난도 빈번하게 겪고 있는데, 이러한 재난을 관리하기 위해서 1979년에 대통령령으로 자연재난관리조정위원회(National Coordinating Board for Natural Disaster Management)를 설치하였으며, 1990년에는 그 명칭을 재난관리조정위원회(National Coordinating Board for Disaster Management)로 변경하고, 자연적 재난뿐만 아니라, 인위적 재난도 관리할 수 있도록 하였다.

294) 김영삼정부가 출범한 93년 이후 아시아나 보잉 737기 추락, 서해페리호 침몰사고, 구포열차사고 등 대형 인위적 재해가 연속 발생하면서 1993년 7월 23일자로 각종 인위적 재난의 예방과 수습에 대한 종합적 체계적 관리체제를 구축하고 이의 운용에 필요한 사항을 규정할 목적으로 '재해의 예방수습에 관한 총리훈령'을 제정하였다. 또한 1994년 10월 25일에는 대형사고 취약시설물에 대한 안전점검 등의 기능을 수행하도록 국무총리 소속하에 '중앙안전점검통제회의'를 두는 내용의 '중앙안전점검통제회의규정'(국무총리령 제302호)이 마련되었다. 재난관리법은 이러한 일련의 준비과정을 거쳐서 마련되었다.

재난관리와 관련된 각 법률을 중심으로 하여 과거 우리나라의 재난관리체제를 살펴보면 다음과 같다.

1) 민방위 기본법

남북분단이라는 특수상황에서 민방위 재난의 관리에 관한 민방위 기본법이 1975년 제정되었다. 민방위 관련 재난은 "적의 침공이나 전국 또는 일부지방의 안녕질서를 위태롭게 할 재난"(민방위 기본법 2조)으로 규정되며, 그 관리업무는 내무부 민방위본부, 국방부(군), 국가안전보장회의의 비상계획위원회가 관장하고 있다.

민방위는 적의 침공이나 전국 또는 일부 지방의 안녕질서를 위태롭게 할 재난(민방위 사태)으로부터 주민의 생명과 재산을 보호하기 위해 정부의 지도하에 지역주민이 해야 할 방공, 응급방재·구조·복구 및 군사작전상 필요한 노력 지원 등 일체의 자위적 활동을 의미한다. 따라서 민방위 기본법은 정부로 하여금 민방위에 관한 계획을 수립하고 실시하게 하며, 주민들은 정부 지도하에 민방위 임무를 수행할 것을 규정하고 있다(민방위 기본법, 제2조 - 제3조).

2) 자연재해대책법

재해는 태풍·홍수·호우·폭풍·해일·폭설·가뭄 또는 지진 기타 이에 준하는 현상, 즉 자연재난으로 인하여 발생하는 피해를 말하며, 중앙관서의 장, 각급 지방자치단체의 장, 대통령령으로 정하는 행정기관의 장과 단체 등의 장, 기타 법령에 의하여 재해예방·재해응급대책·재해복구에 관한 책임이 있는 기관단체 등이 방재책임자가 되어 방재책임을 갖게 한다.

3) 재난관리법

재난은 자연재해를 제외한 것이며, 화재·붕괴·폭발·교통사고·화생방
사고·환경오염 사고 등 국민생명과 재산에 피해를 줄 수 있는 사고
를 의미한다. 따라서 재난관리는 재난발생의 위험성을 제거하고, 재
난발생 시 피해의 수습과 복구를 행하는 모든 활동을 말한다(재난
관리법 제2조).

재난관리법은 재난발생으로 인하여 국가의 안녕 및 사회질서 유
지에 중대한 영향을 미치거나 당해 재난으로 인한 피해를 효과적으
로 수습복구하기 위하여 특별한 조치가 필요하다고 인정될 경우,
중앙사고대책본부장은 중앙안전대책위원회의 심의를 거쳐 당해 지
역을 특별재해지역으로 선포할 것을 대통령에게 건의할 수 있다(재
난관리법 제30조). 대통령에 의해 특별재해지역으로 선포된 지역은
응급대책 및 재해구호와 복구에 필요한 행정·재정·금융·세제상의 특
별지원을 받을 수 있게 규정하고 있다.[295]

Ⅱ. 재난에 대한 국민과 국가의 새로운 대책

거의 해마다 찾아오는 폭우와 태풍의 피해로 인해 국민들은 삽시
간에 생명과 재산을 잃기도 하고 불안과 초조 속에서 자연의 변화
로 발생하는 그 위대한 힘에 대응할 기력을 찾지 못하고 그저 당하
고만 있는 상태이다.

인간은 원시시대 이래 개인의 무력한 힘을 깨닫고 점차 사회와
국가를 형성하고 공동의 적에 대처하기 시작하였던 것이다. 그 공동
체적 구성원인 국민과 국가는 인간의 존엄과 가치와 행복을 추구할

---

295) 박동균, 전게논문, 101 - 102면.

수 있는 주변환경을 만들어야 할 것이다.

그러나 과학기술의 발달과 폭발적인 인구의 증가, 그에 따른 인간성의 타락과 부패, 이기심은 자연환경을 오염시키고 그 오염된 환경은 지구 및 우주의 변화를 초래하여 엄청난 자연적 재앙을 예고하기에 이른 것이다.

이제 국가와 그 국가를 구성하는 국민은 국가공동체의 공동의 안전이 보장되고 그 속에서 행복을 추구할 수 있는 환경을 만드는 데 서로의 의무와 권리를 다하여야 할 것이다. 그러나 국민 개개인은 자연적 재난에 대비에 드는 엄청난 비용과 대응력을 갖출 수 없으므로 총체적인 재난대비책을 강구하여야 할 것이다. 또한 이러한 자연적 재난은 그 국가가 소유하고 있는 환경의 유지로서만 해결된 것이 아니므로 국제협약을 통한 전 지구적 차원의 대책이 필요하다.

1. 자연적 재난에 있어서 국민과 국가의 상호역할

(1) 자연적 재난에 있어서 국민의 권리와 의무

우리나라 헌법 제35조제1항에 "모든 국민은 건강하고 쾌적한 환경에서 생활할 권리를 가지며, 국가와 국민은 환경보전을 위하여 노력하여야 한다."라고 규정하고 있어 국민으로서 당연히 자연적 재난으로부터 보호를 받아야 하고 국민도 이러한 국가의 노력에 동참하고, 이의 실현을 위한 최소한의 자유와 권리를 제약받아야 함을 의미하고 있는데, 이것이 국가 공동체의 안전한 환경보전을 위한 국민의 의무가 될 것이다. 또 국민은 질서유지와 국가안전보장 실현을 위한 국가적 차원의 최소한의 요구에 부응하고 최대의 안전을 요구할 권리를 갖게 된다.

(2) 자연적 재난에 대한 국가의 권리와 의무

헌법 제35조제1항에 "모든 국민은 건강하고 쾌적한 환경에서 생활할 권리를 가지며, 국가와 국민은 환경보전을 위하여 노력하여야 한다." 하여 국가가 국민을 자연적 재난으로부터 보호하여야 하고 국민이 자연적 재난의 극복을 위해 최소한의 권리제한과 국민의 협조를 요구할 권리가 있음을 규정하고 있다. 국가는 국가를 구성하고 있는 다원화된 요소를 총집결하여 헌법 제11조에 명시된 "모든 국민은 법 앞에 평등하다. 누구든지 성별, 종교, 또는 사회적 신분에 의하여 정치적 경제적, 사회적, 문화적, 생활의 영역에 있어서 차별을 받지 아니한다." 하는 점에서 재난으로부터 생명과 재산을 피해 받은 일부분의 국민이라도 국가적 차원에서 보상을 받을 수 있다는 것이다. 보상을 하는 국가는 국민의 동의와 협조를 국민에게 받아야 할 것이다. 또한 재난에 대한 각종의 정책실현이 공공복리와 질서유지 국가안전보장의 실질적인 실현으로서 최소한의 국민의 자유와 권리를 제한할 수 있음을 확인하게 된다. 그러나 이러한 모든 국가의 권리는 국가가 국민의 건강과 국민을 위한 쾌적한 환경을 만드는 노력임을 국민이 허용할 때 가능하다.

국가는 엄청난 자연적 재난으로부터 그 피해가 최소한이 되도록 적극적이고 과학적인 책임행정을 집행할 의무를 갖게 되는 것이다. 진실한 책임행정에 의한 국가의 투명하고 적극적인 정책입안과 구체적인 실천은 국민의 신뢰와 사랑을 받는 진정한 국민주권의 실현이 될 것이다.

2. 인위적 재난에 있어서 국민과 국가의 상호역할

현대사회가 복잡해지고 생존을 위한 치열한 경쟁을 하다 보니, 개인의 이기주의가 만연해지고, 그 결과 쉽고 빠르게, 또한 최고의 부와 명예를 추구하려다가 급기야는 정상적인 성취보다 비정상적인 방법을 택하게 된다.

인류의 모든 구성원이 도덕성을 상실하고 그 해이해진 도덕성에 대한 선도와 사회적 악행에 대한 규제조치가 선행되지 않는다면 인류는 정말 끔찍한 사회환경을 자초하고 말아 자멸할 것이다.

인위적 재난은 상기에서 설명한 바와 같이 인간이 무책임한 행동과 관리의 미흡으로 인해 인간이 건축하고 만들어 놓은 물질이 붕괴하거나 폭발하는 등으로 인해 인간이 재난에 처하게 되는 것을 의미한다. 이 인위적 재난은 인간이 고의적으로 인간을 해하기 위하여 저지르는 범죄를 포함하여 관리상 미흡과 인간의 실수로 인한 재난을 의미한다.

실제로 1990년대 우리나라에서 연이어 발생한 성수대교 붕괴, 마포 아현동 가스폭발, 그리고 삼풍백화점 붕괴사고 등 이 모든 대형사고의 재난들은 기술상의 미흡이나 관리상의 부주의에서 온 인위적 재난들이었다.[296]

이러한 고의성이 없는 재난은 국가의 사회질서와 공공복리를 위하여 국민을 통제할 권리를 국민으로부터 위임받은 정부가 국민을 위한 법과 제도의 선행적 정비와 실행으로 국민을 쾌적한 환경에서 편안하게 살 수 있도록 보장할 의무를 갖게 되는 것이다. 또한 국민을 쾌적하고 편안한 환경에서 살도록 하려는 국가영역에 거주하는 모든 국민이 공동의 안녕과 평화를 위해서 국가에게 그 관리권

---

296) 정진환, "재난관리체제에 관한 연구", 경호경비연구 창간호, 한국경호경비학회, 1997, 322면.

270

과 책임을 위임시켜 안전을 보장받을 권리와 그 국가의 요구에 부
응할 의무를 갖게 되는 것이다.

(1) 인위적 재난에 대한 국민의 권리와 의무

헌법 제30조에 "타인의 범죄행위로 인하여 생명·신체에 대한 피해
를 받은 국민은 법률이 정하는 바에 의하여 국가로부터 구조를 받
을 수 있다." 하여 국민이 인위적 재난으로 인해 생명·신체에 대해
피해를 입었을 경우에는 국가로부터 보호를 받을 수 있다고 하는
것을 의미하는 것인데, 생명과 신체의 손상의 보호는 범죄행위가 있
기 전에 보호를 받아야 한다. 즉 사전 예방이 중요함을 말해 주고
있다. 따라서 국민은 자신이 위험하다고 생각할 때, 국가기관에 즉
시 도움을 요청해 보호를 받을 수 있는 것이다.[297]
또한 국민은 이런 국가의 도움에 대해 최소한의 권리와 자유의
제한을 감수하고 국가공동체적 일원으로서 인위적 위해행위를 감시
하고 신고하여 국가기관으로 하여금 적극적인 범죄예방이 가능하게
하여야 할 것이다.

(2) 인위적 재난에 대한 국가의 권리와 의무

국가는 국가의 안전보장, 질서유지, 공공복리의 증진을 위해서 국
민으로부터 부여받은 국가권력의 행사를 정당하게 할 권리는 가질
수 있다. 그 권리는 국민의 생명과 재산을 보호하여야 할 모든 경
우를 착안하여, 공정하고 엄정하게 행사되어야 한다. 국가에 존재하
는 모든 인적, 물적, 지리적 위해요인에 대해서 법과 규정에 의거하

---

297) 정진환, 상게논문, 325면.

여 제거 및 대응하고, 국민에게 위해와 위협을 사전에 경고하는 예방활동, 범죄자들을 감시하는 권리를 갖게 되는 것이다.

국가는 재해를 예방하고, 그 위험으로부터 국민을 보호하기 위하여 노력해야 한다는 헌법 제34조제6항의 취지에 따라 국민생활의 안전을 도모하기 위하여 국민의 생명과 재산에 많은 피해를 줄 수 있는 대형사고 등 재난의 예방과 수습에 필요한 국가 및 지방자치단체의 재난관리체제의 구축과 재난 발생 시의 긴급구조구난체제를 확립하여야 한다.

최근에 도로, 건축물, 철도 등 주요 시설물을 완공한 후 전문인력과 진단장비의 부족 등으로 형식적인 점검이 일상화됨으로써 붕괴위험이 여전히 상존하고 있었기에 국민의 생명과 재산에 대한 위해의 우려가 적지 않았다. 따라서 재난수습에 대한 체계적인 제도의 개선은 시급한 당면과제로 절실하게 대두되고 있다.[298]

Ⅲ. 국가재난관리체제의 문제점과 개선방안

세계의 선진국·후진국을 막론하고 자연적 재난 또는 인위적 재난을 겪고 있다. 그런데 다른 나라에 비해 우리나라의 경우는 자연적 재난보다는 인위적 재난이 더욱 심각한 상황이다. 잇달아 일어나고 있는 대형사고에 대한 사전관리, 사후 수습 및 보호대책을 살펴볼 때 우리나라의 재난관리 행정체계가 제대로 갖추어지지 못한 점과, 재난에 대해 전문적으로 연구, 분석, 교육하고 점검하는 기구도 없었다는 점이 주요 문제점으로 지적되어 왔다.

---

298) 정진환, 상게논문, 331 −332면.

1. 국가재난관리체제의 문제점

(1) 법체계의 문제점

현행법상 재해의 개념에 관해서는 재해를 기본적으로 자연적 재해와 인위적 재해로 구분하여 정의하고 있다.[299] 뿐만 아니라 민방위 기본법, 기타 재난관련 각 개별법에서 그 대책을 강구함으로써 양자의 중간적인 재난관련법에서는 혼선을 가져오고 있다. 각 분야별 계획 간의 상호 연계성과 실효성 확보 및 지역별 취약, 재난유형에 따른 특성화된 대비시스템 구축이 시급한 실정이다. 미래의 재난은 점차 대형화되어 가고 있고, 하나의 기관만으로는 담당할 수 없는 재난이 발생이 예상되는데, 유관기관 간 관련법의 연계성이 부족한 것으로 생각된다.

재난관리와 복구에 쓰일 물자 및 기금을 비축하는 것이 매우 중요한데 해당 규정이 없다. 또 긴급구조본부 신설을 규정하고 있지만 상시근무에 관한 조직과 교육, 훈련에 대한 분명한 규정이 없다. 안전을 위한 연구, 교육, 훈련 등은 안전관리를 위한 기반구축에 해당되는 것으로 시장성이 없는 활동이다. 따라서 정부가 담당하여야 할 부분이며, 지방에서 개별적으로 담당하는 것보다 중앙에서 담당하는 것이 보다 효율적이다.[300] 그런데도 이러한 분명한 규정이 없어 여전히 실제상황에서 혼란이 예상된다. 재난관련체계의 효율적 관리를 위한 중앙정부와 지방자치단체 간의 구체적인 연계성을 구축할 법제도가 결여되어 있다. 특히 군의 참여를 유도할 법적 근거를 재난

---

299) 박영도, "재해에 대한 긴급대응정책과 법제: 이론과 사례", 법제연구, 한국법제연구원, 1995, 97면.
300) 국무조정실, 국가안전관리종합대책 백서(Ⅱ), 안전관리대책기획단, 2000. 574면.

관리법에서 규정해놓고 있지 못하고 있다.[301]

(2) 행정체계의 문제점

우리나라 민방위기본법에 재난관리의 총괄적 개념을 규정하여 민방위 대비가 필요한 민방위의 범위에 전시재난뿐만 아니라 풍수해, 화재·산불 등 각종 재난을 포괄하고 있다. 또한 각종 재난에 대한 상황을 각 개별법에 규정하고 있어 재난관리 조직 및 기능 면에서 민방위기본법과 체계적인 관련 없이 개별법이 정하는 바에 따라 계획·집행, 관리되는 다원적이며 분화된 재난유형별 관리체제와 중앙민방위협의회를 중심으로 한 국가 민방위체제로 운용되고 있으며, 이의 업무를 효과적으로 수행하기 위하여 5개의 분과위원회로 구성되어 있다. 즉 행정자치부장관을 분과위원장으로 하는 민방위기획위원회 및 재해대책위원회, 보건복지부장관을 분과위원장으로 하는 재해구호대책위원회, 농림부장관을 분과위원장으로 하는 농업재해대책위원회, 과학기술부장관을 분과위원장으로 하는 방사능재해대책위원회(민방위기본법시행령 제8조)를 두어 소관업무와 관련된 임무를 수행하고 있다.[302]

1) 유기적 재난관리체제의 미확립

각 재난관리 개별법에 따라 계획·집행·관리되는 다원적인 재난관리체제로 운용되고 있으므로 정부차원의 통합적이고 유기적인 재난관리체제가 확립되어 있지 못하고 있다. 특히 재난대응과정이 어느

---

301) 최권중, "한국의 재난관리체제의 문제점 및 개선방안에 관한 연구", 경호경비연구 4, 2001, 349－350면.
302) 최권중, 상게논문, 350면.

한 부처에 국한되는 것이 아니고 여러 부처에 관련되고 있어 계획, 복구, 완화 등의 활동이 개별법에 따라 별개로 운용되고 있기 때문에 재난관리가 체계적이고 종합적이지 못하다는 것이다. 특히, 특정 재난에 대한 관리는 잘 이루어지고 있는 경우도 있지만, 어떤 재난에 대한 것은 그렇지 못한 경우도 있는바, 예를 들면 풍수해 등의 재난에 대한 것은 행정자치부를 중심으로 어느 정도 관리체제가 확립되어 있으나 가스폭발 사고 등의 각종 재난에 대해서는 그 관리체제가 미흡한 실정이다.

2) 중앙정부차원의 대응대책수립 미흡

어떤 특정 재난을 특정한 한 부처에서 관리함으로써 재난관리의 속성상 종합적이고 체계적인 접근을 하여야 효율적인데도 불구하고 현실적으로 부처 간 협조와 조정이 어렵고 긴급재난 발생 시 중앙정부차원의 긴급대책의 수립·관리가 어렵다. 재난관리는 재난의 규모에 따라 한 기관에서 처리할 수 있는 것도 있지만, 재난의 규모가 커짐에 따라 재난관리의 내용이 복합적이고 광범위해지며 중앙정부차원에서 다양한 기관이 협조하여 재난을 극복할 수 있도록 제도적인 장치가 마련되어야 한다. 평상시에는 서로 거의 독립적으로 업무를 수행하고 있는 기관들이 재난이라는 특수상황에서 원활하고 유기적인 연계성을 만들어내기는 매우 어려운 현실로서 이는 중앙정부의 몫이라 할 수 있다. 그렇기 때문에 평상시에 중앙정부는 재난상황에 서로 협조를 만들어 내는 체제를 확립하여 훈련 등 긴급대책 수립을 하여야 한다.

3) 재난관리 시설물 관리소홀과 물적 자원부족

재난관리시설의 관리담당자 부족, 예산의 부족 등의 이유로 그

관리상에 문제가 되어 시설물이 노후화되거나 본래의 기능대로 작동되지 않아서 피해가 커지게 된다.

　재난은 특정한 지역에 국한되어 발생하는 것이 아니라 그 대상범위가 광범위하고 전국적으로 이루어지는 경우에는 한정된 물적 자원만 가지고는 그에 대처하는 데 더욱 역부족일 것이다. 구호 및 복구를 위한 비축물자가 절대적으로 부족하고 또한 긴급대응과 복구를 위한 장비와 동원체제가 완비되어 있지 못하여 복구관리 등에 투입되어 피해를 최소화할 수 있는 가용장비를 효과적으로 활용하지 못하고 있다.

2. 국가재난관리체제의 개선방안

　우리나라 재난관리의 전반적인 문제는 재난관리체제가 분산관리형으로 관련법제가 이루어져 통합적이지 못하고, 이로 인하여 중앙정부와 지방자치단체 간에 체계를 이루지 못하고 있으며, 중앙정부의 재난관련조직과 지방자치단체의 재난관련 조직기능이 불충분하며, 민간단체의 재난에 지원되는 체계가 미흡한 것으로 짐작된다. 즉 재난에 관련된 모든 예방활동부터 대응, 복구까지를 하나의 기구에서 통합적으로 관리되지 않는 것이다.

　재난·재해관리의 체계를 통합하기 위해서는 다음과 같은 방안이 강구되어야 할 것이다.303)

　첫째, 재난·재해구분의 통합이 필요하다. 현행 법체계에서 형식적으로는 민방위체제를 중심으로 재난과 재해를 나누고 인위적인 재난과 자연적인 재해를 구분하고 있다. 이로 인해 책임의 소재가 불분명하고 예방 및 준비 주체가 비상시에 급히 구성되는 등 어떤 조

---

303) 박용수, "우리나라 재난관리체제에 관한 연구", 사회과학연구, 창원대학교사회과학연구소, 1999, 379면.

직체계를 따를 것인지 분명하지 않다. 구분이 불명확한 재난과 재해에 대한 법률적인 통합이 필요하다.

둘째, 통합재난관리체계 구축이 필요하다. 재해와 재난은 그 관리과정이 유사하고 행정조직이라는 측면에서 여러 부처에 걸쳐 있다. 중앙부처에서 예산배정을 매개로 하는 점검, 평가, 사고원인조사가 절실하다.

셋째, 재난관리전담기구 설치가 필요하다. 각 부처별 재난예방 및 준비에 대한 점검, 평가, 재해정보의 제공, 긴급상황에의 대응, 복구지휘와 조사, 재난·재해에 관한 과학적인 연구를 수행할 수 있는 전문성을 가진 실무조직이 반드시 뒷받침되어야 한다.

넷째, 통합관리를 위해 비상기획위원회를 활용하는 방안을 검토해야 한다. 재난의 원인이 적의 침공인 경우를 대비하는 업무조차 비상기획위원회와 민방위본부로 나뉘어 상호 연계가 잘 이루어지고 있지 않은데, 이미 실무조직을 구비하고 있는 비상기획위원회를 통합관리를 위한 중심체제로 활용하는 방안도 검토할 수 있다.

다섯째, 민간의 전문인력과 기관참여가 필요하다. 전문인력과 예산의 부족은 민간기관과 자원봉사자 단체를 관리체계 내에 포함하는 방향으로 해결해 나아가야 한다.

여섯째, 재난대응 교육과 훈련의 강화가 필요하다. 일정 지역을 재해위험지구로 지정하는 행위조차 꺼려하는 현실이지만, 앞으로는 재해위험지구나 시설의 근무자나 주민들의 대피훈련과 비상상황에 대한 실질적인 대처훈련이 필요하다.

마지막으로 통합관리체계 자체에 대한 정립에서부터 각각 재난·재해에 대한 과학적인 연구를 수행할 필요성이 있다. 또한 재해·재난을 예방하고 긴급상황에 대처하기 위한 지침서를 준비할 필요가 있다.

재난관리에 대한 개선방안을 간략히 정리하면 다음과 같다.

(1) 중앙정부와 지방자치단체의 역할분담 및 기능강화

보편적으로 재난관리에 관한 문제는 당사자 간 해결과 불가능성, 해결주체의 부재성, 정치성, 자원규모의 방대성 등으로 인해 국민의 생명과 재산을 보호하는 중앙정부가 신속하고 효율적이며 총체적인 재난관리의 역할을 수행하여야 한다. 따라서 중앙정부는 재난관리에 대한 법령체제의 정비와 함께 교육훈련, 지도·감독, 지침·기준 등 효율적인 재난관리를 위한 전반적인 여건 및 기반을 조성하여야 한다.

지방자치단체[304]는 재난관리에 일차적 책임자로서 재난예방을 위한 실질적인 체계를 마련하여야 하며 위험시설물에 대한 안전점검, 유관기관 간 재난관리를 위한 공조체제 구축, 민간재난관리단체와의 연계구축, 재난예방교육 및 훈련 등의 역할을 수행하여야 한다.[305]

(2) 예방 위주의 시책강화와 투자확대

자연적 재해와 인위적 재난은 점차 대형화되고 있어, 일단 위기가 발생되면 개인생활의 원상회복이 불가능하기 때문에 예방 위주의 시책이 강화되어야 한다. 이를 위하여 무엇보다도 재난 및 재해 영향평가제를 도입, 활용하여야 한다. 위기관리계획을 수립하기 위해서는 환경영향평가제와 유사한 재난영향평가를 실시하여야 하며, 특히 최악의 상황에 대한 시나리오가 반드시 포함되어야 한다.

---

304) 실제로 1998년 여름의 수해에 있어서는 무절제한 지방자치단체의 하천복개나 임시도로인 동부간선도로에 대한 복구약속을 지방자치단체에서 간과하고 장기간 방치한 점이 지적되고 있으며, 아울러 감사원의 상습침수지역에 대한 재해위험 지구 지정통보를 서울시가 무시하고 있는 사안도 실제로 지적되었다.
305) 최권중, 전게논문, 356－357면.

(3) 재난의 교훈정리와 방재교육의 강화

위기에 잘 대비하는 조직들은 한차례의 위기나 대형사고가 될 뻔한 사태를 겪고 난 후에 자신들의 위기관리에 방해가 되었던 요인들과 도움을 주었던 요인들을 비교하고 검토하는 일을 한다. 우리의 경우는 사고수습 후에 사고의 원인분석과 평가, 환류 및 학습과정을 생략한 채 너무 쉽게 잊고 마는 경향이 많다. 겪고 난 재난에서 얻어진 교훈을 정리하며 미래사태에 대비하여야 한다.

(4) 언론의 협력과 안전문화의 정착

재난에 임하는 언론의 자세는 우선적으로 방재와 구조 및 복구라는 큰 안목에서 적극적인 기능을 한다는 태도가 필요하다. 언론은 재난이나 사고 발생 시 전체 국민과 지역 주민들의 공동체 의식과 유대감을 고취시키고 상호 위로와 협동으로 구조에 힘쓰도록 격려하며 궁극적으로는 피해복구와 부흥으로 향토를 발전시키고 국가발전에 노력하겠다는 공동의 의지를 강화하는 일이 긴요하다.

아울러 우리 국민 전체에 대한 안전문화의 정착이 요구된다. 우리국민은 대체로 즉흥적이고 숙명적이어서 안전문화에 대한 의식이 희박하다. 우리 국민의 안전의식과 방재의식이 몸에 배도록 끊임없이 교육, 계도, 훈련이 이루어져 안전문화가 정착되도록 하여야 한다.306)

---

306) 정진환, 전게논문, 344－346면.

제5장 결 론

　본서에서는 국민의 기본권과 헌법의 기준에서 질서유지인 새로운 국가안전보장의 관계를 정보화 사회에 새롭게 요구되는 기본권인 사생활보호, 언론의 자유, 인간의 존엄과 가치 및 행복추구권, 국민의 안전을 최대한 보장하는 새로운 국가안전보장인 정보보안(사이버 안전대책과 국가보안)과 경호안전(경호경비와 국가재난관리)을 중심으로 새로운 기본권보장을 위한 새로운 국가안전보장 정책의 실행에 있어서 서로 상충되는 요인을 조화롭게 하는 방안을 연구하여 새로운 국가안전보장의 방향을 제시하였다.

　가장 핵심이 되는 주제는 국민의 기본권과 질서유지 및 국가안보에 관한 것이다. 인간의 존엄·가치·행복추구권, 평등권, 자유권, 참정권, 생존권, 청구권적 기본권을 일컫는 국민의 기본권과 질서유지 및 국가안전보장에 관한 사항은 헌법의 규정 자체에도 명시되어 있으며, 민주정치를 실행하기 위해서는 반드시 지켜져야 할 사항이라고 할 수 있다. 그러나 상황에 따라 상충되는 경우 우월관계를 따지게 되고 이를 깊이 고려해야 할 과제를 안게 된다. 민주정치를 구현하기 위해 국가안전보장, 질서유지, 공공복리를 위해서 기본권 제한은 불가피한 것이다.

　국가안전의 궁극적 목적이 국민의 기본권보장에 있다고 할 때 국가안전보장을 위한 기본권 제한(헌법 제37조2항)은 그 모순이 되지 않도록 국민의 기본권과 국가안전을 위한 다양하고 세심한 배려를 기본정신으로 질서유지와 국가안전보장 정책을 모색하여야 할 것이다.

헌법 제1조의 규정 "모든 권력은 국민으로부터 나온다."에서 볼 수 있듯이 국민주권주의는 국가권력구조에 최고 근본원칙이다. 우리 헌법상의 국민주권주의는 우리나라의 자유민주주의 체제의 본질과 나아갈 방향을 제시하는 기준이 된다. 또한 진정한 질서유지와 국가 안전보장이란 국민의 기본권을 전제로 해야 하며 이는 특정한 계층이 아닌 모두를 위한 것이고, 독재가 아닌 민주적 절차가 반드시 선행되어야 함을 앞에서 살펴보았다. 이것이 바로 실질적 질서유지며 국가안전보장일 것이다.

따라서 국가를 책임진 정부는 급변하는 국내외 정세에 능동적으로 대처할 수 있는 변화된 안보환경에 적용할 수 있는 새로운 국민적 안보인식과 국가안전보장 방안을 선행적으로 준비하여야 한다. 또한 세계화·정보화에 따른 사이버 범죄, 국가비밀 누설로 인한 국론분열과 국가이익의 손상, 그리고 국민의 생명을 위협하는 테러와 폭력, 국민들의 정신적 건강을 해치는 마약과 금융사범, 환경변화와 인공 건축물의 붕괴와 같은 각종 재난 등과 같은 위험 속에서 국가는 국민의 존엄과 가치를 존중하고 행복이 추구되도록 보호해야 할 의무가 있다.

정보화 시대에 본격적으로 접어들면서 여러 분야에서, 그것도 복합적으로 변화되고 있다. 그 변화의 속도는 변화된 현실을 인지할 때이면 또 다른 변화가 기다리고 있는 실정이다. 이 변화는 인류에게 편안함과 편리함을 주는 긍정적인 면이 있는 반면에 부정적인 측면이 반비례적으로 발생한다.

자원의 고갈과 환경의 악화로 인한 인류의 불안은 국가 간의 치열한 경쟁으로 치닫게 하고 좀 더 잘 살아보겠다는 인간의 이기적 욕망은 지구촌 곳곳에서 집단 간, 개인 간의 갈등과 대립을 심화시키면서 겉으로 드러나는 폭력적 범죄에서 점점 드러나지 않는 범죄적 행위를 양산하게 되었다. 또한 세계화와 정보화의 영향으로 그

범죄, 갈등의 표출이 국가 간 전쟁이 언제, 어디서, 어떻게, 어떤 방법으로 자행되고 있는지 알기가 어렵고 항상 전쟁이 진행되고 있다고 해도 과언이 아니다.

이러한 세계적 추세에 따라 국가를 보위하고 국민을 보호하는 질서유지 및 국가안전보장의 방향을 새롭게 정립하고 그 대응방안을 선행되게 강구하여야 한다. 그 새로운 질서유지 및 안전보장의 정책과 방법은 언급한 바와 같이 국가의 질서와 안전을 위협하는 요소가 다양하고 지능적이고 교활하며 비인간적이므로 대응하는 방법도 그에 비례할 것이다. 그러나 이로 인한 국민의 기본권을 억제하는 일은 지양하고 인간의 존엄과 가치를 존중하고 자유와 권리가 국가이익에 부합되는 방법을 선택하고 발전시켜야 할 것이다. 항상 국가의 권력은 국민으로부터 나오고 국민이 국가의 주인임을 의식하여 최대한의 인권존중을 기본으로 전제하여야 한다.

기존의 질서유지와 국가안전보장은 국가권력을 위임받은 자가 국민의 안전을 담보로 하여 권력유지나 기득권의 이해득실로 이용하기도 하였으나, 정보의 발달과 국민의 인권이 바로 선 지금의 자유민주주의는 이를 용납할 수가 없다. 또한 안전보장이 군사적, 외교적, 정치·경제 등 사회적 안전보장도 중요하지만 이는 국민의 피부에 닿지 않는 듯하므로 기존의 안전보장들이 밑거름이 되어 국민의 피부에 와 닿는 현실적인 안전보장인 질서유지가 정보화 사회에 있어서 더 긴요하다 할 것이다.

또 국민에게 필요한 안전이 존재하지도 않거나 부실하게 실행되고 허구성이 강한 외교적 환상이나 끝없는 군비증강의 안보논리에 끌려 다닌다면 국민의 행복과 존엄은 그 존재가치를 상실하게 되는 것이다.

국가안전보장과 질서유지를 위한 정책입안과 시행은 국민의 자유와 권리를 제한하는 경우에 갈등을 유발하고 충돌하는 면이 있다.

이것은 국가권력이 위임받은 자의 악의적인 안보논리와 집권세력에게 유리하게 이용될 때 그 의혹으로 더욱 커지므로 국민이 이해하고 납득되는 과정이 필요하다.

헌법에 국가안전은 자유민주주의 기본이고 국가의 안전을 위하여 기본권을 최소한으로 제한할 수는 있으나 최대한 보장하여야 한다고 하였으므로 기본권이 우선하여 존재하는 국가안전보장과 질서유지야말로 진정한 민주주의 실천일 것이다.

이제 국가는 군사적 안보나 외교적 안보, 그리고 정치·사회적 안보를 내세울 때에는 국민에게 투명한 정책제시로 비전을 보이며 국민의 일치된 합의와 동의를 구하여야 할 것이다.

그러한 국가적 비전과 국민의 동의가 있는 안보정책도 국가내부 즉 국민이 생활하고 있는 현재의 안전보장 즉 국내적 안전보장이 확고하여야 국민적 지지를 받게 되는 것이다. 이 국내적 안전보장의 요소는 위협에 대응하는 방법에 따라 사이버 안전, 국가보안을 정보보안으로 경호경비, 국가재난관리를 경호안전으로 분류하였다.

군사적 위협이 사라지면서 총성 없는 전쟁이 진행되고 있는 작금의 안보상황에서 국가보안의 중요성과 함께 국민에 대한 통제와 제한은 더욱 필요하게 되었다. 따라서 자칫 국가보안이나 언론의 자유 중 어느 한편에 치중하다 보면 국가권력과 국민이 서로의 목적달성과 권리의 주장으로 서로 충돌하는 경우가 많아질 것이다. 이 문제는 국가는 국민의 자유와 권리를 최대한 보장하고 국가의 보안활동이 국민을 억압하지 않고 전혀 의식하지도 못하게 하면서 국민에게 서비스하는 자세와 방법을 강구하여야 한다. 또한 부득이한 경우로 국민의 자유를 제한할 경우에는 국민적 합의를 유도하고 동의를 구하여야 할 것이다.

정보기술의 발전으로 인해, 이제 개인 간, 기업 간, 조직 간, 국가 간의 이해득실과 이익을 위한 전쟁이 즉 정보전이 자행되고 있다.

통신망과 인터넷의 발달은 세계를 한 울타리에서 서로의 문화와 의견을 교류하며 서로간의 우의를 다지며 세계평화의 길로 물꼬를 튼 듯하지만 실은 인간의 기본권을 무시하고 인간의 존엄과 가치를 실추시키는 면이 점점 많아지고 심지어는 국가기반구조를 넘보는 또는 파괴하는 전쟁의 개념으로 발전되는 부정적인 경향이 농후하다.

국가는 이제 국가안전보장을 위한 전방위적 정보전 준비태세로 항상 전쟁상태로 대비 및 대응하여야 하는 정보통신의 전장화로 무장하여야 하며 국민의 사생활 보호를 위한 다각적인 대책을 면밀히 강구하여야 한다. 그것은 국민의 사생활 침해를 방지하는 것을 비롯한 경제적, 생존적 안전을 통합적으로 보호하는 시스템을 갖추어야 할 것이다. 또한 개인의 힘으로 도저히 알 수 없는 정보전의 흐름 속에서 국민의 기본권이 국가로부터 유린되는 일이 없도록 하는 법적, 제도적 보완과 국민 감시체제를 확보하여야 한다.

언론의 자유와 국가보안 대립은 그것을 해석하는 시각과 입장의 차이에서 비롯되는 경우가 많다. 국가보안은 언론에 대해서 간섭 또는 압력을 행사할 가능성이 있고 언론은 공허한 대의명분이나 자체 모순에 의해 경직된 자세로 정부의 일에 사사건건 방해를 하는 경우가 있다.

그러나 이제 국가보안은 국익을 위한 국가안전관리 시스템으로서 비밀누설을 억제하는 투명한 법적 제도를 공시하고 필수적인 비밀 요소에 대해 완벽한 보안시스템을 적용하여 국민의 알 권리의 부재 의식을 불식시키고 언론기관이 국민적 합의를 유도하며, 보안에 책임 있는 기관들의 견제와 협의를 통해서 정보서비스 창출의 역할을 하여야 한다.

범죄문제는 오늘날 국민들에 있어서 삶의 질을 가늠하는 척도의 하나로서 인식되어 가고 있는 추세에 있다.[307) 경호경비는 국가안전 보장과 질서유지의 실제적인 실현으로서 국민의 피부에 와 닿는 실질적인 치안과 범죄예방활동이다. 국민의 안전과 직접적인 관계가 있으므로 그 집행은 국민의 자유와 권리를 존중하고 국민의 기본권이 침해되지 않도록 행해져야 한다.

따라서 국민의 생명과 재산을 보호하기 위해 위해요인과 위협요소를 사전에 예측, 인지하여 범행 전에 무력화되도록 하고 그 우발적 상황이 발생 시 즉시 대처할 수 있는 태세를 갖추고 어떠한 테러와 폭력도 국민을 직·간접으로 위협하지 못하도록 하며, 안정적인 사회 분위기에서 국민이 생활하도록 마약, 위조지폐, 풍기문란 등 사회범죄를 공세적으로 추적하는 방향으로의 전환을 검토하여야 한다. 또한 민주적 질서유지를 위한 국민참여의 일환으로 지역방범에 동참하고 범죄를 즉시 신고하는 적극적인 국민의식을 함양하여야 할 것이다.

물질문명의 발전과 인구증가로 세계환경은 점점 악화되어 인류는 자연의 이상기류에 의한 각종 자연적 재난에 직면하고 있다. 또 인간의 존엄과 가치를 무시한 무분별한 행위로 인한 다양한 범죄가 증가하는 추세이다. 인간에 의한 인위적 재난은 범죄적 차원을 넘어 인간에게 큰 재앙으로 다가올 수 있다.

이러한 재난을 방지하기 위해서는 한 국가의 힘이 아닌 인류 전체의 단합된 절제와 지구적 차원의 환경규제가 선행되어야 할 것이다. 따라서 재난에 대한 국가적 지원과 국민의 일치된 힘이 환경변화에 의한 재난을 예방하여야 쾌적한 환경에서 삶의 질을 높일 수 있다.

정보화 사회의 새로운 질서유지로서 사이버 안전, 국가보안, 경호경비, 국가재난관리가 국민의 동반자로서 국민에게 친근하게 다가가기 위해서는 국민들의 기본적인 안전을 위해 효율적인 대처를 할 수 있도록 끊임없이 노력해야 할 것이며, 국민의 불편을 최소화하고

---

307) 오윤성, "지역주민 참여 범죄예방활동에 대한 고찰", 경호경비연구, 한국경호경비학회2000, 175면.

봉사하는 기법과 자세를 늘 견지하여야 한다. 이것이 바로 국민의 자유와 권리를 보장한 실질적인 질서유지며 국가안전보장이다.

이와 함께 일반 국민들도 자유민주주의 국민임을 표방하고 그 국민의 한 사람으로서 자유와 권리를 누리기 위해서는 책임과 의무를 다하고, 기초질서의식, 투철한 신고정신 등 민주시민 의식을 함양하여야 한다.

특히 국내외적으로 당면하고 있는 북핵문제, 국제테러에 우리 모두가 적극적인 관심을 가지면서, 이의 평화적 해결과 인류의 행복을 위해서 "악을 악으로 대응하는 갈등을 극복하며 끝없는 투쟁을 중단하고 악을 선으로 감싸는 상호이해와 관용 속에서 화해와 화합, 사랑과 용서"의 마음을 가득 갖고, 인류 공동번영의 참된 삶을 위해 노력해야 할 것이다.

참고문헌

1. 국내문헌

가. 단행본

경찰대학, 경찰경비론, 경기용인, 1991.

구광모, 테러와 국제사회, 서울: 고려원, 1982.

국무조정실, 국가안전관리종합대책 백서(Ⅱ), 안전관리대책기획단, 2000.

권봉안 외 1명, 안전교육, 서울: 금광, 1994.

권영성, 헌법학원론, 서울: 법문사, 2001.

김기범, 한국헌법, 목문사, 1973.

김대환, 기본권제한의 한계, 서울: 법영사, 2001.

김동성 외저, 신국가안보전략의 모색, 세경사 1993.

김두현, 경호학개론, 백산출판사, 2001.

김영수, 헌법학 사례연구, 도서출판 삼조사, 1999.

김윤덕, 국가정보학, 박영사, 2001.

김종길, 기업비밀 보호전략, 용수출판, 1997.

김철수, 헌법학개론, 박영사, 2000.

문홍주, 한국헌법, 해암사, 1972.

박일경, 신헌법, 박영사, 1974.

서규환, 2000년대의 신세계질서, 디자인하우스, 1991.

성낙인, 프랑스헌법학, 법문사, 1995.

______, 언론정보법, 나남출판, 1998.

안용교, 한국헌법, 고시연구사, 1991.

윤은기, 기업정보전쟁, 유나이티드컨설팅그룹, 1993.

이규행 감역, 전쟁과 반전쟁: 21세기 출발점에서의 생존전략, 한국경제
　　　신문사 1994.

이병곤, 정보개론, 정양사, 1995.

이상철, 경호운용론, 도서출판 홍경, 1997.

이황우, 한상암 공저, 대테러 정책론, 진명출판사, 1996.

정영화, 전자상거래법(e-비지니스), 다산출판사, 2000.

정태황, 경호이론 및 실무, 도서출판 글힘, 2000.

최대권 역, 입헌적 국가이성: 안보와 헌법의 수호, 동성사 1987.

최영호, 컴퓨터와 범죄현상, 컴퓨터 출판사, 1995.

최용기, 대한헌법, 대명출판사, 2000.

한국법학원, 언론의 자유와 국민의 기본권보장, 서울: 한국법학원,
　　　1998.

한태연, 헌법학, 법문사, 1977.

허　영, 한국헌법론, 박영사, 2000.

염장호, 세계경호학개론, 서울: 오성출판사, 1985.

나. 논　문

강경근, "헌법국가에서의 국가안전의 본질과 의미", 헌법의 기본학 연
　　　구, 고시연구, 1990.

______, "헌법상 국민주권에서의 국민의 의미", 법학논총 3, 숭실대 법
　　　학 연구소, 1987.

______, "사이버스페이스에서의 기본권", 헌법학연구 6,3, 한국헌법학

회, 2000.

강동범, "사이버 범죄와 형사법적 대책", 형사정책연구 42, 한국형사정책연구원, 2000.

강병두, "헌법 제8조를 논함", 고시계 93, 1964.

권형준, "알 권리", 고시계 468, 1996.

김교만, "북한보도 무엇이 문제인가", 저널리즘, 1994년 봄호.

김동성, "국가안보정책의 체계화", 정책연구 131, 1999.

김상균, "노인의 범죄피해특성에 관한 연구", 경호경비연구 3, 한국경호경비학회, 2000.

김영길, "학교폭력실태에 관한 연구", 경기대, 행정대학원 석사학위논문, 2001.

김용호, "안보와 언론보도의 상호관련성 연구", 안보학술논집 7,2, 1996. 12.

김은경, 정완, 정진수, "신종성폭력연구", 형사정책연구, 한국형사정책연구원, 2000.

김은경, "사이버 공간에서의 표현의 자유", 한국형사정책연구원, 사이버 범죄연구회 22회 세미나논문, 2001. 9. 15.

김장영, 양진건, "학교폭력의 현실과 대처방안", 학생생활연구, 제주대학교 학생생활연구소, 2000.

김준호 외, "한국의 청소년 비행집단에 관한 연구", 한국형사정책연구원, 1992.

김철수, "정보화 사회의 기본권보호", 사상과 정책, 경향신문사, 1989.

______, "정보이용 활성화를 위한 정보공개제도 개선방안", 정보문화센터, 1989.

남궁근, "재해관리행정체제의 국가 간 비교연구, 미국과 한국의 사례를 중심으로", 한국행정학보 29,3, 한국행정학회, 1995.

목진휴, "국민 안보의식의 변화", 국가정보연수원 주최 학술회의—21

세기 국가안보: 새로운 패러다임의 모색 —, 1996.

민병설, “테러규제를 위한 국제협력에 관한 연구”, 경희대 행정대학원 석사학위논문, 1986.

박동균, “우리나라의 효과적인 재난관리체제구축방안에 관한 연구”, 경호경비연구 3, 한국경호경비학회, 2000.

박영도, “재해에 대한 긴급대응정책과 법제: 이론과 사례”, 법제연구, 한국법제연구원, 1995.

박용수, “우리나라 재난관리체제에 관한 연구”, 사회과학연구, 창원대학교 사회과학연구소, 1999.

박용석, “대규모 국제행사 시 요인 경호에 관한 연구”, 연세대 행정대학원 석사학위논문, 2000.

박주현, “우리나라 경호업의 현황 및 발전방안”, 경호경비연구 1, 한국경호경비학회, 1997. 10.

백광훈, “사이버스토킹과 그 처벌법규 및 문제점”, 형사정책연구, 한국형사정책연구원, 2001.

박철언, “언론자유와 국가안보의 상충과 조화에 관한 연구: 국가비밀에 대한 접근 이용의 제한을 중심으로”, 한양대 대학원 박사학위논문, 1989.

손동권, “민주법치질서의 확립과 국민의 역할”, 통일로 152, 안보문제연구원, 2001. 4.

송광섭, “Internet 관련 범죄의 동향과 그 대책”, 경호경비연구 2, 한국경호경비학회 1999. 3.

심재무, “컴퓨터해킹과 형법”, 경성법학 6, 경성대학교, 1997.

심희기, “사이버 범죄의 유형과 실태”, 수사연구200, 수사연구소, 2000.

양근원, “사이버 범죄의 특징과 수사방향”, 수사연구 200, 수사연구소, 2000.

오윤성, “지역주민 참여 범죄예방활동에 대한 고찰”, 경호경비연구 3,

한국경호경비학회, 2000. 5.

원혜욱, "돈세탁의 유형과 대처방안", 형사정책연구, 한국형사정책연구원, 2001.

육종수, "헌법질서와 기본권의 본질적 내용", 헌법학연구 4,2, 한국헌법학회 1998. 10.

이남구, "언론의 자유와 국가비밀보호와의 상호관계에 관한 연구", 연세대학교 대학원 석사학위논문, 1994.

이민식, "사이버 공간에서의 범죄피해: 개인 인터넷 사용자를 중심으로", 형사정책연구, 한국형사정책연구원, 2000.

이백수, "사이버성폭력의 법적 대책", 사이버 공간을 매개로 한 성폭력 심포지엄, 2000. 5. 23.

이승섭, "독일의 돈세탁 방지를 위한 법적 규제 개관", 법조 491, 1997.

이승우, "헌법과 국가의 상호관계에 대한 연구", 공법연구, 한국공법학회, 2001.

이연숙, "헌법 제8조와 헌법 제32조와의 관계", 연구논총 7, 1977.

이윤근, "각국 민간경비산업의 발전과정과 향후전망", 경호경비연구, 한국경호경비학회 1997.

이종상, "헌법상 기본권보장을 위한 정보공개와 사생활비밀보호제도", 경남법학 11, 경남대학교, 1996.

이천현, "사이버 범죄(Cybercrime)의 개념", 사이버 범죄연구회 제18회 세미나 자료, 한국형사정책연구원, 2001. 6.

임명순, "컴퓨터 범죄의 현황 및 대책 연구", 경호경비연구 4, 한국경호경비학회, 2001.

장준오, "90년대 돈세탁: 국제적 추세와 국내 실태", 형사정책연구, 한국형사정책연구원, 1999.

전경만, "21세기 국가안보: 새로운 패러다임의 모색, 한반도 주변안보환경의 변화", 국가정보연수원 주최 학술회의, 1996.

______, "한반도 주변안보환경의 변화", 한국국방연구원, 1996.

전경수, "환각성 약물범죄와 경호안전상의 대응방안", 경호경비연구 2, 한국경호경비학회, 1999.

전 웅, "가상정보전의 실태와 대책", 국제정치논총, 한국국제정치학회, 2000.

______, "군사안보와 비군사안보의 상관관계", 국제정치논총, 한국국제정치학회, 1997.

정영화, "사이버스페이스와 프라이버시권", 헌법학연구, 한국헌법학회, 2000.

______, "전자상 거래와 개인정보 보호", 경희대 국제법무 학술세미나 자료집, 2000. 10. 31.

______, "정보사회의 입법정책에 관한 법 경제학적 연구", 한국의회발전 연구회 연구보고서, 1999.

______, "전자정부에서의 공공정보의 접근 및 유통에 관한 법 정책론 연구", 공법연구, 제27권 2호, 한국공법학회, 2000.

정 완, "국가안보 위해요인으로서의 사이버 범죄", 형사정책연구, 한국형사정책연구원, 2001. 1.

정 완, "사이버음란물의 유통과 규제", 형사정책연구 41, 형사정책연, 한국형사정책연구원, 2000.

정 완, "사이버 성폭력의 실태와 대책", 형사정책연구소식, 2000년 5/6월호.

정 완, "1999년 8월 여성특별위원회 의견서", 법제사법위원회 전문위원 검토보고서, 1999. 11.

정 완, "시스템 침해사고(해킹)의 현실과 문제점", 형사정책연구소식, 2000, 11/12월호.

정준호, "국가안보개념의 변천에 관한 연구", 국방연구 35, 1992. 12.

정진명, "전자화폐의 법적 문제", 인터넷법률, 2001년 4월호.

정진환, "재난관리체제에 관한 연구", 경호경비연구 창간호, 한국경호경비학회, 1997.

정태황, "경호업무의 경비영역과 기계경비의 적용방안", 경호경비연구 4, 한국경호경비학회, 2001.

조병윤, 국민주권과 권력구조, 헌법학연구 2, 한국헌법학회, 1996.

______, "한국헌법상 인성교육과 민주정치교육의 방향", 헌법학연구, 한국헌법학회, 1999.

______, 통일을 대비하는 민주주의 실질화와 실질적 국민주권의 구현방안, 명지대리서치아카데미논총 1, 명지대학교, 1998.

조한봉, "경호산업의 재해예방에 관한 연구", 경호경비연구 2, 한국경호경비학회, 1999.

주철현, "요인테러의 경호적 대응방안에 관한 연구", 동국대 행정대학원석사학위논문, 1999.

최권중, "한국의 재난관리체제의 문제점 및 개선방안에 관한 연구", 경호경비연구 4, 한국경호경비학회, 2001.

최성규, "테러리스트의 심리적 특성에 관한 연구", 동국대학교 행정대학원 석사학위논문, 1985.

최재형, "우리나라 마약류 범죄의 실태와 규제방안에 관한 연구", 건국대 대학원 석사학위논문, 1999.

한국인터넷법학회, "인터넷 법학의 현안문제" 한국인터넷법학회 창립학술대회, 한국인터넷법학회, 2001. 11. 10.

허은도, "조직폭력의 실태와 대책", 형사정책연구, 한국형사정책연구원, 1993. 4.

현인택, "신국제질서에서의 미국의 동아시아정책과 한반도", 통일 문제연구 14, 1992.

황성기, "사이버페이스와 불온통신 규제", 헌법학연구, 6, 3, 한국헌법학회, 2000.

다. 기타 자료

George J. Temet, 상원 정부위원회 중언 "사이버 공격에 대한 미국 CIA의 평가 및 대책" 1998. 6. 24.

동아일보, 1999. 8. 6.

한겨례신문, 1999. 5. 3.

한국국방정책학회, 국민안보의식 진단 및 확립방안 조사연구 — 여론선 도층을 중심으로 —, 1996. 6.

한국정보보호센터, 가상정보전(Cyber-War)대응계획, 1986.

ㅡㅡㅡㅡㅡㅡㅡㅡㅡ, 통신망 정보보호 대책연구, 최종연구개발 보고서, 1999.

ㅡㅡㅡㅡㅡㅡㅡㅡㅡ, 정보보증: 법, 규정·정책 및 조직적 고려사항, 주요 기반구조보호정책자료, 99-2, 1999.

2. 국외문헌

가. 영 미

Barry B., People, *States and Fear: An Agenda for International Security Studies in the Post-Cold War Era*(Colorado: Lynne Rienner Publishers, 1991.)

Blackstone's Commentaries, (Published in 1758.)

Booth, A., & Osgood, D. W., *The influence of testosterone on deviance in adulthood*: Assessing and explaining the relationship, Criminology, 31. 1993.

Dodge, K. A., "The strucutre and function of reactive and proactive aggression", "In Pepler, D. J. &Rubin, K. H.(Eds.)", "The development and treatment of childhood aggression", Hillsdale, NJ: Lawrence Erlbaum, 1994.

Edward W., Information Warfare: Primc: Principles and operation S C Boston: Trtech House, Inc, 1988.

Emerson, T. I. *Toward a General Theory of the First Amendment*, 1972.

Executive Order 13010 − Critical Infrastructure Protection, July 15, 1996.

Hawkins, J. D.(1995), *Controlling crime before it happens: Risk − focused prevention*, National Institute of Justice Journal, 229, 1995.

Jerry K., *Information Privacy in Cyberspace Transactions,* Stanford Law Review(Vol.50), 1998.

Joint Chief of Staff, J C S Pub 1 − 02, Mar, 1995.

Jones Bailey Marris Civil Liberties Cases and Materials. Second Edition, London, Butterworth, 1985.

Lavis, K. C. "The Information Act: A Preliminary Analysis", 34 U. of Chicago Law Review, 1967.

National Advisory Commission on Criminal Justice Standards and Goals. Report on the Police, Washington, D. C. : Government Printing Office, 1973.

Patterson, G. R., Dishion, T. J., & Chamberlain, P., "Outcomes and methodological issues relationg to treatment of antisocial

296

children", "In Giles, T. R.(Ed.), Handbook of effective Psychotherapy", New York: Plenum Press. 1993.

Philip M., *The Politics of protection*, Massachusetts University, 1988.

Private Security Task Force to the National Committee on Criminal Justice Standards and Goals, *American Society for Industrial Security Survey Result*, Report of the Task Force on Private Security, Oct. 1977.

Robert M., *The Changing Fame in National Security*: A Conceptual Analysis Connecticut: Greenwood Press, 1994.

Robert H. *Policening in America:* A Balance of Forces, N. Y.: Macmillan Publishing Co, 1994.

Sehemok V. United States, 249. U. S. 47, 1919.

Tim K., *Teen Hacks Top—Secret U. S. Computer: British Boy Posted Military Information on Internet*, The Ottawa, January 3, 1995.

Seymour—Ure, Colin, The Press, Politics and the Public. London: Methuen, 1968.

Samuel, J. Archibald, "The Freedom of Information Act Revised", Public Administration Review, July/August, 1979.

나. 프랑스

Debbasch, Ch. et autres, Droit constitutionnel dt Institutions politiques, Economoca, Paris, 1986.

Drago, G., *L'Exécution des décisions du Conseil constitutionnel, L'effectivité du contrôle de constitionnalité des lois, Coil. Droit public positif*, Economica; Presses Universitares d'Aixen—Provence,

1991.

Genevois, B., La jurisprudence du Conseil Constitutionnel, 4^c éd., S. T. H., Paris, 1988.

Pierre Bon dt al., *La Justice Constitutionnele ou Portugal*, Economica, Paris, 1988.

Salon, S. Delinquance dt Repression disciplinaire dans la fonction publique. Paris: L.G.D.J. Pichon, 1969.

Vincent, J.K. "L'Obligation dé Reserve des agents Publics", Revue Administrativre, 1973.

다. 독 일

Grosser, Alfred, und Seifert, Juergen, Die Straatsmacht und ihre Kontrolle. Freiburg and Olten: Walter－Verlag, 1966.

Klönne, A.U.A. Lebendige Verfassung－das Grundgesetz in Perspektive, (Demokratie and Rechtsstaat, Bd.52(Luchterhand, 1981.

Kauper, P.G., *Judical Review of Constitutional Issues in United States in Max －Plank －Institut für ausländisches öffentiches Recht und Völkerrecht und Rechtsvergleichung*, Köln－Berlin: Heymanns, 1962.

Leibholz, Gerhard, "Bericht des Berichterstatters an das Plenum des Bundesverfassungsgerichts zur Status－Frage", in: Verrfassungsgeri-chtsbarkeit, hrsg. P. Häberl (Darms－ tadt: Wissenschaftlich Buchgesellschaft, 1976.)

Pestalozza, Christian, *Verfassungsprozeßrecht*, 3.Aufl., C.F.Beck, München, 1991.

Schroer − Schallenberg, Sabine., Sabine. nformationsanspruche der presse gegenüber Behörden Berlin: Dunker & Humblot, 1987.

Schulder, Andrea Hans, "Die Vergassungsbeschwerde nach schwei − zerischem, deutschem and österreichischem Recht", JöR, N.F.Bd.19, 1970.

· 저자 ·

김평섭 ·약력·
金平涉 서울대학교 사범대학 및 교육대학원 졸업
명지대학교 법학 박사

대통령경호실 감사담당관
한서대학교 및 국가정보대학원 교수
국민대학교 법무대학원 겸임교수
시민을 위한 정책연구원 이사장
현 한국수리과학연구회 이사장
현 대테러정책연구원 부원장

·주요논저·
『노인주거시설의 안전성 요인』
『독도에 대한 북한의 태도』
『정보화 사회의 기본권과 질서유지』
「프랑스 인권제도 발전원인의 역사적 사회적 정치문화적 특성에 관한 연구」
「국민의 안전을 위한 국가재난관리 방향」
외 다수

인권과 국가안전보장

· 초판 인쇄	2005년 12월 20일
· 초판 발행	2005년 12월 20일
· 지 은 이	김평섭
· 펴 낸 이	채종준
· 펴 낸 곳	한국학술정보㈜
	경기도 파주시 교하읍 문발리 513-5
	파주출판문화정보산업단지
	전화 031) 908-3181(대표) · 팩스 031) 908-3189
	홈페이지 http://www.kstudy.com
	e-mail(출판사업부) publish@kstudy.com
· 등 록	제일산-115호(2000. 6. 19)
· 가 격	33,000원

ISBN 89-534-3966-3 93360 (Paper Book)
　　　　89-534-3967-1 98360 (e-Book)